管理者终身学习
且学·且思·且行

企业集团财务管控

〔第四版〕

张瑞君 / 著

Group Company Financial
Management and Control

中国人民大学出版社
·北京·

前　言

　　1946年2月14日，这个情人节发生了一件惊天动地的事情：世界上第一台计算机由宾州大学莫奇来（Mauchly）博士发明。从那时起，信息技术的浪潮一浪高过一浪：工厂的人员结构发生了变化，越来越多的机器人走进了工厂，高效率地生产高质量的产品；银行突破朝九晚五的工作时间的局限，在ATM机的支持下提供全天候贴心服务；公司财务部噼里啪啦的算盘声变成了嘀嘀嗒嗒的键盘声。特别是进入21世纪以来，这股浪潮对中国人来讲变得更加凶猛。淘宝及天猫2013年11月11日一天的销售额达到350多亿元，网上商城一天的下单人数达到1 700万，相当于香港人口总数的2.5倍；互联网金融对传统银行发起了巨大的挑战，吸引越来越多的潮人把资金从银行转向互联网金融平台；出租车司机在打车软件的帮助下，在合适的时间和地点接送那些在互联网上预约的乘客……今天越来越多的人涌入互联网大潮，以互联网为主要特征的信息时代到来了，也有很多人称之为互联网时代。

　　当颠覆与变革成为新的时代潮流，CFO如何跳出财务管理的常规范畴，以更开阔的视野和更前瞻的思维审视自己的价值定位，推动企业集团的经营模式创新和财务管理重构？在互联网时代到来之际，笔者有幸参与了中国大企业集团全球金融资源管理（司库）体系建设项目，在三年半的时间里，不仅向世界五百强企业集团戴尔、英国石油公司、壳牌、通用电气等学习，研究它们的最佳实践，而且与中国大企业集团司库项目组一起从企业集团资金及金融资源管理需求的分析出发，参与设计大司库的组织、制度、流程、信息系统，到最后实施司库信息系统，在实践中提炼、总结了企业集团财务管控的精髓，受益匪浅。本书正是在这种背景下修订完成的。在第三版的基础上，第四版以互联网时代为背景，不仅融入了互联网、云计算、大数据等技术发展，而且引入了技术驱动财务管理变革的思路，以新时代、新视角为 CFO 团队构建 IT 与管理融合的企业集团财务管控策略提供支持。第四版的主要特点有：

- 关注技术驱动管理变革

随着互联网时代的到来，以互联网为代表的技术驱动管理变革已经成为这个时代的重要特征。本书在回顾信息时代企业经营环境的变迁及其对财务总监的影响，以及互联网时代中国企业集团的发展与 CFO 职能定位的基础上，阐述了财务管理信息化环境——IT 环境的演进，从支持企业集团财务分散管理的 B/S 环境，到支持企业集团财务集中管理的 C/S 环境，再到支持企业集团财务共享服务的云服务环境，为 CFO 团队理解技术驱动财务管理变革提供支持。

- IT 环境中横向价值链与纵向价值链管控策略

当 IT 技术与环境的发展不断推动管理变革之时，CFO 团队需要与时俱进，不断从横向价值链与纵向价值链出发思考如何构建财务管控策略。

从单一企业看，从采购到付款、从销售到收款、从业务费用到财务报销等形成了财务与业务的横向价值链。本书第 4 章提出了财务业务一体化策略，不仅强化财务与业务的协同和无缝连接，而且提高单一企业的财务信息质量，有助于实现横向财务到业务的管控。这为企业集团财务管理奠定了重要基础。

从企业集团看，从顶层的总部到下属二级分（子）公司、三级分（子）公司……N 级分（子）公司的财务活动，形成了纵向价值链。本书在第 5 章讨论了企业集团 IT 与管理融合的财务管控体系规划，从战略高度提出了企业集团财务管控策略的思路；在此基础上，进一步阐述了企业集团财务信息质量的管控策略、企业集团资金与金融资源管控策略、企业集团金融资源的风险管控策略这三个核心管控策略，为企业集团财务管理创新的内容延展了提出新的解决方案。

- 增加中国企业最佳实践案例

近年来，笔者在承担国家高技术研究发展计划（"863 计划"）资助项目"面向离散型集团企业集约化经营管理平台研发与应用"（课题编号：2012AA040904）子项目"资金管理模式创新"与"风险管控"，以及主持"企业集团司库管理创新"横向项目的过程中，实地参与企业集团资金与金融资源管理、汇率风险与利率风险管理、信用风险管理、金融资源决策支持体系的设计和相应信息系统的实施，并提炼、总结了相应的案例。因此，新增的实践案例将为 CFO 团队分享经验、切磋想法提供支持。

时光飞驰如电，转眼已进入 2015 年，本书不仅体现了以互联网为主要特征的信息时代对 IT 与管理融合的企业集团财务管控策略的诠释，还包含着"863 计划"项目组和企业集团司库项目组同仁的辛勤劳动，记录下改革的足迹。在此，对给予支持的同仁们表示衷心的感谢。

　　由于时间有限，研究不够深入，本书的内容可能无法完全满足企业集团 CFO 团队管理创新的要求。笔者诚挚地欢迎广大读者提出宝贵意见，以便再版时修订。

张瑞君

目　录

首席财务官面临的挑战

　　未来学家阿尔文·托夫勒指出："世界已经走过了依靠暴力与金钱控制的时代，而未来世界政治的魔方将在拥有信息强权的人手里，他们会使用手中掌握的网络控制权、信息发布权，利用英语这种语言的强大文化优势，达到暴力与金钱无法达到的目的。"人类社会步入信息时代以来，特别是近期，随着 4G 网络技术的发展，智能手机、平板电脑等设备的应用得到迅猛发展，越来越多的人触网，人们认为这是一个移动互联网时代。随着众多人上网，大量结构化数据被传递到网上，因此有人说，这是一个大数据时代，人们的生活、工作与思维大变革的时代。随着云技术的兴起，处理成本的下降，云技术、云服务将推动商业模式的创新和重塑。对于管理信息、应用信息、利用信息的首席财务官（CFO）来讲，机遇和挑战并存。

　　本章主要学习和掌握：

- 理解信息化和全球化对企业经营环境的影响
- 理解经营环境变迁对企业集团 CFO 的影响
- 密切关注信息技术以实现 CFO "管家" 与 "战略家" 的职能
- 从战略高度思考信息技术与财务管理融合的创新策略

1.1　信息时代企业经营环境的变迁

2005 年全球畅销书《世界是平的》（*The World Is Flat：A Brief History of the Twenty-first Century*）是由《纽约时报》最为著名的专栏作家之一托马斯·弗里德曼撰写的，他指出："世界是平的，意味着在今天这样一个因信息技术而紧密、方便互联的世界中，全球市场、劳动力和产品都可以被整个世界共享，一切都有可能以最有效率和最低成本的方式实现。"的确，20 世纪中叶以来，信息技术正在成为促进经济发展和社会进步的主导技术，信息产业逐渐成为社会发展中的主导产业。21 世纪，随着 4G 网络的逐步建成，大数据和云计算技术大规模进入商用，移动互联已经全方位改变传统的经济形态、商业模式、生活方式和社会特征，使人类进入了以互联网为重要特征的信息时代，人们也称之为互联网时代、大数据时代等。与此同时，信息技术的广泛应用为企业集团全球化经营提供了重要的保证。

世界银行发布的《迈向 21 世纪——1999/2000 年世界发展报告》指出：推动经济全球化的因素主要有两个。一是信息通信技术革命，特别是互联网在全球的应用，极大地推动了生产要素在世界范围的合理流动和重新组合，促进了世界产业结构、经济结构的调整和升级，使国际贸易和国际金融的效率空前提高而成本迅猛下降。各国利用互联网的企业已越来越多，跨国界的基于互联网的电子商务正在以爆炸式速度增长。二是作为全球化大生产的经济，主要体现在跨国公司的飞速发展上，它们控制着全球生产的 40%、国际贸易的 60%、国际直接投资的 90%，使以部门间国际分工为标志的世界经济旧格局向突破国界地域空间局限的全球经济网络新格局转变。全球经济一体化和信息通信技术同步发展、携手并进，使得企业的经营环境发生了深刻变化。信息时代企业经营环境变迁的示意图如图 1—1 所示。

1.1.1　从大规模生产到个性化生产

在传统工业时代，大众市场比较繁荣，企业强调集中内部资源、扩大生产规模以满足市场需要。通常企业按照自己预测的需求大批量生产商品，然后卖给消

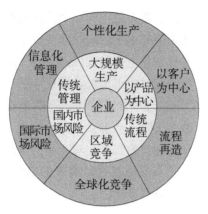

图 1—1   信息时代企业经营环境的变迁

费者。消费者在购买时看似有多种商品可以选择，实际上最终买到的商品并不一定最适合他。此外，企业很难预测消费者需求的变化，很容易造成供应量过剩。随着互联网的发展，客户与企业通过互联网可以实现信息共享和信息沟通，消费者的作用越来越强，价值链和需求链的推动力来自消费者，而不是企业。因此，在 C2B（customer to business）模式下，消费者按照自己的需求决定产品、定制产品。定制或者个性化将是未来的商业模式的主流，它的要求是个性化需求、多品种、小批量、快速反应、平台化协作。例如，某家电制造企业统计发现，虽然市场对冰箱的需求很大，但是，大部分客户对冰箱有独特的要求（外观和内部结构等），并且要求企业提供高质量的产品和增值服务。为了满足客户的需要，包括海尔在内的多个家电厂商创建新品牌，率先推出定制模式产品，专供互联网市场。例如，统帅是海尔集团继海尔、卡萨帝之后的第三个子品牌，为海尔集团在互联网时代背景下推出的定制家电品牌。统帅采用的是典型的 C2B 模式，整个操作流程为：收集用户碎片化需求→定制模块化解决方案→用户定制投票→根据需求提供产品→网上预订→满足需求（服务和安装）。因此，要求企业能够对不断变化的市场作出快速反应，并以最快的速度生产出满足用户需求的定制的"个性化产品"，从而占领市场，赢得竞争优势。

1.1.2   从以产品为中心到以客户为中心

传统工业时代的企业关注如何扩大生产规模、提高生产效率、降低生产成本以生产出更多的产品，企业之间的竞争完全是产品的竞争；在信息时代，主动权到了用户手里，用户的选择权非常大，他们可以在互联网上看到所有产品、所有价格，然后从中选择。这个时代不再是以企业产品为中心，而是以客户为中心，这是一个非常大的转变。如果企业不能因时而变，仍坚持以产品为中心，就可能随着时间的推移被淘汰。现在，企业关注的是如何在更短的时间内满足用户的多元化需求，如何在提高个性化服务水平的同时降低成本。客户是上帝，有了客户就有了市场；有了市场，才有企业生存和发展的空间。赢得客户信赖是企业保持竞争力的重要因素之一。我们的时代正由工业时代向后工业时代快速转变，整个商品经济社会正由 B2C 方式向 C2B 方式转移，很多企业正借助互联网采取反向行动，从消费者需求链开始，实时、动态、全面地收集老客户、新客户以及未来客户的信息，利用大数据分析客户的需求、对产品的改进意见、销售流向等，并通过互联网以最快速度将信息和服务推送给客户的电脑、手机、iPad 移动终端，从而以最好的服务赢得客户、赢得市场。

1.1.3　从传统流程到流程再造

流程是对企业发展战略、组织结构设计、职能分解、岗位设置、岗位和过程的描述。在信息时代，传统流程存在诸多局限性，要求企业改变传统流程，进行流程再造，即对原有的业务流程进行重新塑造，包括对一些资源进行重新整合；更重要的是通过流程再造，把原有的以职能为中心的传统管理转变成以流程为中心的新型管理，提高经营效率和效益。1993 年，迈克尔·哈默和詹姆斯·钱皮（Michael Hammer and James Champy）合作完成了具有重要影响力的著作《企业再造：企业管理革命宣言》（*Reengineering the Corporation：Manifesto for Business Revolution*），将流程再造定义为："对业务流程的基本性的重新思考和根本性的重新设计，从而对诸如成本、质量、服务和速度等重要指标作较大的改进"。流程再造的思想在政府、企业、服务机构得到了越来越广泛的应用，改变了企业的经营环境。传统的销售流程为：工厂商——经销商——代理商——批发商——专卖店——客户；在互联网时代，结合企业商业模式的创新，基于互联网的流程再造将会创造更大的价值。

1.1.4　从区域竞争到全球化竞争

20 世纪 90 年代初，信息技术的高速发展与应用，为国际化企业集团的全球经营提供了条件。企业可以通过网络快速而全面地掌握市场动态信息；发达的物流运输业进一步增强了供应商、制造商以及分销商之间的联系。这种企业间时间和空间距离的缩短，极大地加速了市场的全球化进程，使全球范围内的企业正逐步融合在一个统一的大市场之中。分布在各地的企业共同合作生产一种产品成为必然趋势，企业在全球制造和市场竞争中必须加强与其他企业的合作，建立面向任务的动态联盟。企业运营所需的订单、支付凭证和资金流动都可以全天候地完成，信息技术的发展使得世界经济发展的步伐明显加快。国际化企业集团积累了雄厚的资金，掌握了先进的管理思想，拥有具有先进科技知识的出类拔萃的人才，具有独具特色的产品和服务，用信息技术武装起来在全球扩张，从全球经济增长中获益匪浅。因此，从区域竞争转向全球化竞争的趋势日趋凸现。

1.1.5　从国内市场风险到国际市场风险

伴随着企业集团从区域经营到"走出去"战略的实施，企业面临的风险也从国内市场风险变成了国际市场风险。近年来，金融危机频发，从由美国次债危机引发的全球性金融危机，到欧洲主权债务危机，一方面使得实体经济深受影响，另一方面造成金融体系的动荡加剧。在 2008 年开始的全球金融海啸中，美国有超过 100 家银行陆续倒闭，其中既包括投资银行巨头雷曼兄弟，也包括全美当时最大的储蓄银行华盛顿互惠银行。更有甚者，像冰岛、巴基斯坦、希腊等国家，由于金融崩溃而导致整个国家一度陷入破产境地。随之而来的是各国利率、货币汇率及全球大宗商品价格进入新一轮的调整期，变化的频率和幅度不断加大。与全球经济一样，中国经济也正面临一个深刻的调整周期，作为经济载体的中国企业不可能置身事外，独善其身。国际金融市场波谲云诡，伴随着同期国内利率市场化改革、股权分置改革、引入卖空机制的股票市场改革和弹性汇率制度改革，我国各金融市场的变化也显著加剧。从利率市场看，以金融机构人民币一年期存贷款基准利率来说，自 2008 年 10 月 23 日分别触底至 2.25％、5.31％以来，仅三年间就累计升息 5 次，攀升至 3.5％、6.56％[①]；从股票市场看，以上证综合指数为例，从 2007 年 10 月开始，短短一年间，就经历了从 6 124 点到 1 664 点的暴跌[②]；从汇率市场看，2005 年汇改后的近七年里，人民币对美元中间价累计升值已超过 30％[③]。

国际国内形势使中国企业面临不同于以往的金融市场风险，企业的风险管理能力受到严峻的考验，中国企业集团必须将风险管理作为企业管理的重要组成部分，掌握金融市场风险的本质、影响以及所应采取的全新风险管控对策，具备科学可量化的风险管理系统和工具。

1.1.6　从传统管理转向信息化管理

在传统管理中，企业注重人、财、物管理，并通过设计合理的组织结构、制

[①]　资料来源：中国人民银行官方网站，http://www.pbc.gov.cn/publish/zhengcehuobisi/621/index.html。

[②]　资料来源：上海证券交易所官方网站，http://www.sse.com.cn。

[③]　资料来源：中国人民银行官方网站，http://www.pbc.gov.cn/publish。

定有效的制度来强化企业管理。然而在信息时代，大量信息的飞速产生和通信技术的发展，使得企业把如何快速准确地获取信息、利用信息对企业各个环节进行有效的控制，以保证高效运行作为获胜的经营之道。信息成为企业重要的战略资源，一个企业将来能否持续发展，很大程度上取决于能否最大限度地以最快的速度获取与利用信息。因此，很多企业将信息技术与管理融合，以提升企业的管理水平。很多跨国企业集团（例如 IBM、惠普、沃尔玛）纷纷将信息技术与先进管理思想有机融合，构建管理信息系统，从企业资源计划（ERP）、客户关系管理（CRM）、供应链管理（SCM）到财务集中管理（FCM）、共享服务（SSC）、司库管理（TRM），使得它们可以跨越时空，实时掌控其在不同国家的各分（子）公司的采购信息、销售信息、财务信息，不仅使财务能够真实、正确、有效地反映企业财务状况和经营成果，而且能帮助企业合理配置资源、规避风险、降低成本，并为企业的扩张和发展提供决策支持。信息技术与管理融合的发展如图 1—2 所示。

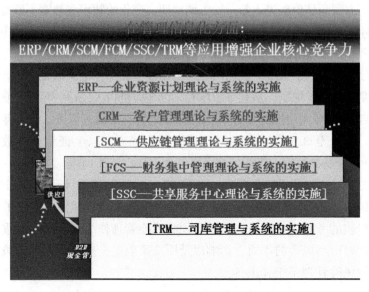

图 1—2　信息技术与管理融合的发展

1.2　经营环境变迁对财务总监的影响

当跨国企业或者企业集团迎接这种挑战以便在竞争中立于不败之地时，不可避免地会对财务职能提出新的要求：CFO 和相关部门的工作人员要改变"守财奴"、"数据收集者"、"计算器"等"账房先生"的形象，成为经理和首席执行官（CEO）的战略伙伴。

　　回顾经济环境变迁，人们粗略地总结出这种变迁对国际财务管理发展趋势的影响①：1982 年 3 月—2000 年 3 月，CFO 团队职能的重心是"战略家"；2000年 3 月—2003 年 12 月，CFO 团队职能的重心是"管家"；2004 年当诚信慢慢恢复后，CFO 团队"管家"与"战略家"合论得到了广泛的认可（如图 1—3所示）。

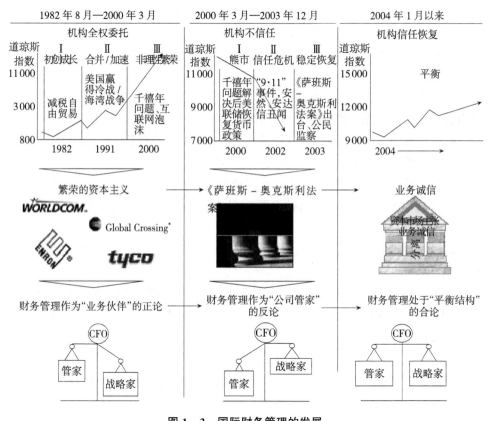

图 1—3　国际财务管理的发展

1.2.1　从"账房先生"转向"战略家"

　　20 世纪 80 年代以来，越来越多的企业认识到其财务/会计专家是管理者密不可分的经营伙伴，是 CEO 的战略伙伴，于是纷纷进行财务管理的创新，企业

---

　　①　资料来源：德勤管理咨询资料，2005 年。

的财务和会计工作发生了一场静悄悄的变革。"然而，与起源于 20 世纪 80 年代并迅速发展的经营管理革命相比，在财务和会计工作领域所发生的革新落后了一代。"① 可以看出，企业对财务/会计职能的转变呼声很高，它们期待着 CFO 职能的转变。

《财富》杂志指出，"CFO 这个新生群体的诞生是公司财务职能的革命，通过跨企业的统筹，这些 CFO 制定战略，领导关键性变革，并作为 CEO 的真正伙伴参与公司决策行动"。面对企业全球扩张、技术竞争、提高客户满意度、提升企业的效率和效益的压力，CFO 及其领导的财务团队需要对旧的基础进行彻底的改造，并重新制定职能工作标准。

托马斯（Thomas）在 *Reinventing the CFO: Moving from Financial Management to Strategic Management* 一书中指出，CFO 的新职能包括五个方面：

- 合作与整合：将财务与业务合作、财务活动与业务活动整合，成为企业绩效报告、定价和产品开发的重要参与者。
- 战略分析：通过价值链分析，使 CFO 在企业战略性投资、竞争对手分析、经营核心过程评价、战略及实施方面发挥重要的作用。
- 管理控制：将 CFO 采取的行动与企业经营战略紧密结合起来，从仅关注财务报表到更加关注企业价值链分析，以企业的产品和服务价值得以传递给客户。
- 成本管理：提供合适的成本信息，创造一个有利于成本控制以及成本削减的环境。
- 体系与过程：信息技术能够成为企业相关经营单位发展的助推器，在基于 IT 的环境下，设计有效运营流程和财务体系框架，提供一种价值增值和整合性支持的最佳结果。

事实上，CFO 的战略角色得到了理论界和实务界的广泛关注，这方面的研究会、讨论会不断举办，对 CFO 战略角色的定位出现了百花齐放、百家争鸣的局面。如玛格丽特（Mergaret）在 *Transforming the Finance Function to Add Company Wide Value*② 一书中指出，CFO 财务职能的转变包括七个方面：

- 展现以客户为中心、以服务为导向的能力。
- 应对信息技术发展的挑战。

---

① Thomas Walther, Henry Johansson, John Dunleavy, and Elizabeth Hjelm, Reinventing the CFO: *Moving from Financial Management to Strategic Management*, New York: McGraw-Hill, 1997, p. 3.

② Mergaret Msy, *Transforming the Finance Function to Add Company Wide Value*, 北京，电子工业出版社，2002。

- 由记账职能转向增值职能。
- 财务与业务集成。
- 引入综合绩效评价标准。
- 制定整合信息战略。
- 价值管理。

德勤咨询公司提出，CFO 的战略职能包括：

- 将市场和竞争转化为动态战略与愿景规划。
- 将战略转化成切实可行的目标、策略与业务计划。
- 建立合理管理架构，优化财务流程，构建信息系统。
- 面向经营提供服务与决策支持。
- 引导核心财务目标的实现和绩效评估。

1.2.2　财务丑闻出现——CFO 的"管家"职能备受关注

2001 年以来，随着安然公司的解体，世通公司、施乐公司以及其他公司的假账丑闻浮出水面，CFO 的角色开始发生变化。《萨班斯-奥克斯利法案》的公布，使所有在美国上市企业的 CFO 的权利和责任均空前增加，CFO 的"管家"角色得到高度关注。"管家"要承担帮助公司进行更好的公司治理、制定汇报体制和合规体制的职责，保证业务中的任何行为都符合法律规定。

1. 公司治理理论中的关键问题——信息质量

财务丑闻的出现给公司治理带来危机，而危机的导火索绝大多数可以归结为虚假的会计信息。公司经营涉及众多利益相关者，他们都需要通过企业会计信息来了解企业经营业绩和经营趋势。部分利益相关者往往借助信息不对称、不透明这一便利条件，操纵会计信息，以牺牲其他利益相关者的利益为代价，追求自身利益最大化。

《哈佛商业评论》指出：简单地说，公司治理就是如何使公司投资者和各利益相关者都得到合理、公平的对待，以保持投资者的信任。它还提到治理的核心问题：公司治理的核心不是权力，而是设法保证有效的决策……董事必须更好地获得公司信息。

经济合作与发展组织（OECD）于 2004 年 1 月公布了《公司治理原则（修订版）》的征求意见稿，指出公司治理原则主要包括以下五个方面：

- 股东权利和主要的所有者职能；
- 平等对待全体股东；
- 利益相关者的作用；

- 信息披露和透明度；
- 董事会的义务。①

2.《萨班斯–奥克斯利法案》中的关键问题——强化财务信息披露

针对安然、世通等财务欺诈事件，美国国会出台了《2002 年公众公司会计改革和投资者保护法案》。该法案由美国众议院金融服务委员会主席奥克斯利和参议院银行委员会主席萨班斯联合提出，又被称作《萨班斯–奥克斯利法案》。该法案对美国《1933 年证券法》、《1934 年证券交易法》做了不少修订，在会计职业监管、公司治理、证券市场监管等方面作出了许多新的规定。特别是第 4 章专门提出强化财务信息披露，并通过互联网实时披露信息，并且在第 8 章加重了违法行为的处罚措施，如在任何记录、文件或有形物中故意更改、销毁、破坏、隐瞒、掩盖、伪造或做假账，应根据该章被处以罚款或 20 年以下的监禁，或一并处罚。

《萨班斯–奥克斯利法案》的目的是促进公司机制的建立，通过信息的披露加强公司治理。它要求 CFO 对内部控制系统有完整的文档记录，在内部控制中明确企业的关键控制点，同时明确其管理职责。在《萨班斯–奥克斯利法案》的要求下，公司的 CFO 与 CEO 不仅在所披露信息的准确性、可靠性和完整性上承担了同样的会计责任，而且在建立健全企业内部控制制度方面也承担了同样的管理责任。这表明，CFO 不仅要承担企业财务筹划和会计核算的技术风险，还要承担企业的管理风险。因此，CFO 的管家职能得到广泛关注，如何提高会计信息质量，并及时、实时地披露信息，成为 CFO 最关注的问题之一。

CFO 的"管家"职能主要包括：

- 及时并正确反映企业经营活动的信息，保证公司的财务报告信息真实、正确、可靠。
- 及时、实时披露信息，以赢得财务报告使用者的信任。
- 及时发现并降低重大财务风险。
- 执行政策与监控规范。

1.2.3 现实期待——CFO "战略家"与"管家"合论

事实上，当理论界讨论 CFO 的"战略职能"重要还是"管家职能"重要时，实践已经给出了答案：我们期待 CFO "战略家"与"管家"合论。国际会计师联盟（IFAC）下属的财务与管理会计委员会（FMAC）于 2002 年 1 月发

---

① 参见奢桐：《会司治理原则的作用——兼评〈OECD 公司治理原则〉2004 年修订版草案》，载《会司治理通讯》，2004 (1)。

表了一份题为"2010 年首席财务官的任务"（The Role of the Chief Financial Officer in 2010）的研究报告。该报告对财务管理职业未来的展望集中于以下八个领域：

（1）CFO 已不可能完全退回旧日的战术角色。战略规划已成为 CFO 工作中的关键部分。他们将以全球化的视野积极参与企业的战略管理（收购与兼并），对企业战略的关注远胜于财务数据。

（2）在电子商务蓬勃发展、企业数字化生存的环境下，CFO 需要对信息进行流程化管理，不能局限于过去的财务信息编制者甚或会计数字魔术师的角色。

（3）尽管公司理财仍然是 CFO 的基本职责，但重心将转向以价值为基础的财务运营管理，包括税务管理、现金流管理、业绩评估和风险管理等方面。

（4）CFO 在构建公司治理结构中将更有作为，结构简单、坚守诚信将成为主流选择。

（5）沟通将是全方位、多角度的，CFO 将从财务监控与信息加工角色中解脱出来，成为沟通企业内外信息的桥梁。

（6）CFO 在高层经营班子里将扮演一个积极成员的角色，与 CEO 结为伙伴关系，两者相辅相成，彼此默契配合，在相互信任基础上建立良好的关系。

（7）在资本全球化的大趋势下，在不同国度面对不同的投资者，为公司建立良好的投资者关系，是 CFO 面临的重大挑战。

（8）如果能够出现一套全球统一的会计准则和财务报告标准，将大大降低企业的披露成本。

近年来，在合论的基础上，现实期待 CFO 从财务管家转变为企业战略家和转型推动者；而成功的财务转型与信息技术的有效利用成为影响企业发展的关键因素。

2013 年甲骨文公司、埃森哲与 Longitude 研究机构共同开展了一项全球性的研究项目，并公布了研究报告《CFO 成为企业转型的催化剂》。[①] 埃森哲财务与企业绩效董事总经理唐尼尔·舒尔曼（Donniel Schulman）表示："作为 CFO，不仅要承担自己的责任，同时正如本报告所揭示的，还将承受越来越大的推动企业增长的压力。随着 CFO 工作的拓宽，财务人员可利用后台流程、控制和分析，为企业转型发展提供洞察力和重点指引。这可以帮助他们成功地塑造和履行自己作为企业转型推动者的重要角色。"

---

① 资料来源：ZDNet 软件频道，2013 年 7 月 25 日。

Longitude 在调查了来自世界各地 930 名分属不同行业、拥有不同规模的公司 CFO 之后发现：在过去的三年里，CFO 角色正变得更具战略性和影响力；他们在推动整个企业变革方面潜力巨大，而不仅仅限于融资方面。为更深入地了解 CFO 的角色转变，Longitude 对一些领先企业进行了一系列深入的一对一采访。

主要调查结果如下：

(1) CFO 的角色正变得更具战略性和影响力：研究结果显示，在过去的三年里，CFO 的整体战略影响力水平显著增强（71% 的受访者），65% 的受访者在战略设定和决策上不同程度地承担了责任，47% 的受访者认为他们在企业商业转型上的责任不断增加。

(2) 各种挑战都在阻碍 CFO 发挥其战略潜力：尽管 CFO 的战略影响力在不断增强，但只有三分之一（34%）的受访者在战略制定上发挥了主导作用，而在战略执行层面这个比例变得更小（24%）。阻碍 CFO 发挥战略潜力的最大障碍是来自经济环境的挑战（37% 的受访者），其次为时间不够（35% 的受访者）以及财务职能与其他业务之间整合的缺乏（31% 的受访者）。

(3) 一些 CFO 担心，进一步削减成本可能危及企业发展：尽管在过去的三年里，CFO 的最重要工作是保证盈利，管理成本、现金流及营运资金，但他们认为，在未来成本杠杆可能不再那么有效。

(4) CFO 认识到，技术是一个重要工具，可帮助他们实现自己的角色：当被问及他们在哪里可提高技术和能力，以展现其在成本控制和利润增长方面的作用时，CFO 将技术知识排在第二位，仅次于行业知识。84% 的 CFO 还指出，在过去的三年里他们与首席信息官（CIO）的合作逐步增加，表明技术在财务管理方面起到了关键的推动作用。

(5) CFO 对推动企业发展的颠覆性技术给予了极大的关注：联合研究结果表明，CFO 开始越来越多地侧重于了解和利用颠覆性技术，如大数据、云计算、移动和社交媒体等，以促进企业增长。79% 的受访者认为有效的信息获取是确保企业灵活性的关键驱动力；而 57% 的受访者认为，投资大数据和分析是保障企业核心竞争优势的重要源泉。

(6) CFO 意识到，需要将关注重点从 IT 维护和集成问题转移到技术领域，以推动企业不断创新：当问及公司技术在哪些方面最吸引他们的关注时，受访者指出 IT 维护成本、集成成本以及系统间缺乏集成是最让他们担忧的三个问题，其次是数据质量和集成问题等。根据研究，这种持续引起忧虑的 IT 问题，恰恰推动了 CFO 将重点转向更多地以技术为主导的创新和增长项目上，以帮助他们实现自己的战略、运营和专业目标。

1.3　中国企业集团的发展与 CFO 职能定位及实现的思考

1.3.1　中国企业集团的发展机遇与挑战

30 年多前,中国企业大多以单一的企业形式存在,人们对企业集团的概念还非常陌生。1978 年党的十一届三中全会以来,企业集团慢慢被接受,特别是 1998 年以来的 10 年,在政策的鼓励下,中国的企业集团如雨后春笋般涌现出来。如今,企业集团这一经济组织形式已成为中国经济发展的主要模式,在经济全球化、国际竞争的大背景下,中国企业集团正经历着前所未有的机遇和挑战。

● 经济全球化为企业集团的快速发展提供了广阔的空间。随着全球经济一体化进程的加快,世界会变得越来越小,竞争也会越来越激烈。经济全球化改变了过去的"游戏规则",也让企业的工作变得更有效益,企业通过结盟与合并,组建企业集团,实力进一步增强,实现了"1+1＞2"的目标。我国《国民经济和社会发展十二五规划纲要》指出,要大力推进"走出去"战略,这是中国参与经济全球化的重要条件。"十二五"期间,我国大型集团企业在政策引领下,要大力加快"走出去"的步伐,在经济全球化的背景下,抓住发展扩张的机遇,走向世界,参与全球资源整合、参与国际竞争,努力将企业做大做强,使中国企业在国际经济舞台上占有一席之地。

● 中国企业进入世界 500 强排行榜的数量逐年增加。《财富》500 强排行榜上,1998 年中国企业只有 3 家;2005 年达到 18 家,其中内地企业 15 家;2008 年达到 35 家,其中内地企业 25 家;2011 年中国上榜公司再创新纪录,达到 69 家,但仅有两家民营企业,即华为公司和江苏沙钢集团;2012 年中国上榜公司的数量(79 家)已经超过日本(68 家),仅次于美国(132 家),为全球 500 强公司第二集中的区域;2013 年中国上榜公司数量达到 95 家,创历史新高。

● 财务管理面临前所未有的挑战。随着"走出去"战略的实施,企业集团经营规模扩大,产业链条诞生,经营业态多元化,多数企业集团财务的管理水平难以满足企业集团快速发展和管控的需要,成为制约企业集团做大、做强、做优的重要因素。当今,无论是进入世界 500 强的企业集团,还是正在快速发展的企业集团,CFO 团队都面临前所未有的挑战:密切关注信息技术对企业管理的影响,进行财务管理创新,以适应企业集团发展的需要。

在中国企业集团迅速崛起和发展之时，企业集团 CFO 团队的职能也备受关注："管家"与"战略家"职能定位成为理论界和实务界共同关注的热点问题。

1.3.2　CFO 团队职能的定位

1. 对"管家"职能的关注

事实上，在中国经济发展过程中也出现过一些财务丑闻，很多公司因内部控制不到位而遭受巨大损失。例如，2004 年 4 月德隆事件爆发，导致证券市场股价大幅下跌，投资者信心遭受重创；2004 年 12 月，中国航油（新加坡）股份有限公司在石油衍生产品交易中总计亏损 5.5 亿美元，而其净资产不过 1.45 亿美元；2004 年 12 月，四川长虹因 APEX 公司的应收账款问题，按照个别认定法计提 3.1 亿美元的坏账准备；2005 年，格林科尔系科龙等上市公司被大股东"掏空"，等等。万福生科（证券代码：300268）在 2008—2011 年期间，虚增营业收入约 7.4 亿元，虚增营业利润约 1.8 亿元，虚增净利润约 1.6 亿元。2013 年 10 月 22 日，万福生科收到证监会下发的行政处罚决定书，公司因涉嫌欺诈发行股票和违规披露信息被移送司法机关。海联讯（证券代码：300277）在 2009—2011 年期间，虚构应收账款收回，部分销售收入涉嫌造假，涉嫌违法违规，在 2013 年 3 月被证监会立案调查。迪威视讯（证券代码：300167）因 2010—2012 年虚增与部分客户间发生的营业收入，涉嫌违法违规，于 2013 年 7 月被证监会调查。紫光古汉（证券代码：000590）连续四年财务造假，2005—2008 年年度报告会计信息存在虚假记载，即通过虚开发票、虚减财务费用等方式来虚增利润；同时未如实披露《合资协议之补充协议》的签订及实际执行情况。公司于 2013 年 3 月 8 日收到证监会的行政处罚决定书，公司被警告并处以 50 万元罚款，相关责任人被警告并处以共计 18 万元罚款；7 月 24 日深交所下发《关于对紫光古汉集团股份有限公司及相关当事人给予处分的决定》，对公司及相关责任人给予公开谴责、通报批评等处分，并记入上市公司诚信档案，抄报有关部门。因此，无论理论界还是实务界，对 CFO 团队充分发挥管家职能的呼声都很高。

2005 年 10 月，中国证监会首次出台《关于提高上市公司质量的意见》，10 月 19 日，国务院对该意见进行批转。这也是国务院首次就上市公司工作批转发布的文件，且速度极快，可见政府的重视程度。2006 年 6 月和 9 月上海证券交易所和深圳证券交易所相继出台《上市公司内部控制指引》，均要求上市公司披露内控制度的制定和实施情况，由此拉开了中国上市公司内部控制体系制度建设的序幕。财政部 2006 年 2 月 15 日正式发布了新会计准则体系，于 2007 年 1 月 1 日起在上市公司中率先执行，新会计准则不仅理念先进、体系完整，而且充分体现了与国际准则的趋同。对于新发布的 39 项新会计准则（1 项基本准则和 38 项具体准则），从目标变化看，《企业会计准则——基本准则》提出的财务会计目标是：向财务会计报告使用者（包括投资者、债权人、政府及其有关部门和社会公众等）提供与企业财务状况、经营成果和现金流量等有关的会计信息，反映企业管理层受托责任履行情况，以帮助财务报告使用者作出经营决策。从目标变化看，会计改革更趋于市场化。一方面，新准则进一步强调了外部会计要提高会计信息的质量，进一步缩小会计收益调整空间，最大限度地保证外部会计信息的客观性、明晰性、可比性和重要性；另一方面，对如何利用会计信息为企业管理提供内部管理报告，准则没有规定，这为企业财务管理提供了更广阔的空间和灵活度，即 CFO 团队在保证财务会计报告的客观、可比、真实、正确的基础上，还要有能力根据企业的管理需求，提供多视角、多层次、多板块的财务分析报告，支持企业及企业集团战略的实现。

2008 年 6 月 28 日，财政部、证监会、审计署、银监会和保监会联合发布了《企业内部控制基本规范》，同时印发了《企业内部控制应用指引》、《企业内部控制评价指引》征求意见稿。

事实上，随着改革开放的不断深入，中国企业也面临着政策法规的频繁变化，无论是企业会计制度、税收制度、新劳动合同法，还是内部控制制度，都在不断升级，并与国际接轨（如图 1—4 所示）。

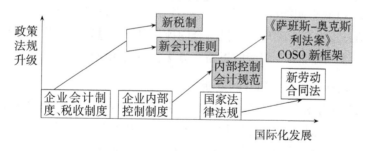

图 1—4　政策法规的不断变化

这就要求 CFO 团队适应政策法规的变化，并提升严格执行相应的新法规和政策的能力。

2. 对"战略家"职能的关注

今天，中国企业在市场经济中面临的竞争压力越来越大。据商务部统计，截至 2012 年，世界 500 强公司已有约 490 家在中国投资，跨国公司在华设立的研发中心、地区总部等功能性机构已经达到 1 600 余家。它们的投资涉及机械、电子、化工、建材、通信、医药和食品等几十个领域。世界 500 强大量涌入中国，与我国企业在同一个平台上竞争，使企业面临的竞争压力逐年增加。与此同时，中国企业集团正在实施"走出去"战略，越来越多的中国企业集团突破国与国的界限从事跨国经营活动，成功实现海外上市；越来越多在海外上市的中国企业回归中国的 A 股市场，实行全球化运作和管理。与以往任何时代不同，中国企业集团必须面对跨越国界的全球竞争，并不断提升全球化集团管控能力。

作为企业实现战略的重要伙伴，CFO 的"战略家"职能如何发挥的问题得到了企业管理团队的普遍关注。CFO 团队不仅要保证财务会计信息真实、正确，事后提交财务会计报告，而且要考虑如何参与企业战略制定，支持企业战略有效执行，主要包括：如何利用信息技术优化财务流程，提高运作效率与效益？如何进行财务管理创新，支持企业在市场扩张时对资金的需求？如何利用信息技术对分（子）公司进行实时控制，保证集团各利益相关者与集团的战略目标一致？如何基于不同的层级、不同的业务板块、不同的期间提供价值分析报告，正确评价绩效？这些问题直接影响到企业核心竞争力的提升。

中国 CFO 团队正在担起"管家"与"战略家"双重职能。

1.3.3 关注信息技术以实现"管家"与"战略家"职能

如何实现"管家"与"战略家"的职能，是一个很难回答的问题。笔者认为，实现 CFO 双重职能的方法很多，如战略管理、公司治理、组织管理等，本书拟从将信息技术与管理理论有机融合的视角出发，进行财务管理创新，提出实现"管家"与"战略家"职能的思路、方法、策略和模型。

1. 理由之一——理论研究的证明

西方发达国家在市场经济环境中已经生存了上百年，它们在完成工业革命的基础上非常平稳地进入了信息时代，又从信息时代顺利进入了经济全球一体化时代，如图 1—5 所示。面对环境变迁，西方理论界和企业界一直在按照市场规律不断将信息技术与管理融合，并提出相应的对策。

图 1—5 西方企业经历的时代

20 世纪 40 年代第一台计算机问世以后，信息技术给整个世界带来了翻天覆地的变化，短短几十年间就席卷全球。当信息技术在政治、经济、文化、教育、科技、军事等领域得到越来越广泛的应用时，人类社会也逐渐从工业时代进入信息时代。

六七十年代，西方工业经济竞争的特点是如何有效地降低生产成本。为了解决这个问题，美国于 1957 年成立了生产与库存控制协会，将信息技术与生产和库存控制方面的研究成果相结合，研究物料需求计划（material requirements planning，MRP）系统，并使其在企业内部的管理活动中得以广泛应用。MRP 系统的应用，实现了供—产—销物料信息集成，解决了企业管理中"既不出现缺货，又不积压库存"的矛盾。80 年代，随着生产的发展，企业管理已不能局限于生产管理这一个方面，而需要实现对物流和资金流的统一管理，即将财务子系统与生产子系统结合到一起，形成一个整体系统。此时，信息技术也得到了极大的发展，有能力将生产、财务、销售、采购、工程技术等各子系统集成为一个系统，并实现物流和资金流的统一管理。因此，在 MRP 的基础上，人们不断增加管理的内容，提出了制造资源计划（manufacturing resource planning，MRPⅡ）系统，其目的是在网络环境下实现物料信息与资金信息的集成，解决"财务账"与"实务账"同步生成的财务业务一体化问题，通过资金流来实时监控物料流动，指导经营和生产活动，实现效益导向。90 年代，以互联网为代表的信息技术的广泛应用推动了全球经济一体化和世界经济市场形成的进程。为了提升企业的核心竞争力和市场应变能力，很多企业将先进的管理思想和信息技术有机融合，在管理软件的支持下，在企业内部网络、企业间网络、国际互联网环境中建立企业资源计划、客户关系管理（customer relationship management，CRM）、供应链管理（supply chain management，SCM）等信息系统，实现了客户、供应商、制造商信息的集成管理，力求解决经济全球化形势下优化供应链管理及合作竞争的协同运营问题。与此同时，基于网络资源共享概念的电子商务也得到了广泛应用，它不仅打破了国界、距离与时间的限制，而且改变了企业的经营模式和生存方式，使经营、管理和服务变得即时而迅速。

与此同时，大批学者致力于对管理信息化投资与企业绩效之间的关系进行实证研究，从理论上证明了管理信息化投资与企业绩效之间的正相关关系，支持了"IT 增值论"的观点。特别是证明了 ERP 系统能够合理地配置企业资源，将企业的物流、资金流、信息流有机集成，提高企业的生产能力和反应速度，从而提高企业的经济效益和竞争力。因此，欧美国家在过去的 10 年里对 ERP 的投资非常普遍①②，并成为企业 IT 投资的重大投资项目③④。很多大学投入资金从事这方面的研究，例如，麻省理工大学斯隆管理学院学者研究了企业 IT 资本投入与企业产出及企业市场价值的相关关系；宾夕法尼亚大学沃顿商学院、得克萨斯大学研究了采用 ERP 对其财务绩效的影响；麻省理工大学斯隆管理学院、波士顿大学管理学院、南佛罗里达大学等的学者研究了企业公开宣告实施 ERP 对其市场价值产生的影响等。

2. 理由之二——来自实践的验证

信息化与全球化已经成为当今时代的两个重要特征，很多跨国企业集团将信息化和全球化作为衡量企业位置的维度，如图 1—6 所示。

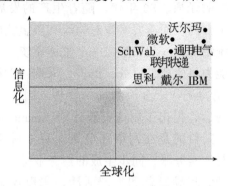

图 1—6　企业位置坐标轴

● 多数企业处于矩阵左下角，它们对应对挑战还没有什么准备，企业信息化基础设施还很差。它们很容易受到环境变化的冲击，是很脆弱的企业。

● 矩阵左上角的企业信息化程度很高，但企业商业模式不成熟或有缺陷，例如国内的一些网络企业。

● 矩阵右下角的企业虽然信息化程度较低，但企业的业务模式有竞争力，比如国内的一些服装企业、OEM 企业。

● 最成功的企业来自矩阵右上角——信息化程度高，全球化程度高。全球

① Hitt Lorin M.，Wu D. J. and Zhou Xiaoge，Investment in Enterprise Resource Planning：Business Impact and Productivity Measures. *Journal of Management Information System*，2002，19（1）：71-98.

② Melville，Kenneth Kraemer，Vijay Gurbaxani，Review：Information Technology and Organization Performance：an Integrative Model of IT Business Value，*MIS Quarterly*，2004，28（2）：283-322.

③ Poston，R.，Financial Impacts of Enterprise Resource Planning Implementations. *International Journal of Accounting Information Systems*，2001，271-294.

④ Sumner M.，Risk Factors in Enterprise-wide/ERP Projects. *Journal of Information Technology*，2000（15）：317-327.

500 强中的很多企业都处在优势企业的位置上。更多的企业正处在向优势企业位置迁移的过程中。

【案例1—1】 **两个时代商业巨头——凯马特与沃尔玛** ▶▶▶▶▶▶▶

凯马特和沃尔玛是 20 世纪的两个商业巨头，在信息技术革命带来的挑战面前，两家企业采取了不同的措施，从而导致了不同的结局。让我们来看一组数字，如表 1—1 所示。

表 1—1 20 世纪两个商业巨头的数字对比表

时间	凯马特	沃尔玛
80 年代以前	零售业巨头	小零售商
1989 年销售额	284 亿美元	243 亿美元
1989 年利润	7.36 亿美元	9.73 亿美元
1995 年市场占有率	不断不降	27%
每平方米盈利	沃尔玛是凯马特的两倍	
2002 年	申请破产	《财富》500 强之首

从表中可以看出，80 年代以前，沃尔玛是小零售商，凯马特是零售业巨头。然而随着时间的推移，凯马特的经营状况不断恶化，于 2002 年申请破产，沃尔玛则成为世界 500 强之首。今天的沃尔玛如日中天，截至 2014 年，沃尔玛在 27 个国家拥有 10 994 家分店以及遍布 10 个国家的电子商务网站，2013 年 2 月 1 日至 2014 年 1 月 31 日的销售金额达到 4 730.76 亿美元，全球员工约 220 万名。

为什么两家企业会有如此不同的结局？让我们作一下对比分析。

相同之处

过去，分析家们把凯马特的迅速成功归结于以下几条：

(1) 重视资金高周转率。

(2) 强调低毛利、低价格和高销售量。

(3) 强调高质量产品及国际商标——绝不经营二流货。

(4) 全面降低价格而不是选择性降价。

(5) 一次性购物商业网。

(6) 连锁店模式。

其实，这些成功因素并不是凯马特的独到之处，因为这些要素在沃尔玛的成功史上也随处可见。

不同之处

当信息技术革命对企业经营环境产生强烈冲击和影响时，也给企业的发展带来了前所未有的机遇。信息技术就像一把钥匙，若企业很好地利用它，就能在最短的时间内取得所需的信息，包括员工、上下游业务伙伴和客户的信息，并对传统的商业模式进行重新定义。沃尔玛正是看到了信息技术的力量，不断加强信息化的投资，将信息技术与管理融合，从而获得了持续增长的基础。

1969年，沃尔玛租用了一台IBM 360计算机进行货物配送管理，1974年公司开始在其分销中心和各家商店运用管理软件，并用计算机进行库存控制，创造了实时存货管理模式。

1983年，沃尔玛的各连锁商店都使用了条形码扫描系统，一改传统的销售模式，创造了一种实时销售模式。

1984年，沃尔玛开发了一套市场营销管理系统，再次创新了营销模式，这套系统可以使每家商店按照自身的市场环境和销售类型制定相应的营销产品组合。

1985—1987年间，沃尔玛安装了公司专用的卫星通信系统，该系统的应用使得总部、分销中心和各商店之间可以实现双向的声音和数据传输，全球4 000家沃尔玛分店可在一小时内对每种商品的库存、上架、销量全部盘点一遍，并通过自己的终端与总部进行实时联系。

1990年，沃尔玛的电子数据交换系统（electronic data interchange，EDI）投入运行。该系统又称无纸贸易系统，通过网络向供应商提供商业文件、发出采购指令、获取收据和装运清单等，同时让供应商及时、准确地把握其产品的销售情况。沃尔玛还利用更先进的快速反应系统代替采购指令，真正实现了自动订货。该系统利用条形码扫描和卫星通信，与供应商每日交换商品销售、运输和订货信息。凭借先进的电子信息手段，沃尔玛做到了商店的销售与配送保持同步，配送中心与供应商运转一致。1991年首次搭建的沃尔玛零售网，允许其3 800家供应商直接获取销售点的实时数据，从而使供应商能够更好地进行销售预测和库存管理。销售点数据来自商店收银机上的销售点（point-of-sale，POS）扫描，因此能真实、及时地反映销售情况。供应系统在调度、付款等方面使用电子邮件。运用零售网和销售点数据，可在网上同一些大型供应商协商作出采购决策，也可以发出订单。通过企业外部网络连接其主要的供应商，97%以上的商品经物流配送系统从供应商处直接送上商场货架，而无须入库，从而实现了集中采购。

21世纪，沃尔玛创建了网上商城。当互联网的浪潮一浪高过一浪时，沃尔玛也积极探索网上电子商城，完成了"线上到线下"（online to offline，OTO）

营销模式的构建。

然而，2011年沃尔玛电子商务的营收仅是亚马逊的1/5，且差距逐年扩大，让沃尔玛不得不设法奋起直追，寻找各种提升营收数字的模式。最终，沃尔玛选择在社交网站的移动商务上放手一搏，让更大量、更迅速的信息进入沃尔玛内部销售决策。沃尔玛的每张购买建议清单，都是利用大量资料运算得到的。2011年4月，沃尔玛以3亿美元高价收购了一家社交网站Kosmix。Kosmix不仅能为企业收集、分析网络上的海量资料（大数据），还能将这些信息个人化，将采购建议提供给终端消费者（若不是追踪结账资料，这些细微的消费者习惯很难从卖场中发现）。这意味着，沃尔玛使用的大数据模式，已经从"挖掘"顾客需求发展到"创造"消费需求。沃尔玛对历史交易记录这个庞大的数据库进行观察发现：每当季节飓风来临之前，不仅手电筒销售量增加，而且POP-TARTS蛋挞的销量也增加。由此，沃尔玛利用大数据分析不断创新营销策略。①

启示

沃尔玛领先于竞争对手，源于它将信息技术与管理融合起来并不断创新。它推出大量销售和"天天低价"的模式，建立供应商之间的电子数据交换系统，并实施围绕分销中心扩张的战略，成功地建立了自己的配送系统，等等。这样，沃尔玛能够对企业的现货和现金流量进行实时管理，提高销售额，加快商品的周转速度，减少存货损失，并将节约下来的成本回馈给顾客。同时让人们认识到：对于传统行业而言，IT与管理创新的有机融合也能成为企业以弱胜强的利器。

【案例1—2】中国企业集团利用信息技术推动管理进步的最佳实践 ▶▶▶▶▶▶▶

当信息技术革命给我国经济发展带来巨大影响的时候，一些先进企业集团（联想集团、海尔集团、中远集团、燕京啤酒集团等）开始关注信息技术，并将信息技术应用于企业的经营管理活动，从传统管理转向信息化管理。这种管理变革大大推动了企业管理的进步，增强了企业的核心竞争力和市场应变力，并使其进入中国强势企业的行列。

海尔管理团队认为，要成为一个国际化企业，至少要具备这样几个要素：一是造就一个全球化的品牌；二是企业内部的组织可以灵活、快捷地适应外部环境的变化；三是有完整的基于网络系统的营销策略。客观来讲，我国企业在这些方面还有很大的差距，真正具有国际竞争力的大企业并不多。海尔近年来以追求卓

---

① 参见维克托·迈尔等：《大数据》，杭州，浙江人民出版社，2013。

越、产业报国为己任，以创世界名牌为目标，全面推进业务流程再造和信息化建设，努力开辟一条具有自身特色的国际化之路，积累了宝贵的经验。①

回顾海尔的发展历程可以看到，海尔密切关注信息技术，大力推进信息化建设，并深刻认识到，企业信息化的基础是组织流程再造：以市场链为纽带，再造业务流程，建立快捷响应市场的组织结构。

企业信息化的手段是计算机网络

计算机网络将企业各个部门、市场和客户连接起来，实现信息共享和实时传递，这为组织流程再造、管理模式的创新、满足用户个性化需求等提供了支持。

企业信息化的中心是订单信息流

在信息技术的支持下，以订单信息流为中心带动物流、资金流运动，加强信息流与物流、资金流的集成管理。

企业信息化的动力是速度和创新

信息时代企业若不能达到电子商务所要求的速度，不能根据用户的个性化需求不断创新，则难以生存。因此，推进企业信息化建设，就是为了提高对市场的反应速度以及创新能力。

企业信息化的目的是创世界名牌

企业信息化必须与世界联网，联网是手段，这种手段能够支持企业追求五个全球化，即全球化采购、全球化制造、全球化营销、全球化设计和全球化资本运作，并创世界名牌。

特别是在财务管理信息化方面，海尔进行了大胆的创新，借助信息化手段，在实现信息流、物流、资金流的集成管理基础上，实现了整个集团财务集中管理模式的创新。

（1）通过构建财务业务一体化平台，实现实时采集业务过程的信息，并自动生成财务核算信息，这不仅保证了信息的实时传递与共享，而且保证了财务账与业务账的同步生成，保证了财务与业务信息的一致性，更好地发挥了财务的服务职能。

（2）强化了会计的控制职能。在网络环境下，通过销售预算控制、成本预算控制、费用预算控制等，做到对各项业务全程跟踪、监控，当业务违规时自动"跳闸"，充分发挥了财务的控制职能或"闸口"职能，在提高经营运作效率的同时，促进了资金的高效运作，使得"现款现货"和"零运营资金管理"的制度在

---

① 参见李荣融：《推进管理信息化 提高国际竞争力》，载蒋黔贵、张瑞敏：《海尔市场链与信息化》，北京，中国经济出版社，2002。

海尔得以落实，有效化解和防范经营风险（如图 1—7 所示）。

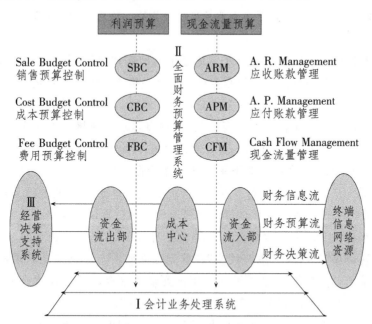

图 1—7　海尔的财务管理框架

移动互联时代，海尔创造了新模式。① 随着 4G 网络的逐步建成，大数据和云计算技术大规模进入商用，移动互联已经全方位改变传统的经济形态、商业模式、生活方式和社会特征。创新移动互联时代的商业模式，成为海尔的选择。

● 互联网时代，客户由"固定靶"变成了"飞靶"。而要"打中飞靶"，企业就必须突破原有的商业模式。为此，海尔在战略指导思想上的重要创新点是实现由生产型向服务型转变。由原来以厂商为中心、大规模生产、大规模促销和低成本竞争的 B2C 模式，转变为以消费者为中心、个性化营销、柔性化生产和精准化服务的 C2B 模式。海尔的服务转型，不是简单的"去制造化"，从事虚拟经济；也不是狭义的向产前、产后等服务环节拓展，而是企业整体服务化的全面变革。

● 在经营模式上，海尔推行"人单合一"管理。人即员工，单即订单。传统的经营机制是人单分离的，"内部管理与市场拓展两张皮"，权力集中在领导手中。海尔彻底扭转了这种经营机制，把经营决策权、资源配置权和利益分配权下放到一线员工，由他们根据市场变化和用户需求来自主经营。此外，采取"倒逼机制"，让研发、生产、供应、职能服务等后台系统与用户需求有效衔接，使企业

---

① 资料来源：国际连锁企业管理协会网，2014 年 1 月。

全员面对用户、黏住用户。领导的职责从原来的决策、分配、监督转变为主要向一线员工提供支持和服务，将原来企业员工听领导的，转变为员工听用户的，企业和领导听员工的。

● 在产销模式上，海尔推行"零库存下的即需即供"。长期以来，海尔与中国大多数制造企业一样，实行的是生产—库存—销售的传统产销模式，存在很大刚性。库存一直是困扰海尔的一个十分头疼的问题。向服务转型以来，张瑞敏借助互联网提出了"零库存下的即需即供"，将海尔从大规模制造转变为大规模定制。海尔取消了全国26个中心仓库，要求"真单直发"，销售人员必须获取零售终端的真实订单，然后在内部下单，从"为产品找客户"转变为"为客户找产品"。"倒逼"产品设计、企划、质量、生产、供应等后台系统进行大规模调整，同时在研发、生产、供应、职能管理等领域大力推行模块化技术，以加快响应速度。在营销模式上，推行"零距离下的虚实网结合"。同时，海尔提出要"虚网做实，实网做深"。所谓"虚网做实"，就是在互联网上不仅仅是开展电子商务，更重要的是通过互联网搭建与用户零距离互动的平台，深度挖掘个性化需求信息，并转化为有价值的订单，实现"以服务卖产品"。

● 在营销模式上，海尔善于利用社交网络和APP开辟新战场。在海外，海尔在Facebook上黏住了10万多名铁杆粉丝。在澳大利亚，海尔通过Facebook实现与用户的互动，从而使法式对开门冰箱在澳大利亚市场超越LG、三星，连续两次获得"用户最满意品牌"第一名。目前，海尔已经建立了专门的网上设计体验馆，用户可以根据海尔提供的模块自行设计产品，并随时下单。所谓"实网做深"，就是进一步完善营销网、物流网、服务网，形成一个覆盖全国乃至全球的网络，实现与"虚网"的有效结合。目前，海尔在全国建立了"销售到村"的营销网、"送货到门"的物流网和"服务到户"的服务网。完善的营销网络已经成为海尔重要的竞争优势。

● 在财务管理上，海尔对经营体的要求是标准化、制度化、量化。如何量化为客户创造的价值以及在此过程中量化个人的贡献是重中之重。为此，海尔自主发明了三张表，即：战略利润表、日清表和人单酬表。"战略"就是与用户零距离，"收益"是自主经营体为用户创造价值获得的收入。核算指标从传统的销售收入、利润等，逐步发展为市场份额、用户满意度等市场竞争力指标，目前是比用户忠诚度更全面、更量化的用户黏度指标等。而且在面对用户的同一目标时，实现统一承诺的预赢方案。"日清表"是借助IT系统形成每天的工作预算和行动计划，以保证目标的按时完成，目前已经实现了信息化日清，每天能将实施情况通过信息系统自动通知员工。"人单酬表"是"果"，基本要求是缴足利润，挣够费用，超利分成，落实到人。这体现了海尔提出的"我的用户我创造,我的增值我分享"的理念。他们认为,"传统的财务报表是以资本为中心,追求股东利益至上;海尔的新三表是以员工的能力为中心,是员工与自身能力的博弈,实现了用户、企业和员工的共赢"。

当今,信息技术正在成为促进经济发展和社会进步的主导技术,信息产业逐渐成为社会发展中的主导产业,特别是互联网、电子商务的迅猛发展和广泛应用,使人类进入了以互联网为重要特征的信息时代。信息技术的广泛应用不仅改变了人们的生活方式、工作环境,而且在对企业的竞争环境产生巨大影响的同时,对财务、会计理论和实务也产生了强烈的冲击。美国注册会计师协会(AICPA)前主席罗伯特·梅得尼克(Robert Mednick)早期在"Our Profession in the Year 2000"一文中指出:"如果会计行业不按照 IT 技术重新塑造自己的话,它将有可能被推到一边,甚至被另一个行业,即对提供信息、分析、鉴证、服务有着更加创新视角的行业所代替。"[①] 的确,信息时代呼唤财务管理的信息化,作为 CFO,需要在观念、意识、技能等方面改变自身,并且积极探索如何利用信息技术进行财务管理创新、如何利用信息技术对信息进行有效管理,从而最大限度地实现"管家"与"战略家"的职能。

---

① Robert Mednick,Our Profession in the Year 2000:A Blueprint of the Future,*Journal of Accountancy*,August 1988.

第 2 章 / Chapter Two
管理信息化的创新思想演进与沿革

People

Technology

Process

　　信息技术的广泛应用，给整个世界经济、文化、教育、科技、军事带来了深刻的影响和变革。时代的变迁使得曾在工业时代创造辉煌业绩的管理理论一如明日黄花，新时代要求管理理论不断创新，同时管理理论的创新又推动了管理软件的发展；管理软件的广泛应用不仅指导了管理实践，提升了管理水平，反过来又推动管理理论和管理软件的发展和完善，使得管理理论和实践呈螺旋式上升。当企业管理从手工环境转向 IT 环境，特别是互联网技术应用于企业管理信息化后，物流、资金流、信息流得以有机融合和集成，财务与业务的融合变得更加紧密。

　　本章主要学习和掌握：

- 信息时代先进的管理思想的起源与发展
- 信息技术与管理融合的精髓
- IT 环境下财务管理与企业管理的融合趋势

2.1 物料需求计划

2.1.1 物料需求计划的产生

20 世纪六七十年代，西方工业经济时代竞争的特点是如何有效地降低生产成本。在制造业进入大规模工业化生产阶段以后，随着生产的发展和技术的进步，制造业面临的主要矛盾表现为：生产所需的原材料不能准时供应；零部件的生产不配套，且库存积压严重；产品生产周期过长且难以控制，劳动生产率下降；资金占压严重，周转期长，使用率低。因此要降低成本，就必须解决库存积压和短缺问题。

为了解决这些问题，美国于 1957 年成立了生产与库存控制协会，开始进行生产与库存控制方面的研究。60 年代，随着计算机的商业化应用，将信息技术与生产和库存控制方面的研究成果相结合，研究物料需求计划（MRP）成为当时的热点。

2.1.2 MRP 与闭环 MRP 的基本原理

1. MRP 的基本原理

MRP 是 ERP 的核心，对任何应用于制造业的 ERP 系统都是必不可少的。企业的生产活动应该围绕相应的市场需求展开，在没有需求时，企业不应该盲目补货。需求本身又可以分为独立需求和相关需求：独立需求是指需求量和需求时间由企业决定的外部需求，如客户订购产品的需求、科研试制样品的需求、售后维修的备品备件需求等；相关需求是指根据物料之间的结构组成关系，由独立需求物料所派生出来的需求，如半成品、零件、原材料等的需求。MRP 的基本思想是以主生产计划（master production schedule，MPS）、产品结构或物料清单（bill of material，BOM）以及库存信息为依据，从最终产品的生产计划（独立需求）导出相关物料（原材料、零部件）的需求量和需求时间；根据物料的需求时间和生产（订货）周期来确定其开始生产（订货）的时间。根据产品的物料清单，由计算机自动计算出原料或零部件的相关需求，将相关需求汇总，再根据在途产品、当前库存求得原料或产品的净需求。

从管理信息系统的角度理解，MRP 是一种数据处理系统，其逻辑流程如图 2—1 所示。

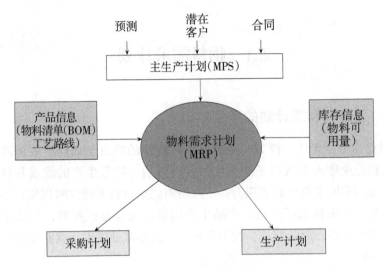

图 2—1　MRP 系统逻辑流程图

在信息技术的支持下，通过输入（需求管理、主生产计划、产品信息、物料清单、库存信息）、处理（物料需求计划）、输出（采购计划、生产计划等）三个过程，求解制造业的通用公式，即在编制计划时必须解决的四个问题。包括：

● 生产什么？主生产计划根据预测、潜在客户、销售合同等信息，回答了要生产什么产品的问题。

● 用到什么？物料清单清晰地反映了产品结构或某些在制造过程中必要的资源（如能源、工具等），回答了要用到什么物料的问题。

● 已经有什么？在计算机环境下库存信息是动态信息，它实时反映出物料的现存量、计划收到量、已分配量、提前期、订购批量、安全库存量，回答了已经有什么的问题。

● 还缺什么？什么时间下达计划？由 MRP 运算得到的采购计划和生产计划回答了还缺什么和什么时间下达计划的问题。

当市场发生变化时，MRP 系统根据源头的变化，迅速、自动调整或修订采购计划和生产计划，可以有效地解决上述问题。

2. MRP 的进一步完善和发展——闭环 MRP

MRP 虽然能够根据有关数据计算出相关物料需求的准确时间和数据，但它还不够完善，其主要缺陷是没有考虑到生产企业现有的生产能力和采购的有关条件约束。因此，计算出来的物料需求的日期可能因设备和工时不足而没有能力生产，或者因原料不足而无法生产。同时，它也缺乏根据计划实施情况的反馈信息对计划进行调整的功能。

为了解决上述问题，人们在 20 世纪 70 年代将两项内容加入 MRP：第一项是能力计划，第二项是反馈信息，如图 2—2 所示。

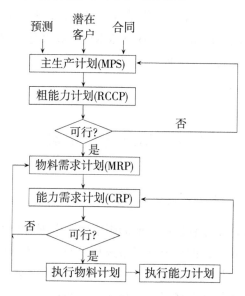

图 2—2　闭环 MRP 的逻辑流程

（1）能力计划。增加的能力计划包括两个部分：一个是粗能力计划（rough-cut capacity planning，RCCP），它是根据生产产品所需的资源清单和关键工作中心能够提供的能力（各时间段的小时数），在约束理论的指导下，找出约束产出量的瓶颈工序。如果通过粗能力计划运算，验证主生产计划是可行的，则进入物料需求计划。另一个是能力需求计划（capacity requirement planning，CRP），它根据所有物料的工艺路线（主要是各工作中心的时间段和小时数）和所使用的工作中心的平均可用能力，通过反复运算来模拟结果，查看加工能力是否满足对负荷的需求。在不能满足需求的情况下，需要如何调整（如通过加班、外包、调整优先级、变更工艺路线）才能达到所需结果，等等。这两种能力运算是非常费时的，现在人们又研制出了高级计划与排程算法（advanced planning and scheduling，APS），使 MRP 与 CRP 同步进行，加快了对环境变化的反应速度。

（2）反馈信息。闭环 MRP 弥补的 MRP 的另一个不足是增加了反馈信息。由 MRP 产生的计划经过能力计划落实后，可以下达执行。执行的结果通过物料计划的执行情况（如采购、加工是否按时）和能力计划的执行情况（工作中心的预计可用能力能否实现）两方面落实。如果不能落实，则把信息反馈给相应部门加以调整，或修订后再下达。这样既有自上而下的计划信息，又有自下而上的执行信息，形成了一个闭环 MRP 系统，通过信息流对物流进行计划与控制。

2.1.3 MRP 的效果

对于 MRP 思想与信息技术的有机结合，在当时看来，MRP 管理信息系统能有效支持企业管理。从管理角度看，闭环 MRP 的效果是能够减少企业延期交货的现象，使销售部门的信誉大大提高，实现供产销部门物料信息的集成，并保证既不出现缺货，又不积压库存。

2.2 制造资源计划

2.2.1 从 MRP 到 MRPⅡ的发展

随着生产的发展，企业管理已不能局限于生产管理一个方面，而需要实现对物流和资金流的统一管理，即将财务子系统与生产子系统结合到一起，形成一个整体系统。20 世纪 80 年代，信息技术得到了极大的发展，有能力将生产、财务、销售、采购、工程技术等各子系统集成为一个系统，并实现物流和资金流的统一管理，因此，制造资源计划（MRPⅡ）成为人们研究的热点问题。

2.2.2 MRPⅡ的基本原理

MRPⅡ的基本思想是把企业作为一个有机整体，从整体最优的角度出发，通过应用科学方法，对企业各种制造资源和产、供、销、财各个环节进行有效计划、组织和控制，使它们得以协调发展并充分发挥作用。

在信息技术的支持下，MRPⅡ在闭环 MRP 系统的基础上，将财务的功能囊括进来，增加了成本会计和财务会计的功能，并由生产活动直接产生财务数据，把实物形态的物料流动直接转换为价值形态的资金流动，保证生产和财务数据相一致；财务部门从系统中及时取得资金信息用于控制成本，通过资金流动状况反映物料流动和企业生产经营情况，实时分析企业的成本和利润，提供决策所需的数据，协调和指导生产经营活动；动态监控供、产、销的经营全过程。

从系统视角看，逻辑流程包括决策层、计划层和执行控制层，如图 2—3 所示。①

---

① 参见陈启申：《供需链管理与企业资源计划》，北京，企业管理出版社，2001。

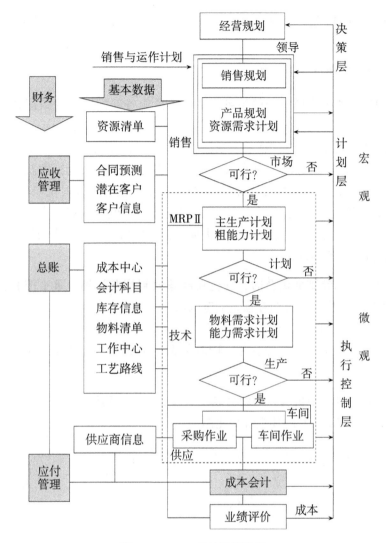

图 2—3　MRPⅡ 的逻辑流程

● 决策层：通过经营规划，企业制定出预期要达到的各项经济指标，如产品发展方向、销售收入增长率、利润增长率、投资利润率、市场占有率等，通常用数字表示。

● 计划层：通过销售与运作规划，把经营规划要求的各项指标进一步细化，并落实到一年内每个月每一种产品系列的销售收入，再考虑季节性的需求波动和生产能力的约束，以及年初、年末的存货及年末期望达到的库存周转率，经过调整确定各月的生产规划和产值，并预计销售成本。

● 执行控制层：在原物流需求计划的基础上增加了成本会计、业绩评价

31

等内容，这样能够计算计划的执行成本，并为经营决策和业绩评价提供信息。

2.2.3 MRPⅡ的效果

1. MRPⅡ作为集成统一的系统，实现了企业各部门之间的数据共享和数据统一

企业的所有数据都存储在一个数据库中，各部门不再使用自己的独立数据进行管理和汇报，不同部门的所有人员都可以在相应的权限范围内及时查阅、检索、汇总、分析所需的数据；任何一种数据的变动也都能及时反映给所有部门，如员工A刚刚更新的数据，员工B马上就能看到，做到数据共享；在大型数据库的支持下进行管理和决策，一改过去那种信息孤岛状况下造成的信息不同、状况不清、盲目决策的现象。

2. 由于成本计算准确及时，使企业能够做到事前计划、事中控制、事后分析、全员参与，把成本控制在预定的范围内

这一点用传统的手工做账方式是无法实现的。手工账的数据延迟一般为8～20天，无法及时反映成本的变化，同时数据也不够细致，往往是大锅饭、平均分摊。

3. 从财务管理视角看，自动生成记账凭证，进行确认和追踪

图2—4为MRPⅡ闭环系统简化图。

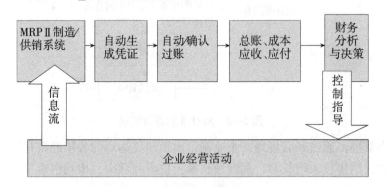

图 2—4 MRPⅡ闭环系统简化图

所有供产销数据都直接通过制造/供销系统输入，无须财务人员重复录入，即企业内部所有业务发生的原始凭证都在业务发生的同时自动生成记账凭证，自动记账或经财务人员确认记账。这样，财务人员、审计人员以及管理人员都可以根据财务账簿追踪到经济业务的源头，同时也可以从凭证追踪到账簿。这样不仅保证了经济业务线索的完整，而且为审计和财务人员了解经济业务提供了支持。此外，财务人员从繁杂的劳动中解脱出来，有时间和精力控制经营活动，协调、指导和促进企业经营与运作。

总之，MRP Ⅱ 解决了物料信息同资金信息的集成，实现了"财务账"与"实物账"的同步生成。企业管理者可以有效地利用各种资源，控制资金占用，缩短生产周期，降低成本，减少库存量和物料的短缺。但该系统只考虑了企业内部资源的利用问题，一切优化工作均着眼于本企业资源的最优利用。

2.3　企业资源计划

企业资源计划（ERP）这个名词早已不陌生，但是当人们提起 ERP 时，往往对其涵盖的范围和表现形式并没有清楚的认识。实际上，对应于管理界、信息界、企业界不同的表述要求，ERP 有特定的内涵和外延。一般来说，对 ERP 的定义可以从管理思想、软件产品、管理系统这三个层次给出。

1. ERP 是一种管理思想

ERP 是在 20 世纪 90 年代中期由美国著名的计算机技术咨询和评估集团加特纳提出的一整套企业管理系统体系标准，其实质是在 MRP Ⅱ 的基础上进一步发展而成的面向供应链（supply chain）的管理思想。

2. ERP 是一种软件产品

ERP 是综合应用了客户机/服务器体系、关系数据库结构、面向对象技术、图形用户界面、第四代语言（4GL）、网络通信等信息产业成果，以 ERP 管理思想为灵魂的软件产品。可以说，ERP 是当今管理软件的代表。

3. ERP 是一种管理系统

ERP 是将企业管理理念、业务流程、基础数据、人力物力、计算机硬件和软件整合于一体的企业资源管理系统。

其概念层次如图 2—5 所示。

在管理思想、软件产品和管理系统这三个层次中，管理系统是企业最终受益的表现形式，也是管理思想和软件产品所服务的对象。

管理思想和管理软件并不是静态的，会随时间的推移不断发展和完善。ERP 的发展经历了从 MRP，MRP Ⅱ 到 ERP 三个阶段，其内容不断丰富，管理范围也不断扩大，如图 2—6 所示。

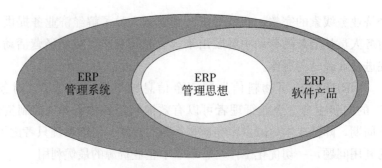

图 2—5　ERP 概念层次图

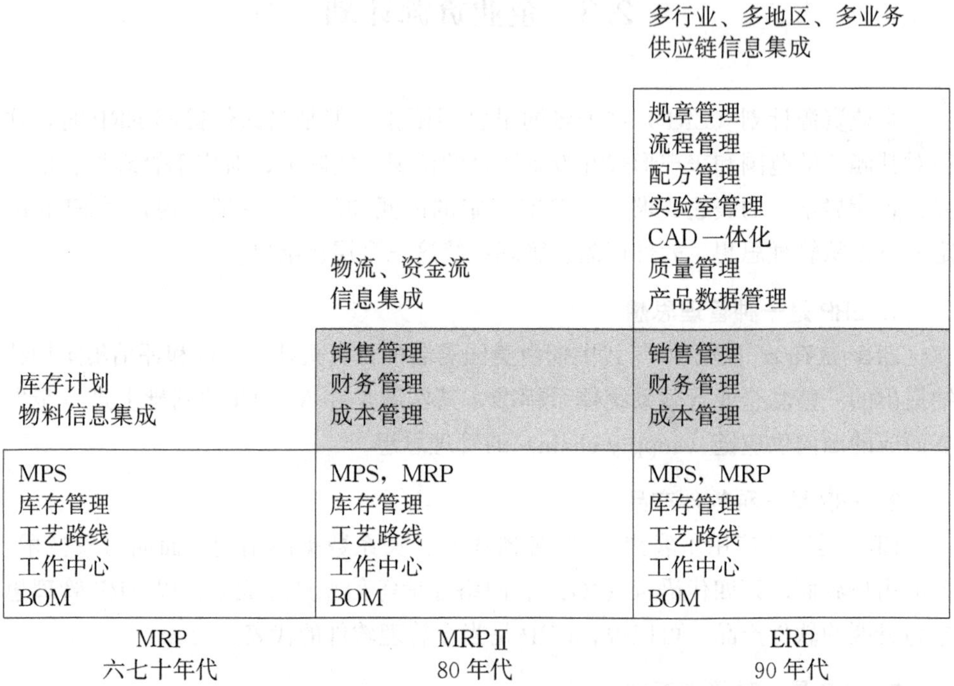

		多行业、多地区、多业务 供应链信息集成
		规章管理 流程管理 配方管理 实验室管理 CAD 一体化 质量管理 产品数据管理
	物流、资金流 信息集成	
库存计划 物料信息集成	销售管理 财务管理 成本管理	销售管理 财务管理 成本管理
MPS 库存管理 工艺路线 工作中心 BOM	MPS，MRP 库存管理 工艺路线 工作中心 BOM	MPS，MRP 库存管理 工艺路线 工作中心 BOM
MRP 六七十年代	MRPⅡ 80 年代	ERP 90 年代

图 2—6　ERP 的发展历程

2.3.1　从 MRPⅡ到 ERP

到了 20 世纪 90 年代中期，随着互联网的广泛应用，企业所处的竞争环境发生了很大变化。这就要求企业对客户的需求作出快速反应，然而仅凭一个企业所拥有的资源是难以做到的。企业要获得竞争优势，就必须充分利用网络和电子商务的优势，实现生产经营过程中有关各方的共同协作。于是，ERP 的研究和应用成为当时人们关注的热点问题。

最早提出 ERP 概念的是美国著名的咨询公司加特纳。1990 年 4 月，该公司发表了题为"ERP：设想下一代的 MRP Ⅱ"的分析报告①，总结了 MRP Ⅱ 的发展趋势，提出了企业资源计划（ERP）的概念，并很快被学术界认可，逐步得到应用。

2.3.2　企业资源计划的基本内容

ERP 包含的内容很多，其基本内容主要包括以下三个方面。

1. 核心理念和管理思想

ERP 认为企业资源包括厂房、仓库、物资、设备、工具、资金、人力、技术、信誉等全部可供企业调配使用的有形和无形资产。ERP 强调人财物、供产销全面结合、全面受控，实时反馈、动态协调，解决客户、供应商、制造商信息的集成，优化供应链，实现整个供应链的协同和合作。

2. 技术和方法

ERP 采用图形用户界面（GUI）、关系数据库、第四代语言、客户/服务器技术架构，支持多数据库集成。

3. 功能和范围

ERP 除包含 MRP Ⅱ 的功能外，还增加了规章管理、流程管理、配方管理、实验室管理、CAD 一体化、质量管理、产品数据管理等方面的功能。

当加特纳公司提出 ERP 概念时，互联网的应用才刚刚开始，企业之间的外部信息集成主要是指通过电子数据交换（EDI）来沟通信息，管理整个供应链仅仅被作为 ERP 系统的愿景功能看待。

2.4　供应链管理

2.4.1　供应链管理的产生

供应链管理（SCM）思想方法兴起的原因很多，主要在于企业面临的市场环境所发生的巨大变化：从过去供应商主导的、静态的、简单的市场环境，变成现在顾客主导的、动态的、复杂的市场环境。

长期以来，产品供不应求，企业所面对的市场相对稳定，所以供应链中各组

---

① Gartner，April，1990，CIM：S-300-339，Research Note.

织之间、各部门之间的协调问题相对比较容易解决，企业绩效也主要取决于本组织与部门的绩效。20 世纪 80 年代以来，市场中供需双方的关系出现了 180 度大转变，顾客在买卖关系中占据了主导地位。所以，企业的生存与发展不再仅仅取决于供应链中各组织、部门本身，更重要的是取决于用户，企业把顾客满意放在首位。然而，在传统的企业管理思想下，职能部门相互独立地进行管理，供应链中的各职能部门以及各组织通常只追求自己的利益，而且各部门、组织之间缺乏有效的信息沟通与集成，其后果是通常会出现这样一种现象：一旦消费者需求有所波动，就会引起供应商订货量的较大波动，并且这种波动程度沿供应链向上游不断扩大。现代管理学家将这种现象称为"牛鞭效应"，如图 2—7 所示。许多实证研究与企业调查发现，这种现象存在于包括汽车制造、计算机制造、日用品制造等行业的供应链中。

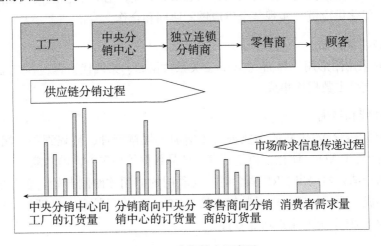

图 2—7　牛鞭效应示意图

　　显然，这种现象会给企业造成产品库存积压严重、服务水平不高、产品成本过高及质量低劣等问题，这必然会使企业在市场竞争中处于不利地位。另外，当今企业之间的竞争不再仅仅是比价格、比质量，供货时间已经成为当前激烈市场竞争中的一个重要竞争因素。

　　随着先进制造技术在七八十年代的迅速发展以及对传统制造系统的不断改进，制造周期已经大大缩短，因而非制造时间在总供货时间中所占比例显著增加。此时要进一步缩短供货时间，就必须考虑对现有供应链作出改进。东南亚企业（尤其是日本企业）取得成功的一个主要原因在于它们将供应链中的各环节进行协调、集成。比如，在企业内部，采用全面质量管理（TQM）、准时制（JIT），强调各部门的合作来降低成本、提高质量。在企业外部，采用外包制、减少零部件供应商数目并与它们建立合作伙伴关系来达到共同提高质量、降低成本的目的；将顾客需求纳入企业管理系统内部，采用柔性系统，提高企业应变能力和服务水平。欧美企业为了应对这种国际化竞争，也引入了供应链管理思想。

另外一个推动供应链管理发展的关键因素是近 20 年来科学技术（尤其是信息技术）的飞速发展。科学技术的发展使得各国之间地理和文化上的差距大大缩小，各国的工商组织能够在全球范围内获取资源并销售产品，加上产品生命周期不断缩短，因此供应链管理的作用更加突出，范围更加广泛的全球性供应链也迫切需要更加有效的管理理念和协调技术。而 EDI, Internet, Intranet 以及各种信息系统应用的发展，极大地促进了现代供应链管理理念的实现以及组织结构的转变。同时，80 年代中后期，许多企业所开展的业务流程重组也促进了供应链管理的发展。

近年来，对供应链管理的研究大幅增加，主要原因还包括人们对供应链管理在企业生存发展中的作用和地位有了新的认识。现代供应链管理理论与方法是在现代科学技术条件下产生的，是企业在当今激烈的全球市场竞争中生存与发展的一个重要武器，是企业赢得市场竞争优势的一种最新手段。

2.4.2　供应链管理思想的实质及特点

供应链管理是指借助网络技术，使分布在不同地区的供应链合作伙伴在较大区域范围内进行集成制造或系统集成化管理，力图通过各组织之间相互的责任分担和利益共享等机制来共同获取利益。

供应链管理的基本思想是：如果把供应链看作一个完整的运作过程对其进行集成化管理，就可能避免或减少各个环节之间的很多延误、浪费，即有可能在更短的时间内，用更少的总成本实现价值的增值。

供应链管理的主要特点包括以下几个方面。

1. 系统集成性

供应链管理思想是在科学技术高度发达的条件下产生的现代管理思想，强调整体性的全局观念，它以整个供应链而不是某个或某几个组织为出发点，以整体的效率提高、成本降低、资源合理配置等为最终目标。这种管理过程实质上是在一种全局集成思想的指导下，使供应链上所有关联企业集合成一个整体，在对物流的精确控制中实现系统整体优化。

2. 信息共享性

供应链管理中对物流的精确控制依赖于准确、及时的相关信息。供应链上的各成员不仅需要知道下游客户的需求，还需要了解上游供应商的供应能力。信息的充分共享是企业及时安排生产、响应市场需求的首要前提。

3. 快速响应性

供应链管理改变了传统的按订单组织生产的管理模式，它及时反馈用户端不断变化的需求信息，并据此调整计划，迅速组织生产，从而缩短了从生产到消费的周期，促进了各个企业对市场机遇的共同把握，提高了企业快速响应市场的应变能力。

4. 利益协同性

企业的各种行为都是围绕企业价值最大化这一最终目标展开的，供应链管理的内在机制在于各成员利益的协同一致。没有双赢或多赢的利益协同机制，就会使个体成员目标偏离整体供应链目标并最终导致个体行为的背离。供应链建立在双赢或多赢的利益基础上，有利于各个成员之间平等合作、取长补短、互惠互利。

5. 组织虚拟性

为了实现某一目标，从供应链上有条件地选取一些企业，以最佳的动态组合方式组成一种比较紧密的供应、生产、销售的联系，就形成了虚拟企业。基于供应链的虚拟企业根据市场机遇的变化不断重组和优化，它随任务的出现而形成，随任务的终结而消失，这种动态虚拟性保证了供应链形式灵活、构造快捷、响应市场迅速。

2.4.3　供应链管理的几种模式

早期的观点认为，供应链管理是制造企业中的一个内部过程，它是指对所采购到的原材料和收到的零部件，通过生产转换和销售等过程传递到制造企业的用户这一过程的管理。后来考虑到与其他企业的联系，以及供应链的外部环境，将供应链管理定义为：通过链中不同企业的制造、组装、分销、零售等过程，对从原材料转换成产品到最终用户的转换过程的管理。

目前，人们认为供应链管理模式主要有三种：企业内部供应链、产业供应链或动态联盟供应链以及全球网络供应链。

1. 企业内部供应链

它将企业内部经营的所有业务单元，如订单、采购、库存、计划、生产、质量、运输、营销、销售、服务等，以及相应的财务活动、人事管理，均纳入一条供应链内进行统筹管理。企业重视的是对物流、资金流和企业内部资源的管理，即如何更快、更好地生产出产品并将其推向市场，这是一种"推式"供应链管理。

2. 产业供应链或动态联盟供应链

在这种供应链的管理过程中，首先在整个行业中建立一个环环相扣的供应链，使多个企业能在一个整体的管理下实现协作经营和协调运作。把这些企业的分散计划纳入整个供应链的计划，实现资源和信息共享，从而大大增强了该供应链在大市场环境中的整体优势，同时也使每个企业均可实现以最小的个别成本和转换成本来获得成本优势。其次，在采购、加工/组装、制造与流通各环节之间，建立一个业务相关的动态企业联盟（或虚拟公司）。

3. 全球网络供应链

互联网、交互式 Web 应用以及电子商务的出现，将彻底改变人们的商业方式，也将改变现有供应链的结构，传统意义上的经销商将消失，其功能将被全球网络电子商务取代。传统的多层供应链将转变为基于互联网的开放式全球网络供应链。在全球网络供应链中，企业的形态和边界将发生根本性改变，整个供应链的协同运作将取代传统的电子订单，供应商与客户间在信息交流层次的沟通与协调将是一种交互式、透明的协同工作。

供应链管理思想的真正应用应该在 20 世纪 90 年代后期，它随着互联网技术、电子商务、计算机电话集成技术的成熟，以及客户关系管理系统的问世而逐步成熟。此时，人们将供应链管理思想与信息技术有机融合，研发出供应链管理软件，解决市场和客户需求与企业之间的信息沟通和集成问题。目前，人们对供应链思想的认识不一，供应链管理软件从功能角度看可以分为三类，分别支持这三种模式。

2.5　客户关系管理

很多企业在考虑如何提高企业利润时，常常想到的是努力提高销量、降低成本等，却忽视了凝聚客户资源是提高利润的重要途径，如图 2—8 所示。

由图 2—8 可知，消费者和潜在客户将给企业带来现金流和利润，但是，很多企业忽视了客户关系管理（CRM），结果有些客户被竞争对手拉走了，有些客户的兴趣转移了，有些客户对企业产品不满意；更严重的是员工对公司低水平的客户关系管理失去了信心，带走了客户。这些都会给企业造成巨大的经济损失。

当我们审视现有环境时会发现：20 世纪 90 年代，买卖双方的角色、地位发生了逆转，客户不再是被猎取的对象，而是得到了特殊的对待和培养。客户需要

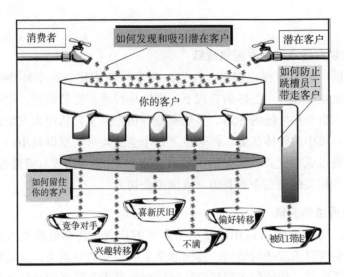

图 2—8　客户关系管理面临的问题

从供应商和服务提供商那里得到的是灵活性、实用性、创造性以及价格优势。国际上有些管理先进的公司深刻地认识到了客户的重要性，如美洲航空公司 CEO 指出，"自由市场竞争的精灵就是客户，是他们决定着谁输谁赢，而且最终客户将是最大的赢家"。罗纳德·斯威夫特（Ronald S. Swift）在《客户关系管理——加速利润和优势提升》一书中指出："留住老客户比赢得新客户的代价低得多——实际上两种行为的成本相差 5 倍。假如你能留住客户，长期而言他们也是能为你创造更多利润的客户。"① 因此，如何留住老客户，如何吸引新客户，如何应用 80/20 理论分析客户，如何把握高价值的、回头的、满意的、创利的客户等问题，成为全世界所有盈利型和增长型企业关注的焦点，CRM 也因此成为企业管理研究的热点问题之一。

CRM 是指企业通过富有意义的交流沟通，理解并影响客户行为，最终实现提高客户保留率、客户忠诚度和客户创利的目的。实际上，早在 40 年前，管理大师德鲁克就意识到企业的目标在于创造客户，但是，企业在获得、保留和建立客户关系方面一直未能有更大的突破。今天，随着数据仓库、数据挖掘等 IT 技术的出现，CRM 管理思想和信息技术有机融合，在客户服务理念的基础上，客户关系管理系统应运而生。

目前，客户关系管理的核心思想是：凝聚客户关系、提升资源价值，通过实时挖掘潜在客户、实时跟踪现有客户、实时维护重点客户，达到提高用户满意度、实

---

① ［美］罗纳德：《客户关系管理——加速利润和优势提升》，北京，中国经济出版社，2001。

现增加收入和利润的目的。一般来说，CRM 主要包括以下几个方面的内容。

2.5.1　市场营销

通过实时获取产品特征、产品购买周期、拳头产品的信息，支持市场活动方案的制定、规划和评估分析；通过获取和收集竞争厂商、竞争产品、竞争策略、竞争力度的信息，对竞争信息进行分析和预测，把握市场商机；通过获取渠道厂商及产品服务信息、渠道产品库存信息、渠道销售机会跟踪信息，实现对业务进程和渠道的控制管理、价格和折扣管理等。

2.5.2　销售管理

通过对客户档案信息、交往记录、报价记录、交易记录、反馈记录等信息的动态获取和分析，使企业多角度地把握客户需求，实时了解客户动态信息，采取灵活对策；通过对交易历史记录和销售、服务等具体业务中产生的客户信息的分析，挖掘出最有价值的 20% 客户，以珍惜价值客户，最大限度地保护其利益；通过 CRM 与电子商务的有机结合，企业将产品与服务信息迅速传递给大量潜在客户，降低销售成本，提高销售效率，客户可以通过网络完成服务请求的录入，也可以直接在网络上下订单，使企业对客户的服务变成全天候不间断的方式。

2.5.3　服务管理

从收到客户的服务请求开始，全程跟踪服务任务的执行过程，保证服务的及时性和质量；引入一对一个性化服务概念，建立标准的服务知识库，帮助所有服务人员及时共享服务经验，迅速提升新员工的服务水准；提供销售、服务等过程中的客户关怀管理，提升销售、服务效果、客户满意度和企业形象。

目前，很多软件公司将客户关系管理的思想与信息技术有机融合，设计、开发了具有上述基本功能的软件，并应用于企业实践。

2.5.4　CRM 与财务的集成管理

在信息技术的支持下，将市场营销、销售管理、服务管理与财务管理有机集成，从价值创新角度，对客户进行价值评价，分析哪些是 80% 客户，哪些是 20% 客户，并按照不同的客户群提供不同的服务。

2.6　财务管理理论与 IT 的融合

从企业财务管理角度看，一方面，随着信息技术在管理中的广泛应用，财务与业务的集成和协同越来越紧密，财务业务一体化使得财务核算的准确性、及时性、有效性得到显著提高，让企业内部财务人员从繁杂的劳动中解脱出来，逐步向控制、分析、决策支持方向发展；另一方面，随着企业集团的发展壮大，其财务管理的难度越来越大，在信息技术的支持下，多组织的企业集团财务管理与 IT 融合的创新推陈出新。

2.6.1　财务分散管理

企业集团是伴随着业务扩张和分（子）公司建立而发展壮大的，各成员单位拥有自己的财务组织、财务管理制度和财务管理流程，集团的财务信息、财务状况与经营成果的反映，通过层层报表汇总、合并完成，此时的财务管理处于分散管理状态，如图 2—9 所示。

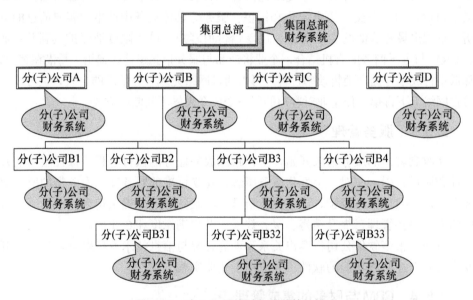

图 2—9　企业集团的财务分散管理模式

在分散管理模式下，随着企业集团的发展壮大，财务管理信息就像一个个信息孤岛，一方面无法保证信息的真实性、及时性和有效性，另一方面给企业集团的发展带来了诸多问题。随着信息技术的发展以及企业集团财务需求的变化，财务集中管理模式成为理论界和企业集团关心的热点问题，财务集中管理应运而生。

2.6.2　财务集中管理

财务集中管理模式是将财务管理理论和 IT 融合之后提出的一种新的管理模

式，强调在信息技术的支持下，实现全集团数据集中、信息集中、管理集中，其财务核算与管理打破法人概念，为集团价值管理提供支持。集中管理的内容包括从会计核算集中到资金集中管理，再到筹资投资集中管理等。

2.6.3　财务共享服务

随着网络技术、电子签名技术、图像扫描技术、云技术的发展，财务管理模式正在从集中向共享服务模式发展。财务共享服务模式是在互联网等新技术的支持下，财务组织、财务流程、财务制度等与信息技术高度融合的一种模式，其组织设计打破法人概念，传统的每个分（子）公司设立财务组织的观念被打破，各分（子）公司将逐步撤销各种财务岗位，取而代之的共享服务中心通过互联网跨越时空地为不同分（子）公司提供财务服务。不同国家和地区的分（子）公司的业务人员和管理者不需要知道财务组织在哪里，享受的共享服务内容也随着 IT 与管理融合的创新不断扩展，从核算共享服务到资金共享服务、融资共享服务、风险管理的共享服务，等等。

通过上述分析可以看出，信息技术革命对经济环境产生了重大影响，对管理提出了挑战。为了应对挑战，人们不断研究新的管理思想和方法，同时将信息技术与管理思想有机融合设计管理软件，推动企业的应用和管理创新；企业管理创新又推动了管理软件的发展，并出现了"百花齐放"的现象。现在我们认识到，企业管理信息化不等于 ERP。如果从软件的角度看 ERP，狭义的 ERP 是主要用于制造业的管理软件，对非制造业（如电力行业、建筑行业、金融行业、保险行业等）并不适用。这些行业可以根据自己的需要，选择适合本行业特色的广义的 ERP 管理软件和解决方案。

2.7　商业智能与管理决策

2.7.1　商业智能的起源与发展

商业智能（Business Intelligence，BI）并不是一个新名词。多年来，企业一直在寻找理解和实现商业智能的方式，以增强企业的竞争力。1964 年，一位叫迈克尔·S·莫顿（Michael S. Morton）的研究员在哈佛商学院提出了"决策支持系统"的想法，这便是 BI 的萌芽。

当人类进入 21 世纪，出现了以下情形：

1. 全球化竞争加剧，呼唤 BI 成为促进价值链增值的重要工具

20 世纪 90 年代以来，以互联网为代表的信息技术的广泛应用推动了全球经济一体化的进程。供大于求的市场现状和同质化的竞争，使企业原有的生产、技术、资金和信息等优势越来越不明显，企业之间的竞争已从单一企业间的竞争演变为企业供应链之间的竞争，从改进企业运作流程、降低运作成本、提高管理效率演变为增强企业价值链之间的竞争。因此，企业需要围绕价值链，重组企业内外部的业务活动架构，提高竞争优势；企业管理需要从内部资源的管理延伸到供应商、销售商、服务商和客户的管理；企业信息化也就需要从实现企业资源管理上升到构建价值链获得价值增值，实现价值链的战略管理，提升企业的核心竞争力。

2. 抵御商业风险，期待 BI 成为支持规范经济秩序的重要工具

现代市场经济中，盈利和风险是并存的。面对国际、国内两个市场的激烈竞争，制造企业必须树立正确的风险观，把握各种市场机会所蕴含的收益/损失可能性，既减少"凭运气行事"的鲁莽之举，又避免因害怕风险而导致的畏缩不前。经济全球化要求具有严格的行业规范和竞争规则。例如，针对世通财务丑闻给美国资本市场带来的打击，美国颁布了严格的《萨班斯-奥克斯利法案》，要求在美国的上市公司必须实时提供财务信息，对违规的 CEO 和 CFO 处以最长 20 年的监禁；《财富》及《福布斯》要求上榜企业进行经济附加值（EVA）评价。这些都刺激了 BI 的研究和应用，推进了 BI 商务模型的不断丰富和发展。

3. 科学管理决策，需要 BI 推动企业管理信息化从运营层向管理决策层发展

20 世纪六七十年代，西方发达制造企业主要关注物流管理，解决既不缺货又不积压库存的问题（MRP）；80 年代，制造企业主要关注物流与资金流的集成管理（MRP Ⅱ）；90 年代，在互联网广泛应用的时代，制造企业关注制造资源的管理，解决企业物流、资金流、信息流的集成问题，提高企业的运作效率。欧美企业在过去的十几年里对 ERP 的投资非常普遍（Poston & Grabski，2004），并成为企业最大的 IT 投资项目（*Information Week*，2004；IDC，2006）。

BI 是企业制定有效战略、决策以及正确评价企业的基础，BI 的发展推动了西方企业管理信息化从运营层向管理决策层发展。

2.7.2　BI 的思想与特点

由于 BI 的发展历程比较短，因此到目前为止，人们对 BI 还没有形成统一的认识。可以认为，BI 具有如下思想和特点：

1. BI 代表为提高企业运营性能而采用的一系列方法、技术和软件的总和

BI 是帮助企业提高决策能力和运营能力的概念、方法、过程以及软件的集合。

2. BI 具有四个层面

应该从四个层面理解 BI，如图 2—10 所示。

图 2—10　商业智能的四个层面

（1）信息系统层面：是商业智能系统（BI system）的物理基础。表现为具有强大决策分析功能的单独的软件工具和面向特定应用领域的信息系统平台，如 SCM，CRM，ERP。与事务型的 MIS 不同，商业智能系统能提供分析、趋势预测等决策分析功能。

（2）数据分析层面：是一系列算法、工具或模型。首先获取与所关心主题有关的高质量的数据或信息，然后自动或人工参与使用具有分析功能的算法、工具或模型，帮助人们分析信息、得出结论、形成假设、验证假设。

（3）知识发现层面：与数据分析层面一样，是一系列算法、工具或模型。将数据转变成信息，然后通过发现，将信息转变成知识，或者直接将信息转变成知识。

（4）战略层面：将信息或知识应用于提高决策能力和运营能力、企业建模等。BI 的战略层面是利用多个数据源的信息以及应用经验和假设来提高企业决策能力的一组概念、方法和过程的集合。它通过对数据的获取、管理和分析，为企业组织的各种人员提供信息，以提高企业战略决策和战术决策能力。

3. BI 是帮助企业更好地利用数据提高决策质量的系统，是数据仓库等先进工具和各种分析模型的融合体

对 BI 的这一特点的描述详见图 2—11。

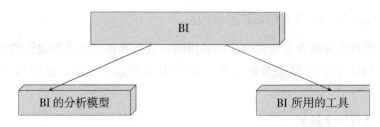

图 2—11 商业智能：分析模型与所用的工具

BI 的分析模型主要包括：

● 财务管理与分析（杜邦分析，EVA，ROI）；

● 平衡计分卡；

● 供应链管理与分析；

● 关键绩效指标（key performance indicators，KPI）；

● 客户分析等；

● 从各种渠道（软件、系统、人，等等）发掘可执行的战略信息。

分析模型可以根据企业决策和管理的需求，不断发展和完善。

BI 所用的工具主要包括：

● 抽取（extraction）；

● 转换（transformation）；

● 加载（load）软件（搜集数据，建立标准的数据结构，然后把这些数据存在另外的数据库中）；

● 数据挖掘和在线分析（online analytical processing，允许用户从多个角度选取和查看数据）等。

2.7.3 BI 的价值

BI 正是通过对 ERP 等经营数据的提取、整理、分析、展现，使企业最终通过分析结果制定有关策略、规划，实现资源的合理配置，节约成本、提高效益，从而成为促进世界制造业价值链获得价值增值能力的重要工具。

从企业决策层次化需求分析角度看，BI 的应用可以解决以下问题：

● 发生了什么？——提供事先制好的报告、企业平衡计分卡或者"仪表盘"，利用集中管理的 KPI，解决企业运营绩效问题，监控企业的发展，将复杂的报告用简单的方式表现出来。

● 为何发生？——业务部门可以从固定的报表、报告和一些关键的 KPI 中得到很多相关信息，但是当它们发现问题时，需要了解为何发生了问题，这时，就需要即席查询和例外（OLAP）分析。

● 现在发生了什么？——这个层次的 BI 是实时的信息分析，BI 帮助决策层建立当前情况下的业务战略和决策。

● 即将发生什么？——客户发现仅仅了解现在还远远不够，对于将来会发生什么，风险的预测和评估是非常重要的。

2.7.4　财务决策支持

进入 21 世纪，企业的经营环境发生了根本性的变革，企业管理者不得不去解决一系列问题：如何制定有效的战略，保证企业持久的竞争力？如何正确评价企业给客户、员工、企业、股东和社会带来的价值？如何进行动态、科学的决策，在竞争日益激烈的环境中快速提出敏捷、正确的解决方案？如何为利益相关者、监管部门、银行、评价机构提供其所需信息的自助服务，从而保证企业健康发展？商业智能技术、大数据技术、云技术的发展，为财务利用数据支持决策提供了更广阔的发展空间。

今天，越来越多的企业将信息技术与管理融合，以构建和完善管理信息系统。管理创新推动了信息技术的应用，同时信息技术的应用又进一步推动管理创新，信息技术与管理创新的融合和推进按照螺旋式的轨迹不断上升。

【案例 2—1】　　　　　　　　**联想集团的信息化管理**　　　▶▶▶▶▶▶

1984 年 11 月，中科院的 11 名研究人员投资 20 万元成立了联想公司。在企业初创期，财务人员手工进行财务核算工作。1991 年业务量增大，联想在全国建立了十几家地区分（子）公司，每成立一个分（子）公司就配备一定的财务人员，仍然用手工记账并编制各自的财务报告。由于各个分（子）公司手工进行账务处理、当地财务人员职业能力有限，造成工作效率低下、集团总部与分（子）公司的财务核算缺乏连贯性和勾稽关系，财务信息的准确性和及时性都无法保证。与此同时，企业管理层对财务部提出了更高的要求：

● 家业大了，成本核算如何更准？

● 竞争激烈了，出报表能不能再快点？

● 业务飞速增长，财务人员能否不再增加？

● 市场带来业务变化，财务的应变能否合拍？

● 面对竞争，如何帮助业务部门控制风险？

● 财务是否只能监督账面，监督不了前端业务？

在企业发展壮大的过程中，手工财务核算面临巨大的挑战，因此，联想财务部积极利用信息技术进行财务的改革和创新，从1984年的手工账发展到1991年的财务核算电子化，2000后实现财务管理信息化（见图2—12）。

图 2—12　联想财务部的发展

通过 ERP 系统的实施，联想实现了财务与业务的集成和全集团成员单位数据共享。

2000年之后，联想集团管理信息化应用不断深入，新的系统不断引入（如BI 在联想集团得到应用），并支持企业集团不断发展壮大和管理创新，提升了企业集团的核心竞争力。经过30年的发展，联想从单一 IT 领域扩大到多元化经营，再到成为大型综合企业，历经三个跨越式成长阶段。2013年，联想控股综合营业额2 440亿元，总资产2 070亿元。截至2014年9月30日，联想控股员工总数为65 385人。2014年，居世界500强第286位。图2—13显示了联想集团的架构。

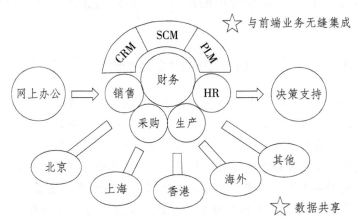

图 2—13　联想集团的架构

第 3 章 / Chapter Three

财务管理信息化的 IT 环境

　　国内外企业的最佳实践表明，企业利用信息技术构建包括网络、数据库和管理软件的 IT 环境①，一方面使得信息可以被实时传递、存储、共享，它像强力黏合剂一样，将企业内部成员单位、企业与供应商、企业与客户、企业与其他公众之间的各种职能、各个部门、各个项目和一系列经营活动连接起来；另一方面，将先进的管理思想与 IT 相融合的管理软件，不仅可以增进组织成员之间的信息交流和了解，而且使 CFO 团队能够利用实时信息对企业经营活动进行指导、协调、约束和促进，提高企业的经营效率和效益，从而保证企业战略目标的实现。随着互联网、云计算、大数据等技术的发展，IT 环境也在不断发展、完善

---

　　① IT 环境：指构成财务管理信息化环境的网络、数据库、管理软件等，是从财务管理视角对信息技术与管理融合的提炼和抽象。

和丰富，并支持财务管理不断创新。

本章主要学习和掌握：

- 网络——信息传递和信息共享的基石
- 数据库——存储和管理数据的黄金宝库
- 管理软件——财务管理的应用载体
- IT 环境的技术架构演进和沿革
- IT 环境对于财务管理创新的内在价值

3.1 网络——信息传递和信息共享的基石

进入 20 世纪 90 年代以来，高速发展的计算机网络为大范围的信息交流和资源共享提供了前所未有的良好环境。计算机网络的广泛使用改变了传统意义上的时空观，对社会各个领域（包括人们的日常生活）都产生了变革性的影响，同时为会计管理活动论或财务管理理论带来了发展和创新的机遇。在信息需求的驱动下，企业努力将各自独立的计算机连在一起，构成各种计算机网络，提供信息传递、信息共享的平台，为达到实时控制目的奠定了基石。

3.1.1 计算机网络的定义

关于计算机网络有各种不同的理解和定义。从通信和共享角度看，计算机网络是计算机技术和通信技术相结合的产物，它将位于不同地域的多台具有独立处理功能的计算机设备，通过某种通信介质连接起来，并由网络软件进行协调管理，使用户具备共享软件、共享信息、共享设备和相互通信的能力，并具备分享处理能力。

从上述定义中看出，联网的计算机可以有各自独立的功能，彼此间无主从关系，但各计算机在物理上又是通过有线、无线、卫星通信等通信介质相互连接，并且有网络软件和通信协议的支持和控制。

3.1.2 计算机网络的分类

计算机网络的分类方法很多。可以按网络拓扑结构划分，也可按网络范围和计算机间互联距离划分，还可按信息交换方式划分，等等。其中最常用的分类方法是按网络范围和计算机互联距离，划分为国际互联网（Internet）、企业内部网络（Intranet）和企业间网络（Extranet）。

1. 国际互联网

国际互联网是按照一定通信协议（TCP/IP）将分布于不同地理位置、具有不同功能的计算机或计算机网络，通过各种通信线路在物理上连接起来的全球计算机网络系统。互联网用户使用互联网上的应用程序（如电子邮件（E-mail）、万维网（WWW）等）、Web 技术和设备彼此通信，以获取大量信息。互联网是目前国际上最大的广域网（wide area network，WAN），而广域网的发展起源于 60 年代末 70 年代初。广域网涉及的范围较大，一般可以从几公里到几万公里，它将远距离的计算机连接起来。例如，一个城市、一个国家或洲际建立的网络都是广域网。在广域网内，用于通信的传输装置和介质一般由电信部门提供，网络规模大，能实现较大范围内的资源共享。广域网的主要特点是：传输距离长，传送速率比局域网低，网络结构不规范，可根据用户需求随意组网等。

2. 企业内部网络

企业内部网络是应用互联网技术将企业内部具有不同功能的计算机通过各种通信线路在物理上连接起来的局域网。在该网络中，企业部门之间可以共享程序与信息，增强员工之间的协作，简化工作流程。局域网（local area network，LAN）是 70 年代末发展起来的，它是一种在小区域范围内（一般在几公里内）使用的、由多台计算机组成的网络，这种网络属于一个部门或单位组建的小范围网。例如，在一栋建筑物内，一个厂区或校园内等。它的主要特点是：数据传输距离较短，数据传输率高，传送误码率低，网络结构规范（常为星型和总线型）等。

3. 企业间网络

企业间网络是采用互联网技术、网络协议和设备构成的企业间的城域网（metropolitan area network，MAN）。看到了局域网的使用带来的好处，人们逐渐要求扩大局域网的范围，或者要求将已有的局域网互相连接起来，使其成为一个规模较大的区域或城市范围内的网络。因此，城域网是介于广域网和局域网之间，满足几十公里到几百公里内大量机关、企业、公司与社会服务部门计算机联网的需求，实现大量用户、多种信息传输的综合信息网络。例如，城市中企业与税务部门、银行间联网，实现缴纳税款的自动化控制等。城域网也可以说是互联网向企业外的进一步延伸，其使用范围扩大到企业与企业之间，从而使企业与关联企业、上游供应商和下游经销商之间形成范围更广的网络。它涵盖了企业与协作厂商之间的联系，建立了非常密切的交换信息和数据的联系，提高了社会协同生产的能力和水平。城域网的主要特点为：传输距离在 100 公里以内，传输速率较高，网络系统机构灵活，综合性应用强等。

3.1.3 从财务管理的视角理解计算机网络的作用

可以从财务管理的视角理解计算机网络所具有的三方面作用。

1. 软资源共享

软资源共享是指存放在网上的软件资源，企业各部门、集团各利益相关者均可上网共享软资源。例如，网上用户可上网查询各种存货的现存量、各种产品的销售价格、企业的财务状况和经营成果等。

2. 硬资源共享

硬资源共享主要是指对各种服务器及价格昂贵的外部设备（高速打印机、彩色激光打印机、服务器等）实现共享。例如，网上用户均可通过上网使用异地的上述设备，将信息存入共享服务器中并实时获取信息等。

3. 信息传递和交换

信息传递和交换主要是指通过网络系统，使企业各部门、各利益相关者跨时空地进行信息传递与交换。例如，财务部门可以将费用预算标准等价值信息传递给各业务部门；集团可以将会计制度、政策等实时传递到全国乃至全球的分（子）公司，共享集团的统一财务信息。

3.2 数据库——存储和管理数据的黄金宝库

3.2.1 数据库的概念

计算机数据处理的应用领域中存在大量需要存储、处理和调用的数据，因此在计算机应用科学中开展了对数据库的研究工作。几十年来，伴随着网络技术的发展，数据库技术不断发展和完善，推出了越来越适用的数据库系统。

早在 20 世纪 50 年代后期和 60 年代，就出现了主要由文件系统来实现的数据库系统，70 年代出现了面向数据处理方式的数据库系统，如 1979 年甲骨文公司推出了第一个商品化的 SQL 关系型数据库（RDBMS）。80 年代后期，网络技术的发展把关系数据库推向高峰，客户/服务器网络模式将应用系统一分为二，数据库服务器负责数据管理部分，客户机负责接口，彼此通过网络交换信息，其中 Sybase 公司开发出的与 C/S 紧密集成的数据库系统闻名业界。进入 90 年代，Internet/Intranet 以及 Web 技术在全球流行，丰富的多媒体信息与业务信息组成了新的业务处理对象，为此，数据库必须能够存储和处理一些新的非结构化数据类型，如图像、图形等。目前又出现了面向对象的数据库管理系统（object oriented database manage system，OODBMS）。

随着数据库的发展，人们对它的认识不同，给出的定义也不同：数据库是有组织的数据集合，服务于多种应用；是相关文件的集合；是计算机数据的集成化；是相关文件的超级集合；是一个信息的集合，在这个集合中可以按照信息的逻辑结构对其进行组织与存储。①

本书认为，数据库的概念有广义和狭义两种。

● 从狭义上理解：数据库是一个数据或信息的集合，这些数据按照逻辑结构进行存储。

● 从广义上理解：数据库应该理解为数据库管理系统，它是能够定义数据库的逻辑组织结构，并对数据库进行存取访问，对数据进行存储和管理的系统。

值得一提的是，从严格意义上讲，数据和信息是有区别的，但在通常情况下，人们将这两个名词混用。

3.2.2　数据库的主要特征

1. 信息集合

对于企业来说，当一项经营活动发生时，就会产生反映经营业务的信息：采购活动会产生采购信息（采购价格、数量、供应商等）；销售活动会产生销售信息（销售价格、销售数量、销售税金等）。同理，在经营活动发生的同时会产生支持活动的信息，如财务信息、人事信息、生产信息等。数据库就是存放这些信息的"仓库"，并构成巨大的信息集合。

2. 逻辑结构

数据库中的信息并不是随意存放的，而是按照逻辑结构进行组织和存放的，即按照文件、记录、字段进行存放。

● 数据库由若干相关联的文件组成。

● 每个文件由若干记录组成，它包含一个实体集合的所有记录。

● 每条记录由若干字段组成，表示实体特定属性，对于一个实体的每一个属性都要用字段描述。

● 字段是数据库的最小单元，它有名称、类型、长度、格式等属性。

---

① Stephen Haag，Maeve Cummings，*Management Information Systems for the Information Age*，The McGraw-Hill Companies，Inc.，2000.

图 3—1 给出了某企业客户文件的逻辑结构。

图 3—1　数据库的逻辑结构

3. 信息中的逻辑关系

从物理上看，数据库中的文件是独立存在的。但是从管理和控制角度看，这些独立存在的文件之间必然存在密切的联系，正是通过这种密切的联系，才能为管理和控制提供所需的信息，即在获取一个文件中信息的同时获取与该文件相关的其他文件中的信息。因此，数据库的另一个特征就是：在数据库中能够为每个文件指定一个特定的字段，称为主关键字。正是通过两个或多个不同文件中共同的主关键字，建立起文件之间的逻辑关系，从而满足管理需求。

4. 信息的组织方式

信息在存储器中存储的方式称为组织方式。组织方式主要包括以下两种：

（1）顺序组织方式：是指记录按照先来先存储的先后次序依次在一个文件中存储的方式。

在管理信息系统中，各种信息被存储在数据库的文件中，一般来讲，各种单据文件，如采购发票文件、销售发票文件、记账凭证文件等，都是按照顺序组织方式，即严格按照业务发生时间的先后次序存储在数据库文件中。表 3—1 给出了某公司的现金收支文件，其信息就是按时间顺序组织，并形成顺序文件的。

表 3—1　　　　　　　　　　某公司的现金收支文件　　　　　　　　　单位：元

月	日	摘要	分类	收入	支出	...
4	3	银行提现	银行提现	48 000.00		...
4	8	李辉报宽带费	项目支出		4 006.00	...
4	15	哈新公司购产品	销售收入	5 500.00		...
4	21	李同购材料	材料支出		6 263.50	...
4	21	A 项目差旅费	项目支出		5 270.00	...

续前表

月	日	摘要	分类	收入	支出	…
4	21	A项目清洁费	项目支出		89.30	…
4	21	培训费	培训收入	3 900.00		…
4	21	李兵差旅费	管理支出		1 873.32	…
4	28	海林公司购产品	销售收入	5 400.00		…
4	28	银行提现	银行提现	32 000.00		…
4	28	4月份工资	工资支出		21 000.00	…
4	28	李丽报车费	管理支出		115.00	…
4	29	A项目电话费	项目支出		499.50	…
4	29	A项目购微波炉	项目支出		325.00	…

（2）索引组织方式：是指文件中的记录按照关键字从小到大或从大到小的次序安排在一个文件中存储的方式。

不同的组织方式导致信息的存、取、增、删、改等操作方法不同。

如果从管理的角度看，需要按经济业务的分类进行统计，以便按分类进行资金支出的控制。这就需要将上述现金收支文件按索引组织方式进行存储，并形成一个新的索引文件。表3—2给出了现金收支文件按关键字"分类＋月＋日"形成的索引文件。

表 3—2　　　　　　　　　　　　索引文件　　　　　　　　　　　单位：元

月	日	摘要	分类	收入	支出	…
4	21	李同购材料	材料支出		6 263.50	…
4	28	4月份工资	工资支出		21 000.00	…
4	21	李兵差旅费	管理支出		1 873.32	…
4	28	李丽报车费	管理支出		115.00	…
4	21	培训费	培训收入	3 900.00		…
4	8	李辉报宽带费	项目支出		4 006.00	…
4	21	A项目差旅费	项目支出		5 270.00	…
4	21	A项目清洁费	项目支出		89.30	…
4	29	A项目电话费	项目支出		499.50	…
4	29	A项目购微波炉	项目支出		325.00	…
4	15	哈新公司购产品	销售收入	5 500.00		…
4	28	海林公司购产品	销售收入	5 400.00		…
4	3	银行提现	银行提现	48 000.00		…
4	28	银行提现	银行提现	32 000.00		…

3.2.3　从财务管理的视角理解数据库的作用

目前数据库管理系统（简称数据库）非常多，如 DB2，Oracle，SQL Server 等，它们不仅能够组织和存储数据，而且能够定义数据、查询数据、控制数据，在数据存储量、数据处理能力、数据系统的安全性、数据的自动复制和数据权限管理等方面具有强大的功能。

从财务管理与控制的角度看，数据库能够起到如下作用：

● 定义数据结构：建立并修改数据库的逻辑结构，使得信息的使用者能够按照管理需要获取数据。

● 存储数据：按照特定逻辑结构和组织方式存放反映经营活动状况的数据。

● 处理数据：查询、增加、修改、删除数据库中的信息，确保管理所需数据能够根据经营活动的进展情况，实时、动态、全面地反映和更新。

● 管理数据：确定谁能使用数据、使用哪些数据、数据备份和恢复方法等。

通过分析可知，数据库存放大量数据不是最终目的，更重要的目的是在数据库中定义数据、处理数据、管理数据，使管理者能够利用信息对经营活动过程进行控制，为有效地控制资金、成本等，保障企业战略目标的实现提供支持。

3.3　管理软件——财务管理的应用载体

3.3.1　管理软件的概念

管理软件是建立在网络和数据库之上，对经济活动中的物流、资金流和信息流进行管理的应用载体。

1. 从 IT 角度看

管理软件是获取企业经营活动全过程的数据，通过加工、存储、检索、整理，将数据转换为信息，并将这些信息及时、准确、高效地提供给信息使用者，以支持管理、提高效率。

2. 从管理角度看

管理软件是将企业管理思想、管理模型与信息技术有机融合的软件，它能够将满足企业管理需求的规则、制度、标准、流程管理基础信息进行存储和固化；通过网络获取企业经营活动全过程的数据，并根据规则、制度、标准等进行有效控制；按照管理者的要求生成管理信息，通过网络动态报告信息。

管理软件与网络和数据库不同，它在设计时要充分考虑不同企业的类型、管理模式、管理思想对管理软件应用的影响。因此，这种应用软件是伴随着网络和数据库技术的发展，特别是企业管理模式、管理思想、管理方法的发展而不断发展和完善的。管理软件是将管理思想、管理方法和信息技术有机融合的产物。

3.3.2　管理软件的核心功能

在信息时代，随着管理的进步和需求的不断增加，管理软件成为一种商品，其核心功能模块也随之不断增加和丰富。管理软件总体架构示意图如图 3—2 所示。

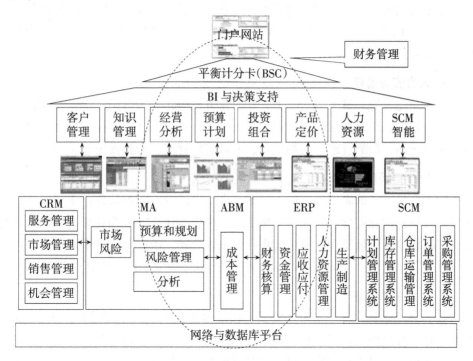

图 3—2　管理软件整体架构示意图

目前，软件公司提供了各种商品化的管理软件，其功能不尽相同，为国内外企业管理信息化的不断推进和深化提供了支持。如 SAP、甲骨文、微软、用友软件、金蝶软件、浪潮软件等公司，将当前最新的信息技术与管理理论有机融合，为企业提供管理软件，支持企业利用信息技术进行管理创新。

从横向看，企业管理的各个方面都有相应的管理软件或子系统的支持，这些子系统可以相对独立地运行，解决企业管理某一方面（如生产制造、财务管理）的问题；同时又可以集成起来，相互联系、相互作用，共同为企业管理提供支持。

1. 生产制造管理

在 21 世纪竞争多变的市场环境中，制造业面临巨大的挑战，生产制造管理系统正是为了应对这种挑战，按准时制/敏捷制造的管理思路构建的，使系统可对家电、装配等制造类型的企业提供良好支持。生产制造管理主要包括主生产计划、重复生产排程、物料需求计划、生产订单管理等功能。

2. 财务管理

为了支持 CFO 扮演好"管家"和"战略家"的双重角色，目前很多管理软件财务系统提供三个层次的功能模块：财务业务层、财务管理层、财务战略与决策层，并和 ERP 生产制造管理、客户关系管理、供应链管理、人力资源管理等模块一起动态传递信息，协同管理。

3. 人力资源管理

企业间竞争的关键因素之一是人才的竞争，因此，人力资源管理的内容也被纳入管理软件，与财务会计、管理会计以及其他系统有机融合在一起。人力资源管理主要包括：薪酬管理、福利管理、人事信息管理、考勤管理等。

4. 供应链管理

为了满足竞争的需要，供应链管理的内容也被纳入管理软件，主要包括：采购管理，即采购合同管理、采购价格管理、供应商评估、采购管理、采购订单管理、发票校验、质量管理；渠道管理，即销售合同、销售价格及渠道的管理；库存管理与存货管理；分销资源计划，即委外加工、配送/运输管理等。

5. 客户关系管理

为了满足竞争的需要，客户关系管理的内容也被纳入管理软件，主要包括：服务管理、客户档案管理、机会管理、客户关怀管理、销售管理等，实现实时挖掘潜在客户、实时跟踪现实客户、实时维护重点客户。

6. 商业智能

为了满足企业管理层评价和管理的需要，将企业不断创新的模型（如 EVA、平衡计分卡、风险管理模型、经营决策分析模型等）与最新的数据挖掘、数据清洗等信息技术有机融合，从战略和决策层为管理者提供支持。

目前，管理软件的功能正随着信息技术和管理需求的发展不断增加，很多企业根据管理需要选择相应的功能模块或系统，搭建管理信息化应用平台，并形成相应的解决方案，使企业置身于集成化的信息环境，实现信息的实时获取、处理、传递和共享，并实时、动态地控制经营活动，从而提高企业的竞争力。

3.3.3 管理软件的层次特征和作用

从纵向看，管理软件可以分为三个层次：业务执行层、管理控制层、决策支持层，如图 3—3 所示。

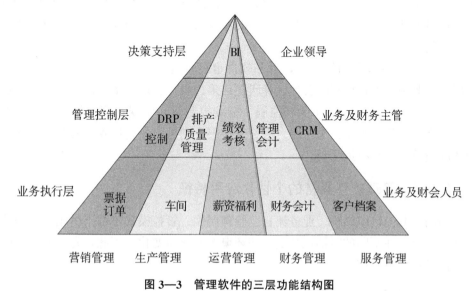

图 3—3 管理软件的三层功能结构图

1. 业务执行层的主要作用

业务执行层的主要作用包括对企业经营全过程的反映，即供应链（采购、库存、销售）、生产、薪酬福利、财务会计、客户资源管理等环节的信息获取、加工、输出等，实时、动态地反映经营活动的实际情况，实现物流、资金流、信息流的有效集成。

2. 管理控制层的主要作用

管理控制层的主要作用包括对企业经营全过程的管理和控制，通过管理模型或模式，利用业务执行层的信息对资金、资源、成本等进行有效管理或控制。例如，在供应链管理过程中应用分销资源计划（distribute resources planning，DRP）模型，通过实时获取每个分销网络及分销节点的现存量、要货申请及预测量，测算出每个分销节点要货申请的合理性，自动给出合理的补货建议或调拨建议，完成对分销网络存货水平的自动平衡和控制，从而支持大范围内的物流控制，降低渠道存货成本。又如，在财务管理过程中，基于管理会计思想建立资金集中管理模式、成本控制模式等，应用预算控制等方法对资金和成本进行有效管理和控制，达到提高资金的使用效率和效益、降低成本的目的。

3. 决策支持层的主要作用

决策支持层主要通过数据挖掘，及时、准确地获取可供决策的信息（企业内部当前数据和历史数据以及企业外部的合作伙伴、互联网上的信息等），利用决策模型（筹资决策模型、投资决策模型、企业经济价值评估模型（EVA）等）实时得出各种方案，快速总结业务运作的实际情况以及市场或客户的趋向，从而作出正确、及时的决策。

从图 3—3 中我们可以看出，财务软件也可分为三个层次：第一层，财务会计层，主要用管理软件解决会计核算问题；第二层，管理控制层，主要是引进管理思想，结合控制方法（如预算控制、标准控制等）实现预算管控、资金管控等，提高财务管理水平；第三层，决策支持层，利用财务信息或非财务信息支持企业的绩效评价与决策活动。

3.3.4 管理软件具备的个性化应用特征

不同企业的组织结构、业务流程、管理制度、管控模式等都不尽相同；即使是同一企业，在不同的时期也会随经济环境的变化而变化。因此，先进的管理软件应该具备以下应用特征：

1. 组织结构的个性化应用

组织结构的个性化问题是管理软件必须解决的问题之一，因为组织结构反映企业的业务、人员、核算和管理之间的关系，而且组织控制是实现管理控制的重要方法之一。因此，先进管理软件应该支持企业组织结构的个性化设置和变革，从而支持有效的组织控制。

2. 业务流程再造与个性化配置

业务流程合理与否直接影响企业运作的效率和实时控制的质量，无论是国内企业还是国外企业，在激烈的市场竞争中都会面临这一问题。先进的管理软件应该支持业务流程再造，对工作流、单据、界面等进行有效配置，从而保证物流、资金流、信息流在企业内部和企业之间顺畅流动，并为实时控制提供信息。

3. 管理制度的个性化设置

当今，企业管理制度的有效执行已经受到越来越多企业管理人员的关注，并希望根据企业环境、业务流程、管理模式的变化，利用管理软件满足不同企业管理制度个性化的需要，将管理制度设置在 IT 环境中，让各个部门、企业集团的成员单位在 IT 的制约下有效执行。因此，先进的管理软件应该提供管理制度、控制点和控制指标的个性化设置机制，使不同业务流程的管理者能够在不同的控制点应用相应的控制指标，从而对流程进行有效的控制。

4. 管控模式创新与构建的个性化需要

企业的管控模式并不是一成不变的，它随着信息技术的应用和对管理认识的提高不断发展和创新，如手工资金控制模式、电算化资金控制模式，与网络化集中管理环境下的动态资金控制模式截然不同，其控制思想有质的变化。因此，先进的管理软件应该支持管控模式的创新和构建，以适应不同企业在不同时期的需要。

目前，商品化财务软件层出不穷，不同软件公司提供的财务软件中包含的功能模块不尽相同，如应收应付模块、费用报销模块、总账模型等；从系统观来看，人们称之为子系统，如应收子系统、应付子系统、总账子系统等。而且，同一软件公司在不同时期提供的功能模型也不尽相同。可以说，财务软件功能模块的种类随着企业经济业务的发展和扩张在不断增加和完善。

3.4　IT 环境的技术架构

3.4.1　理解 IT 环境技术架构的意义

通过上述分析可知，在 IT 环境中，网络是提供信息传递和信息共享的基石；数据库是存储和管理数据的黄金宝库；管理软件是为企业管理的主体——人（如业务及财务人员、业务及财务主管、企业高层管理者）——提供直接服务的应用平台。然而，并非将这些要素任意堆积就能构建起支持财务管理信息化的 IT 环境，而是需要对网络、数据库、管理软件等进行有机集成，建立满足管理需求的应用体系结构，即技术架构。随着以计算机网络为代表的信息技术的发展，国内外技术架构也经历了文件/服务器系统（F/S）、客户/服务器系统（C/S）以及浏览器/服务器系统（B/S）等的发展和变迁。随着互联网、云计算、大数据技术的发展，人们进一步将新技术和新观念融入 IT 环境，不断发展和丰富 IT 环境，进而发展为基于云服务的信息架构。

3.4.2　客户/服务器的技术架构

1. 基本工作原理

随着网络技术、数据库技术等的发展，20 世纪 90 年代，一种新的分布式技术架构——客户/服务器技术架构（client/server，C/S）——受到越来越多企业欢迎，并用于构建 IT 环境。这种结构的硬件环境与文件/服务器技术架构的硬件环境基本相同，就是通过选择一台或多台处理能力较强的计算机（微机、小型机等）作为服务器，并在数据库中存放共享数据，根据业务处理和管理的需要设置若干工作站，把应用系统全部放在各个工作站上，构建一个局域网环境。但其管理软件的分布结构及数据库对共享数据的管理结构却是不同的。C/S 技术架构在服务器上不仅存放了共享信息资源及其数据库管理系统（DBMS），而且将部分管理软件（对数据库中共享数据的增、删、改等操作）也放在服务器上；在客户终端也存放部分管理软件，主要存放管理软件中除对共享数据的操作以外的其他操作部分（如输入/输出界面操作等）。当客户发出请求时，客户端管理软件对其进行处理，并将请求传送到服务器端；服务器端对其进行处理，并将结果传送到工作站上；客户端管理软件完成显示、打印或对结果数据的进一步处理工作。其工作原理如图 3—4 所示。

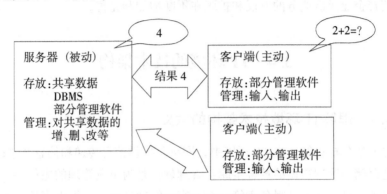

图 3—4　客户/服务器的技术构架

2. 主要优点

（1）提高了系统的安全性、可靠性。对共享的数据进行集中管理，增加了数据的安全性、可靠性、一致性控制，增加了系统的稳定性。

（2）提高了系统的运行效率。在网络通信上只传递请求服务和结果数据的信息，大大减轻了通信线路的负荷，提高了系统的运行效率。

（3）较强的开放性。客户端与服务器端可以选择不同的平台。例如，客户端可以选择在 Windows 环境下的各种软件工具，如 VB，VC 等；在服务器端可以选择各种 DBMS，如 Foxpro，Access，Oracle 等。

3. 主要缺点

随着应用的深入，人们发现 C/S 技术架构也有不少明显的缺点。

（1）在实施二层 C/S 技术架构（只有客户端和服务器端）时，如何在客户机和服务器之间合理分工以提高整体性能、降低网络传输的负荷是一个十分复杂的问题。如果管理软件中有大量处理程序留在客户端，就会使得在处理复杂应用时客户端仍显肥胖。当访问数据量增大和业务复杂时，客户端往往变成瓶颈。同时，将太多的应用放在服务器上会影响响应速度。当大量用户访问时，易造成网络瓶颈。

（2）维护成本高。在二层 C/S 技术架构方式下，当客户机很多时，如果要进行系统维护，升级就相当复杂。维护人员需要维护、升级所有客户机上的管理软件，维护成本很高。

（3）应用局限性大。在二层 C/S 技术架构方式下，客户端配置复杂。客户软件随服务器软件的不同而不同，访问不同的服务器需要不同的客户软件。随着功能的扩展，客户端变得越来越复杂，使得系统的维护管理越来越复杂，广泛应用的局限性大，限制了大企业、大集团数据实时传递和共享的程度。

（4）灵活性、扩展性差。由于用户界面与业务处理是做在一起的，其中有一方发生改变，客户端管理软件就需要重做。另外，该结构不支持 Internet。

3.4.3　浏览器/服务器的技术架构

为了改进技术架构，不断完善 IT 环境，在二层 C/S 技术架构的基础上又研制出了"三层 C/S 技术架构"，较好地弥补了二层 C/S 技术架构的不足。随后研究人员在客户端采用 Internet 浏览器，在后台增加 Internet 服务器，推出了浏览器/服务器（browser/server，B/S）技术架构，该技术架构成为 IT 环境的主流。进入 21 世纪，德国 SAP、美国甲骨文、英国 Sun System、中国用友软件等公司都推出了基于 B/S 技术架构的管理软件，联想集团、斯达集团、申银万国等均应用了基于 B/S 技术架构的管理软件。①

1. 基本工作原理

B/S 技术架构是目前世界范围内最先进的 IT 环境，它配合 Internet/Intranet 建设的最佳方案，最大限度地方便了用户部署和维护大型软件系统，从而大幅降低了用户目标系统的总体拥有成本（TCO）。其工作原理如图 3—5 所示。

可以看到，B/S 技术架构从逻辑上分为四个层次：客户机、Web 服务器、应用服务器、数据库服务器。

（1）客户机。即客户端，主要负责人机交互，包括一些与数据和应用相关的图形界面运算。客户端一般由微机担任，客户可以在千里之外通过网络在客户机上完成各项任务。

---

① 资料来源：国家经贸委第二期企业财务管理信息化高级培训班发言，2001 年 9 月。

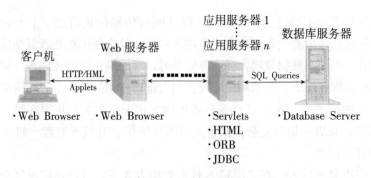

图 3—5　B/S 技术构架

（2）Web 服务器。Web 服务器主要负责对客户端应用的集中管理。

（3）应用服务器。应用服务器主要负责管理软件中逻辑结构和数据关系等事务处理。应用服务器又可根据其处理的具体业务不同加以细分。

（4）数据库服务器。数据库服务器主要负责数据的存储和组织、分布式管理、备份和同步等。

下面以一个简化的账务处理系统为例，说明 B/S 技术架构的特点（如图 3—6 所示）。

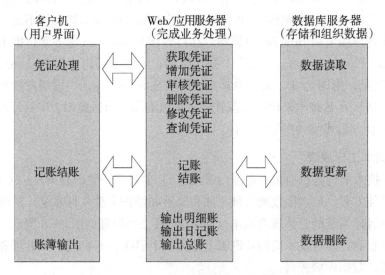

图 3—6　B/S 技术构架账务处理示意图

某分公司财会人员在离总部很远的其他城市上网，通过客户端发出请求，如凭证处理；Web 应用服务器通过对数据服务器中的凭证数据进行读取、更新、删除等，完成获取凭证、增加凭证、删除凭证等业务任务。

采用 B/S 技术架构之后，原来 C/S 技术架构中运行在客户端的部分管理软件将移植到服务器端，也就是说管理软件完全集中在服务器端，这将永久地简化实际应用，意味着用户完全可以通过浏览器来执行应用程序；随着数据库数据容量的逐渐增加，数据将统一集中在少数大型数据库服务器上；客户端只存放与管理软件无关的浏览器应用程序。通过使用低成本的网络，以及用浏览器传递网上众多的数据，应用将从局域网扩展到广域网。

2. 主要优点

与 C/S 技术架构相比，B/S 技术架构的主要优点如下：

（1）实施速度快且易部署。在实施二层 C/S 技术架构（只有客户端和服务器端）时，如何在客户机和服务器之间合理分工以提高整体性能、降低网络传输的负荷，是一个十分复杂的问题。而 B/S 技术架构的客户端、应用服务器、数据库服务器之间分工清晰合理，解决了 C/S 技术架构的上述问题，并且服务器安装完成后，客户端没有实施的工作量，因此，B/S 模式实施速度快、易部署。

（2）维护成本低。C/S 的维护工作量等于（【服务器】＋$n*$【客户端】）的维护量，即维护工作主要集中在客户端，客户端越多，维护量越大，维护量是随着客户端的增加而增加的。B/S 的维护工作量主要在服务器端，而客户端的维护可以称得上"零成本"维护，在大规模应用 B/S 模式时，节约的维护成本可想而知。

（3）点对点实时通信。B/S 模式提供点对点的通信方式，即支持分布在不同地区和城市的客户端提出业务数据的输入、输出和处理请求，并通过点对点的通信方式把信息实时传递到服务器，实现数据实时、动态、自动的传递。

（4）数据集中存储。C/S 技术架构是将共享数据存放在服务器中，而在 B/S 技术架构下，客户端能够通过网络、点对点通信，将全部数据都集中在数据库服务器中。

3. B/S 技术架构是支持协同商务集中管理的基础

从对 B/S 技术架构的工作原理和突出优点的分析中可以看出，B/S 技术架构支持 Internet，Intranet 和 Extranet，支持点对点的通信，保证了核心企业、客户和供应商之间实时获取数据、传递数据，并将企业的全部数据集中存储在总部数据库服务器中，实现了信息共享。对于大企业、集团公司来说，无论组织成员身在何处，当经济业务发生时，业务及财会人员在客户端利用管理软件直接将业务信息输入同一数据库，使得网络中成员共享数据更加全面，做到"数出一门，信息集中"，有力地支持了事中实时控制对数据共享的需求；各级管理者无论身在何处，都可以从同一数据库中实时获取数据，自动生产出"信息产品"，支持决策、控制组织成员的经济活动，做到"集中于咫尺之内，监控于天涯之外"。此外，B/S 技术架构实施速度快、易部署和维护成本低等优点，保证了企业所有成员在低成本的投入下构建良好的 IT 环境。因此，B/S 技术架构是支持协同商务集中管理的基础。

总之，现代企业为了提高管理水平，提出了协同商务、集中管理、实时控制的管理需求，而这些需求只有在有效的 IT 环境支持下才能真正得以实现。

3.4.4 基于云—端的技术架构

随着移动互联网的迅速发展，人们通过移动互联网智能终端（如智能手机、智能传感器等）传递图片、音频、视频，进行交流与沟通。微博、短信、微信、社交网站、电子商务等每时每刻都在产生大量数据，各种数据迅速膨胀并变大，形成大数据。这些数据有四大特征：大量化、多样化、快速化、价值低密度，如图 3—7 所示。

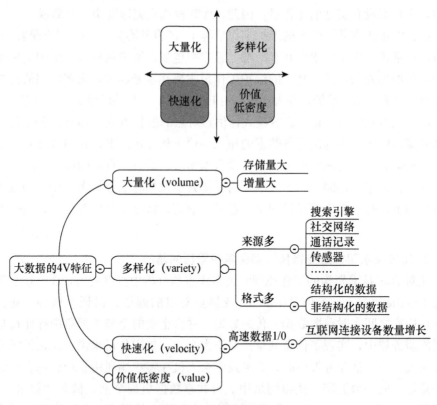

图 3—7　大数据的特征

互联网上汇聚的计算资源、存储资源、数据资源和应用资源正随着互联网规模的扩大而不断增加。为了适应移动互联网大数据的发展，形成承接互联网资源和互联网应用的一体化服务环境，信息技术领域的创新者开始研究云计算技术，以使个人、企业从孤立的网络平台转向可有效地共享和利用开放的网络资源的云服务平台，于是基于云服务的技术架构便诞生了。

与客户/服务器架构相比，云—端架构在服务器机构、云应用、客户端方面都进行了革新和发展，如图 3—8 所示。

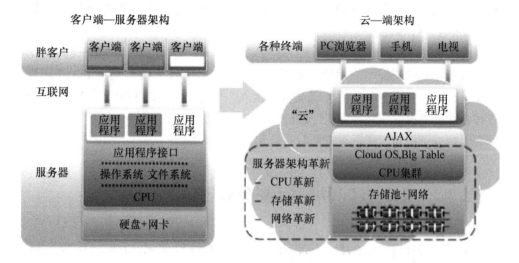

图 3—8 基于云—端架构的 IT 环境

（1）服务器架构的革新。利用专属虚拟 CPU（vCPU）、内存及保存空间配置云端服务器数量，规划最适合业务运作的服务器网络架构。根据营运需要，在不同云端服务器内随意加减 vCPU、内存、磁盘大小及 IP 用量，优化 IT 经费管理。

（2）云计算与服务。云计算（cloud computing）是基于互联网的相关服务的增加、使用和交付模式，通常涉及通过互联网来提供动态、易扩展且经常是虚拟化的资源。目前广为接受的是美国国家标准与技术研究院（NIST）的定义：云计算是一种按使用量付费的模式，这种模式提供可用的、便捷的、按需的网络访问，进入可配置的计算资源共享池（资源包括网络、服务器、存储、应用软件、服务），这些资源能够被快速提供，只需投入很少的管理工作，或与服务提供商进行很少的交互。NIST 明确了三种服务模式：

● 软件即服务（SaaS）：消费者使用应用程序，但并不掌控操作系统、硬件或运作的网络基础架构。这是一种服务观念的基础，软件服务提供商以租赁而非购买的方式提供客户服务，比较常见的模式是提供一组账号密码。例如：Microsoft CRM 与 Salesforce.com。

● 平台即服务（PaaS）：消费者使用主机操作应用程序。消费者掌控运作应用程序的环境（也拥有主机部分掌控权），但并不掌控操作系统、硬件或运作的网络基础架构。平台通常是应用程序基础架构。例如：Google App Engine。

● 基础架构即服务（IaaS）：消费者使用"基础计算资源"，如处理能力、存储空间、网络组件或中间件。消费者能掌控操作系统、存储空间、已部署的应用程序及网络组件（如防火墙、负载平衡器等），但并不掌控云基础架构。例如：Amazon AWS，Rackspace。

（3）客户端变革。过去客户端只能接入计算机终端，随着移动互联网和移动智能设备在经营管理中应用的需求不断增加，云—端技术架构支持 PC 浏览器、智能手机、电视等各种移动智能设备的接入，使得 IT 环境更加广泛地支持企业各种移动智能设备在管理创新中的应用，支持企业管理过程中的计算资源、存储资源、数据资源和应用资源得到最有效和低成本的配置。

3.5　IT 环境对于财务管理创新的价值

通过上述分析可以看出，20 世纪 90 年代后期到 21 世纪，互联网技术、数据库技术和电子商务技术得到了迅猛发展，信息技术革命对经济环境产生了重大影响，对管理提出了挑战。为此，人们不断研究新的管理思想和方法，同时将网络技术、数据库技术等信息技术与管理思想有机融合，推动管理软件的发展，并出现了"百花齐放"的现象。目前，美国、德国、日本、中国等国家的理论界和实务界经过不断探索和研究，逐步推出了涵盖企业资源计划（ERP）、供应链管理（SCM）、客户关系管理（CRM）、商业智能（BI）等的管理软件。一方面，管理软件在企业的应用为企业管理（特别是信息管理）提供了良好的 IT 环境；另一方面，IT 环境又为新的管理思想、管理方法、管理模式的创新提供了条件。研究表明，信息技术能够成为企业管理创新和发展的"助推器"，由网络、数据库、管理软件组成的 IT 环境，为财务管理的创新提供了坚实的基础。[1][2][3] 2005 年出版的《APICS 辞典》第 11 版中，将 ERP 定义为"组织定义业务流程并使之标准化的框架，这些流程是为有效计划和控制一个组织，从而使得该组织能够利用内部知识来寻求外部的优势"。事实上，ERP 已经成为企业将信息技术与管理融合并实现管理信息化的代名词。从财务管理创新的视角理解 IT 环境的价值，主要

---

[1]　Thomas Walther, *Reinventing the CFO*, McGraw-Hill Companies, Inc. 1997.

[2]　参见托马斯·H·达文波特等：《信息技术的商业价值》，北京，中国人民大学出版社，2000。

[3]　参见霍国庆：《企业信息资源——集成管理战略理论与案例》，北京，清华大学出版社，2004。

体现在以下两个方面。

3.5.1　IT 环境将为提高财务信息质量提供保证

从 MRP 到 ERP，是制造业管理信息集成不断扩展和深化的过程，每一次进步都是一次重大的飞越，都促进了更大规模的企业各部门的信息资源集成；从 ERP 到 SCM 再到 CRM，提出了企业之间及企业与供应商和客户之间信息资源集成的思路，促进了更大规模的企业间的信息资源集成。如果 CFO 能够构建这种集成的 IT 环境，就能够使信息在集团中向下、平行和向上流动，为财务部门采集经济业务信息、加工信息以及反映信息的时效性、正确性、全面性提供保证，从而为提高财务信息质量提供支持。

3.5.2　IT 环境将为财务职能的转变和扩展提供支持

当企业正确实施了 ERP，并使得物料信息同资金信息集成，支持"财务账"与"实物账"的同步生成时，就会使财务部门利用价值信息对经营活动过程的成本进行控制，并动态掌控运营资金成为可能。ERP 在 MRP Ⅱ 的基础上进一步扩展了功能，实现跨地区、跨部门甚至跨公司的信息资源集成，使得财务的管理控制与不同地区的利益相关的业务紧密联系在一起，从而使计划、预算、监控、分析的触角跨越时空，通过网络延伸到企业的各个利益相关者，延伸到各个职能部门的最末端。供应链管理软件的应用将使分布在不同地区的供应链合作伙伴在较大区域范围内进行集成化管理，这为财务管理职能的延伸和扩展提供了条件，财务管理不仅要研究一个组织的财务问题，而且提出通过各组织之间相互的责任分担和利益共享等机制、策略和方法来实现共同获取利益。客户关系管理软件的应用将为财务管理职能的延伸和扩展提供条件，财务部门可以通过网络实时获取客户信息，通过客户满意度、忠诚度等的分析，揭示客户为企业创造的价值，从"战略家"的角度为公司价值最大化提供支持。商业智能软件的应用将为财务管理职能的延伸和扩展提供保证，财务部门可以从价值管理的视角出发，提供多维价值分析报告，支持企业正确评价利益相关者、业务板块、业务部门、个人的业绩，激励利益相关者和员工为企业创造价值。

我们应该清楚地认识到，信息技术和 IT 环境能够在财务管理创新中发挥重要的作用，但是，不能简单地认为购买了先进的管理软件（如 ERP 软件），就可以在 IT 环境下实现我们的思想、模式、方法等的创新。事实证明，一些企业购买了 ERP 系统，不但没有实现新的管理思想、模式、方法，反而以失败告终。因此，在信息时代，CFO 团队应该密切关注信息技术对财务、会计的影响，理解 IT 环境中信息传递、信息共享、信息集成等的优越性，从战略管理的视角出发，思考如何充分利用信息技术这个"助推器"，构建 IT 环境中财务管理的框架。这要求一方面最大限度地保证财务、会计信息的真实、正确、有效，按照会计准则的要求，当好"管家"；另一方面，充分利用信息技术进行财务管理模式创新，合理配置企业资源，强化资金的动态管理，正确评价企业绩效，支持企业战略的实现，充分发挥"战略家"职能。

第4章 / Chapter Four

流程再造理论与财务业务一体化策略

People

Technology

Process

  IT 技术的迅猛发展和广泛应用，为财务部门与业务部门的信息共享和协同运作奠定了基础，这也对财务人员远离业务过程并且只关心账簿的传统观念产生了强烈的冲击。美国会计学家霍兰德（Hollander）指出："财务会计的发展机遇之一在于，财会人员应该帮助管理层制定业务处理规则或政策，塑造并控制业务流程。"因此，CFO 团队应在掌握先进理论和理解 IT 环境的基础上，制定财务业务一体化策略：掌握流程再造方法，分析传统流程缺陷，通过会计流程再造，优化企业从采购到付款、从销售到收款等流程，保证业务信息与财务信息的无缝链接，使得财务能够真实、准确、及时地反映企业的财务状况和经营成果，并对前端的业务进行合理的控制。

  本章主要学习和掌握：

- 流程的基本概念和流程再造的方法

- 传统财务会计核算流程的缺陷
- 财务业务一体化的构建策略
- 实时控制的构建策略

4.1 流程再造的理论与方法

4.1.1 什么是流程

现代管理始于 19 世纪末。当时，工业革命已经席卷欧洲和美国。在这一经济浪潮中，各种组织的管理者的兴趣集中于为什么工厂系统和机器车间比原来的手工方式生产效率更高。大约在 200 年前，亚当·斯密考察了整个英格兰以研究工业革命的影响，并提出通过工作专业化（job specialization）——不同工人从事不同的工作从而实现劳动力分工——能够提高效率，产生更高的组织绩效。亚当·斯密在《国富论》中写道："有了分工，同样数量的劳动者就能完成比过去多得多的工作量。"其原因有三：第一，劳动者的技巧因专业而日进；第二，由一种工作转到另一种工作，通常会损失不少时间，有了分工就可以避免这种损失；第三，许多简化劳动和缩减劳动的机器的发明，使一个人能够做许多人的工作。20 世纪初，泰勒和他的同事将亚当·斯密的分工理论在管理中的应用发挥到极致。他们采用"动作和时间"分析法，把工人从事的工作划分为一系列简单、标准化和专门化的动作，然后把这些动作分派给单个的工人重复进行。这种工作设计方法在泰勒时代是制造业流水作业生产线上应用最广泛的方法，并且直到今天仍以不同的方式主宰着各类组织的工作设计和部门设计。

20 世纪末，随着经济全球一体化和信息技术革命的不断深入，企业的经营环境急剧变化，企业之间的竞争转变为服务的竞争，因此，越来越多的企业和管理学者逐步认识到，流程已经成为当代企业管理的核心内容之一。

对于流程的定义，至今未形成统一的认识。不同的学者给出了不同的定义：

《牛津英语大词典》将流程定义为一个或一系列连续有规律的活动，这些活动以确定的方式发生或执行，导致特定结果的实现。

艾伦·谢尔（Allan M. Scherr）提出了一个关于流程输入/输出关系的观点，他认为，流程对输入的处理可能是转变、转换或仅仅是原样输出。

系统地将流程作为一个重要分析对象的是迈克尔·波特。大约在 1980 年，他把这个概念运用到"企业竞争优势"研究之中。紧随其后的研究者是麦肯锡的两位管理咨询师，他们在研究影响员工/企业表现等因素时，注意到了流程的问题，并以这个概念为基础，分析和探讨了质量管理、组织结构、企业家精神以及授权等一系列决定员工是否表现卓越或致力于一流服务的因素（Peters & Waterman，1982）。[①]

达文波特将流程定义为"为特定顾客或市场提供特定产品或服务而实施的一系列精心设计的活动"。他认为，流程强调的是工作任务如何在组织中得以完成。相应地，流程有两个重要特征：一是面向顾客，包括组织外部的和组织内部的顾客；二是跨越职能部门、分支机构或子单位的既有边界。

ISO 9000 将流程定义为一组将输入转化为输出的相互关联或相互作用的活动。

由上述分析可知，不同的学者从不同的角度定义了流程。简单来说，流程是企业的经济业务活动，简称为工作流（work flow）或者业务流程（business flow）。众多管理学家已经或正在苦心研究流程，其动因在于人们认识到流程是实现某个业务目标的重要途径。在传统的计划经济环境下，企业之间的竞争停留在产品的竞争上，企业非常注重产品的开发和生产，企业管理以产品为核心，所有活动或过程均围绕产品展开，人们在购买商品时注重的也是产品品质。然而，随着市场经济的到来，在急剧变化的市场环境下，企业之间的竞争转变为服务的竞争，越来越多的企业逐步认识到竞争的焦点已经不再是产品或服务、生产、制造、营销等具体环节与技术问题，而是转移到企业组织结构、运作机制等流程性因素上。新的竞争优势、可持续的竞争优势，都将来自企业所独有的以提高客户满意度为目标的流程变革管理。因此，流程已经成为这个时代企业管理的核心，组织流程设计的好与坏，直接影响到运行效率的高与低，同时也直接或间接地影响着企业目标的实现。

4.1.2　流程再造的基本思想

20 世纪 90 年代，在以互联网为代表的信息技术革命和全球经济一体化的推动下，企业置身于日新月异的市场竞争，并面临 3C 的挑战：顾客（customer）、竞争（competition）、变化（change）。

在这种形势下，美国的迈克尔·哈默（Michael Hammer）教授等管理学家在对世界范围内许多成功的企业进行大量的调查研究之后，于 90 年代率先提出了"企业流程再造"（business process reengineering，BPR）的思想，并将它引

[①] The wider research context of Business Process Analysis, by Professor Rod Coombs and Mr Richard Hull.

入西方企业管理领域。他们认为："我们必须重组业务，用信息技术的力量彻底重新设计流程，使组织在成本、质量、服务和速度等关键指标上取得显著的提高。"流程再造的内涵是指基于信息技术，为更好地满足顾客需要服务，对工作流程进行系统改进的哲学及相关活动。它突破了传统劳动分工理论的思想体系，强调以"流程导向"替代原有的"职能导向"的企业组织形式，为企业经营管理提出了一种全新的思路。

迄今为止，已有很多的学者（如达文波特、马罗、卡普兰等）根据自己的理解给出了流程再造的定义，可以说众说纷纭。尽管具体的定义有所不同，但是这些学者都提出要重新定义业务流程来体现企业战略需求，他们在一些关键活动上的看法是相同的。由于流程是这些管理思想的中心所在，因此人们接受了用BPR作为统一的名称。在此之后，很多学者撰写书籍和文章，很多软件公司开发出各种流程管理软件，很多咨询公司开展流程再造的咨询业务，以帮助企业进行 BPR。

流程再造是对企业的现有流程进行调研分析与诊断、再设计，然后重新构建新流程的过程。它主要包括以下三个环节：

（1）流程分析与诊断。一般在进行流程再造之前，都需要对其原有工作方式进行分析和诊断，以确定再造的范围、深度和方式。这样做可以对原有的流程有清楚的认识，找到与速度、效率等新的管理要求不适应之处，以使新建的流程切实符合管理要求。可以说，流程分析与诊断是对企业现有流程进行描述，分析其中存在的问题，并进而作出诊断。

（2）流程的再设计。针对前面分析诊断的结果，重新设计或改进现有流程，使其趋于合理化。流程的再设计不是照搬手工流程，而应将信息技术、先进的企业管理思想和管理方式融入流程设计，尽可能体现信息集成，支持实时控制和快速反应。

（3）流程重组的实施。在这一阶段要将重新设计的流程真正落实到企业的经营管理中去。这是一项艰巨又复杂的过程，涉及组织的调整、人员权力和地位的改变、集成信息系统的建立等。流程重组的成功实施会带来各方面业绩的巨大提升，直接表现为利润上升、成本下降、生产能力提高，以及产品质量、顾客服务、员工满意程度、整体获利能力等的相应提高。同时，如果流程重组实施不当，也会给企业带来极大的危害。

4.1.3　流程再造的原则和方法

1. 流程再造的基本原则

BPR 作为一种重新设计工作方式和工作流程的思想是具有普遍意义的，但在具体做法上，必须根据企业的实际情况来实施。美国的许多大企业都不同程度地实施了BPR，其基本原则包括：

（1）合理利用信息技术。随着国际互联网、企业内部网和电子商务（e-business）的飞速发展，信息技术正在企业得到广泛而深入的应用，改变着管理者的思维模式。在这种情形下，想脱离IT来完成BPR几乎是不可能的；若把BPR比作一种化学反应，那么IT就是催化剂，离开了它，反应虽可进行，但难以达到理想的结果。因此，利用信息技术改变组织内部的工作方式和业务流程，是企业内部管理的创造性改革，而不是简单地使原有的作业方式自动化。

（2）合并相关工作或工作组。如果一项工作被分成几个部分，而每一部分再进行细分，分别由不同的员工来完成，那么会出现员工责任心不强、效率低下等现象。一旦某一环节出现问题，不但不容易查明原因，而且不利于整体的工作进展。在这种情况下，企业可以把相关工作合并或让整项工作都由一个员工来完成。这样，既提高了效率，又使员工有了工作成就感，从而鼓舞了士气。如果合并后的工作仍需几个员工共同承担或工作比较复杂，则成立团队，由团队成员共同从头到尾负责一项工作。同时还可以建立数据库和信息交换中心，对工作进行指导。在这种工作流程中，大家一起拥有信息，一起出主意和想办法，能够更快、更好地作出正确判断。

（3）工作流程的各个步骤按其自然顺序进行。在传统的组织中，工作在细分了的组织部门间流动，一个步骤若未完成，下一步骤就无法进行，这种直线化的工作流程使得工作时间大为加长。如果按照工作本身的自然顺序，一些工作是可以同时进行或交叉进行的，这种非直线化工作方式可大大加快工作速度。

（4）模糊或跨越组织界线。在传统组织中，工作完全按部门划分。为了使各部门工作不发生摩擦，需要增加许多协调工作。为此，在信息技术的支持下，BPR可以使严格划分的组织界线模糊，甚至可以跨越组织界线，即业务过程不仅在组织内部相互关联，而且可以跨越组织边界，建立扩展的企业业务过程。例如，宝洁公司并不一昧依靠自己的销售部门进行信息统计和运作，而是跨越组织界限，直接根据超级市场信息网传送的销售和库存情况来决定什么时候生产多少商品、送多少商品给超级市场等，这样不仅提高了经营效率，而且避免了很多协调工作。

2. 流程再造的基本方法

一般来讲，流程再造应用ESIA方法，ESIA是英语清除（eliminate）、简化（simplify）、整合（integrate）和自动化（automate）的首字母缩写。这四个方面的内容可以用表4—1表示。

表 4—1　　　　　　　　　　　　　ESIA 方法

清除	简化	整合	自动化
过量产出	表格	活动	重复的工作
活动间的等待	程序	团队	累活
不必要的运输	沟通	顾客（流程的下游）	乏味的工作
反复的加工	物流	供应商（流程的上游）	数据采集
过量的库存			数据传输
缺陷、失误			数据分析
重复的活动			
活动的重组			
反复的检验			
跨部门的协调			

　　（1）清除（E）。是指将企业现有流程中的非增值活动予以清除。在非增值活动中，有些是不得已而存在的，有些则是多余的。因此，在设计流程时，对流程的每个环节或要素都要思考：这个环节为何存在？这个流程所产出的结果是整个流程完成的必要条件吗？它的存在直接或间接产生了怎样的结果？清除它会解决什么问题？清除它可行吗？通过对一系列问题的思考，得出结论，并清除非增值活动或使之最小化。

　　（2）简化（S）。是指在尽可能清除了不必要的非增值环节后，对剩下的活动进行进一步简化。

　　（3）整合（I）。是指对分解的流程进行整合，合并相关工作或工作组，使流程顺畅、连贯，以更好地满足客户需要。在企业中，经常出现一项工作被分成几个部分，每一部分再进行细分，分别由不同的部门、不同的员工来完成的现象。当某一环节出现问题后，就不容易查明原因，对整个工作产生不利影响。

　　（4）自动化（A）。是指在设计流程时要考虑 IT 的支持，即将信息系统与流程再造有机结合。

　　在 IT 广泛应用的今天，可以想象，没有信息系统的支持，要消除信息重复录入和处理等无效劳动是不可能的；没有信息系统的支持，要想将过去的串行业务处理流程改造为并行业务处理流程是不可能的；没有信息系统的支持，要将控制点定位于业务流程执行的地方也是很难的。

4.1.4　流程再造的案例分析

1. 福特汽车公司的传统流程

福特北美财务部门雇用员工 500 余人，冗员众多，效率低下。其付款流程如图 4—1 所示。

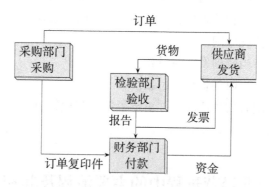

图 4—1　福特传统的付款流程图

在这种流程下，财务部门的大部分时间都花费在确定三单是否吻合上，造成了人员、资金和时间的浪费。

如果将旧流程搬到计算机中，只是模仿手工流程；要实现高效的运作模式，必须借助信息技术进行流程重组。于是福特推翻了前一种方案，应用 ESIA 自动化原则重建其流程。

2. 福特进行流程再造后的新流程

福特新的付款流程如图 4—2 所示。

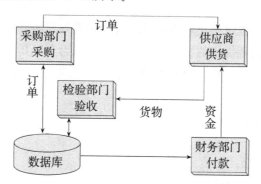

图 4—2　福特新的付款流程图

3. 福特公司流程再造的启示

（1）实现了信息集成。任何数据都只由一个部门、一位员工负责输入，从而做到：减少重复劳动、提高效率、避免差错、明确责任；统一数据库并实现实时共享、统一处理规则、明确员工授权；实时响应环境变化；决策一致、减少矛盾。

（2）面向流程而不是单一部门，就一个完整的流程作出考虑。如果福特仅仅重建财务部门的付款流程，则会发现这是徒劳，正确的流程再造应将注意力集中于整个物料获取流程，包括采购、验收和付款部门，这样才能获得显著改善。

（3）大胆挑战传统原则。

福特的旧原则：当收到发票时付款。

福特的新原则：当收到货物时付款。

旧原则长期支配着付款活动，并决定了整个流程的组织和运行，从未有人试图推翻它，而实施 BPR 的要求就是大胆、质疑、反思，不能禁锢于传统。

4.2　企业经营过程中的主要流程及其相互关系

不同组织的性质和目标不同、业务不同、管理不同，导致流程有很大的差异。但是，如果把企业实际流程进行有效的抽象，通常存在三类主要流程：业务流程、财务会计流程（信息流程）和管理流程。理解三类流程的基本内容，分析三类流程之间的关系，对于正确认识财务会计流程的作用、理解其本质的缺陷以及重组会计流程等，都具有重要的意义。

4.2.1　业务流程

组织通过开发和提供满足客户需要的商品和服务来创造价值，而商品和服务是通过一系列业务流程提供的。业务流程是指组织为实现其经营目标或战略目标而进行的一系列活动。不论企业提供的商品和服务的种类如何，每个组织都至少有三种类型的业务流程：

- 采购/付款流程；
- 转换流程；
- 销售/收款流程。

业务流程及其子流程的关系如图 4—3 所示。

4.2.2　财务会计流程/信息流程

会计采用货币计量，借助专门的方法和程序，对企业经营活动进行反映和控

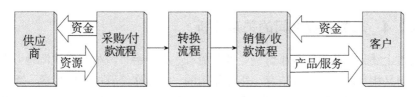

图 4—3 业务流程

制，并产生一系列以财务信息为主的经济信息，为企业内部和外部信息使用者提供服务来创造价值。而服务又是通过财务会计流程来完成的。财务会计流程是指财务会计部门为实现财务会计目标而进行的一系列活动。不论所提供的是何种服务，财务会计流程都可抽象为三类主要的活动或子流程，如图 4—4 所示。

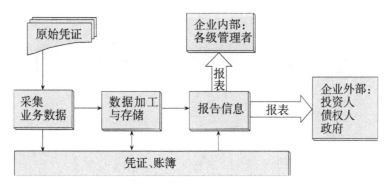

图 4—4 财务会计流程

4.2.3 管理流程

管理流程并非独立存在，它是以会计信息系统（管理信息系统）产生的信息为依据，对企业经营活动全过程进行计划、控制、评价等，从而创造价值的流程。主要管理活动或子流程如图 4—5 所示。

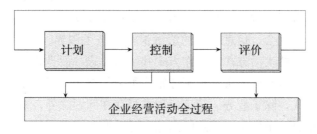

图 4—5 管理流程

4.2.4 三类流程之间的关系分析

通过上述分析我们已经了解到，业务流程、财务会计流程和管理流程并非独立存在，而是相互联系、相互依存、相互作用的。企业在经营过程中形成一系列业务流程，从中产生了大量信息；财务会计流程获取这些信息，经过加工后，又将信息提供给管理流程；企业管理者利用会计提供的信息从事管理活动，对经营过程进行计划、控制和评价。三类流程共同支持企业管理目标的实现，如图4—6所示。

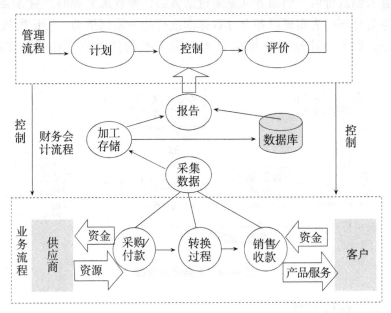

图4—6　三种流程的相互依存关系

可以看出，财务会计流程是企业流程中重要的组成部分，它负责从业务流程中采集数据，经过加工后生成企业管理活动所需的信息。它也是连接业务流程和管理流程的桥梁。因此，财务会计流程的设计思想、数据采集的效率、加工的正确性和有效性，直接影响到企业管理活动的质量和效率。

人类进入信息社会，信息技术的滚滚浪潮打破了国界、距离与时间的限制，这不仅改变了人们的生活方式、工作方式和学习方式，而且改变了企业的经营模式和生存方式，使得经营、管理和服务密不可分。然而，很多企业的流程仍然沿用工业时代的模式，除了业务、管理流程本身存在问题之外，财务会计流程仅仅扮演事后获取信息、事后提供信息的角色，导致业务流程、管理流程和财务会计流程之间不能紧密合作，使组织处于一种不协调和无效的状态，就像一辆出了毛病的汽车，马达轰鸣着缓慢费力地前进。事实上，正是由于会计理论落后、流程缺乏以网络为代表的信息技术的支持，使得财务会计流程已经无法满足会计信息使用者日益增长的信息需要，因此，引发了强烈的批评和指责。

4.3　传统财务会计业务流程的缺陷分析

在信息时代，传统财务会计流程已经不能适应企业管理需求，其自身缺陷主要表现在以下几个方面。

4.3.1　财务会计流程基于落后的劳动分工论思想

财务会计流程引致批评和责难有其深刻的历史根源，因为传统财务会计流程是基于几百年前帕乔利的财务会计理论发展而来的。帕乔利的思想核心是分类系统，人们称之为财务会计科目表。人们使用财务会计科目表把组织的资产、负债和所有者权益的财务度量结果分类汇总，使用财务报表将组织汇总的数据提交给用户。虽然人们已经对帕乔利的思想作了多次改进，但是它的本质并没有发生改变。

1. 财务会计循环始终经历一系列顺序的活动

会计期初：设置科目、准备科目的期初数、选择会计方法。

会计期中：收集所有交易或事件的数据并记账。

会计期末：汇总会计数据，编制会计报表。

2. 在财务会计流程中始终遵循会计恒等式

资产＝负债＋所有者权益

借方合计额＝贷方合计额

数百年前，仅需几个财会人员就可以维护组织的会计信息系统。然而随着组织规模的不断扩大，业务越来越复杂，这种使用纸质凭证和账簿、基于手工处理和传递信息的方式越来越暴露出其不足。为了有效地完成财会工作，在原会计信息系统结构的基础上，人们按照劳动分工论的思想，将财务会计细分为原材料核算、工资核算、账务处理等相对独立的工作。当 IT 技术在各个领域中得到广泛应用之际，许多组织的财会人员积极地将 IT 技术应用于会计信息系统。但是由于传统财务会计体系结构的束缚，人们并没有充分发挥 IT 技术的优势重新设计财务会计流程，只是简单模仿和照搬手工的流程，将一项项相对独立的工作移到计算机中，并通过一个个相对独立的子系统（如存货核算子系统、工资核算子系统、销售核算子系统、固定资产核算子系统、成本核算子系统、账务处理子系统、报表编制子系统等）完成相应的工作。虽然 IT 的应用大大提高了会计数据的处理速度和准确性，减少了纸张使用量，把大量的财会人员从繁杂的劳动中解放出来，但是，财务会计流程自动化仅仅是手工财会工作的翻版，各个核算子系统仍是彼此独立的信息"孤岛"。在劳动分工论思想的指导下，人们没有改变传统会计信息系统结构的本质，也没有消除这种系统结构的缺陷，会计流程只是模仿手工流程。

4.3.2 传统流程设计的缺陷使其无法正确和全面地反映企业经营状况

在落后思想的指导下，传统财务会计核算流程存在缺陷是必然的：当某项经营活动发生时，财会部门只将反映该经营活动的一小部分信息作为会计信息进行反映，不能正确、全面地反映企业经济状况，从而降低了会计信息的一致性、相关性和有用性。

1. 仅仅采集组织经营活动数据的子集，忽略了大量管理信息

由于传统会计体系结构、思想和技术的制约，在传统流程中，会计师并不采集业务活动的全部数据，而只是采集其中的一个子集，即符合会计事项定义的数据集（或称资金流信息），会计师需要判断一项经营活动中哪些数据影响组织的财务报表，以此作为收集数据的依据。结果同一经营活动的相关数据被分别保存在财会人员和非财会人员手中，财会人员手中只有描述业务事件的子集数据。传统流程的设计不仅忽略了大量管理信息，而且导致会计部门与其他部门之间信息的相关性降低，财务部门与其他部门之间产生隔阂。

2. 以高度汇总的方式重复存储数据，难以反映经营活动的本来面目

虽然原始凭证包含了经营活动的详细数据，但是在传统财务会计核算流程中，加工流程是按照"会计语言"对原始凭证一次次地进行筛选、过滤、汇总，然后形成记账凭证、日记账、明细账、总账、报表。这种流程导致同一数据被重复存放，日记账、明细账、总账、报表之间的区别仅仅在于其汇总的程度不同，因此，会计信息很难反映经营活动的本来面目，这就降低了信息的有用性。

3. 产生的信息过于单一，无法满足信息使用者的需要

在传统财务会计核算流程中，报告信息流程仍然按照会计科目加工、汇总，生成借贷余三栏式账簿，并编制三张财务报表。然而，这些账簿和报表信息单一，限制了管理者从多层次、多视角探究和分析企业的财务状况和经营成果。

哈佛商学院的罗伯特·埃克尔斯（Robert Eccles）指出："多年来，各行各业的高层管理者一直在思考如何才能正确评价组织经营业绩。管理者不再把财务数据作为评价经营业绩的唯一依据，而是经过综合考虑各种度量结果来作出判断。大型高技术企业的高层领导，现在直接负责建立用于度量客户满意度、产品质量、市场份额和人力资源的系统。而促使他们这样做的动力就是，他们认识到，主要依赖会计信息将限制公司的客户服务战略。"[①]

4.3.3　传统流程不支持实时控制

事实上，任何企业资金流都是伴随着物流流动的，但传统财务会计核算流程所反映的资金流信息往往滞后于物流信息，财务账同实物账往往是两张皮，这是传统流程的另一个明显缺陷。财务账、财务报告从来不是当前时点的余额，以致企业无法从效益的角度对生产经营活动进行实时控制。这是因为，会计数据通常在业务发生后采集，而不是在业务发生时实时采集；会计数据加工是将滞后采集的数据进行排序、过账、汇总、对账等；财务报告并非直接可用，必须经过若干后台加工才能提交到使用者手中。在经济环境瞬息万变的今天，信息的实时性决定了它的有用性和控制力度，当一笔超过标准的采购费用发生时，或者一起非法的投资事件发生时，实时信息能够帮助管理者及时控制超标支出或非法事件的发生。但是，会计信息的滞后性使管理者不能得到所需的实时信息，他就会到别的系统中去寻找。当管理者从别的系统中找到他所需的信息时，会计信息的价值就会急剧下降。

通过分析可以看出，传统财务会计核算流程不能适应现在迅速变化的世界，严重影响了信息的质量、相关性、有用性和实时性，正在逐步失去其占有的价值。当今业务环境节奏快、信息量大，而且许多超出了帕乔利当时想象的业务范畴。如果从信息处理的角度认为财务与会计是处理信息的系统，其产品是信息化产品，那么，随着用户对信息的需求和预期发生改变，传统财务会计核算流程必须更新，并根据需要实时提供定制的、广泛的信息产品。

4.4　应用流程再造思想再造或优化会计流程

今天，一个强大的管理信息系统一般包括采购管理、生产制造管理、销售管

[①]　R. Eccles, "The Performance Measurement Manifesto", *Harvard Business Review*，1-2，1991，p. 14.

理、财务管理（账务处理、应收应付、存货管理、资产管理、成本管理、预算管理、资金管理、绩效评价等）、人力资源管理等子系统。管理信息系统能够把财务的管理控制真正与业务紧密联系在一起，从而使计划、预算、监控、分析的触角延伸到企业各个职能部门的最末端，为企业的运作提供决策支持。

从功能上看，会计信息系统的主要功能都集成在管理信息系统中，会计信息系统是管理信息系统的重要组成部分。今天的任何一个 ERP 软件都包括会计子系统。

从信息集成的角度看，在管理信息系统中应强调会计信息与业务信息的集成，实现物流、资金流和信息流的集成，并从价值反映和管理的角度实现会计管理的职能。

4.4.1　找出传统财务会计核算流程的非增值环节

当经济业务发生时，业务部门生成各种业务单据，并编制业务台账；会计部门事后获取业务单据，采集经营活动的信息，通过编制记账凭证、审核凭证、记账、对账、编制报表等一系列环节和相应岗位人员的辛勤工作，将业务单据反映的信息转换成会计账簿和报表。从价值链管理的角度看，由于会计子系统和业务子系统各自独立运行，二者在信息传递中不仅存在一些非增值环节，而且缺乏有效的协调，这从客观上将会降低会计信息质量，如图 4—7 所示。

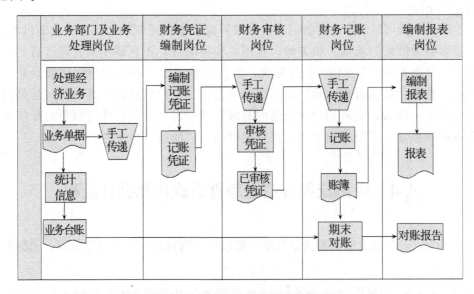

图 4—7　传统的财务会计核算流程

从图中可以看出：

● "记账"环节采用手工处理降低了会计信息的可靠性，但是现在企业实施了会计电算化后，记账已经由计算机代替，这里可以略过。

● "编制记账凭证"环节从客观上影响了会计信息的可靠性。

● "编制记账凭证"环节降低了会计信息的相关性。

传统财务会计核算流程中，"编制记账凭证"环节是非增值环节，是导致财务与业务不协同的环节，是制约会计信息质量提高的关键环节。只要上述环节不消除，会计在企业中仍将扮演事后核算信息、事后提供信息的被动角色，会计部门为企业创造价值的潜力仍不能得到充分发挥。

4.4.2 消除"编制记账凭证"环节，构建财务业务一体化流程

从企业内部看，传统财务会计核算流程使得财务流程远离业务流程，尤其是"编制记账凭证"环节影响了财务与业务的协调以及信息传递与共享；财务人员把主要精力放在编制记账凭证上，财务的控制职能、分析职能、决策职能都很难得到充分发挥。应用流程再造的方法——ESIA 方法，构建财务业务一体化流程，消除"编制记账凭证"等非增值环节，从而借助网络信息技术，实现业务与财务部门的信息实时传递和共享，减少数据的重复处理。IT 环境下的财务业务一体化流程设计如图 4—8 所示。

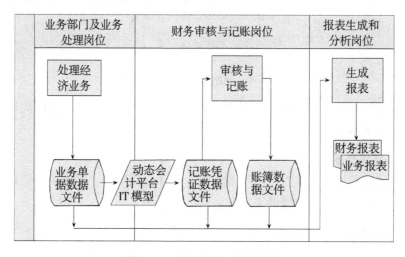

图 4—8　财务业务一体化流程

从图中可以看出，传统财务会计核算流程中的 5 个环节减少了 2 个，消除了非增值环节。当经济业务发生时，业务部门将经过确认的单据保存在业务单

据数据库文件中，此时，通过财务业务一体化 IT 模型，将业务信息自动转换为记账凭证，并保存在记账凭证数据文件中；当企业需要从财务和业务视角生成相应的报表时，通过报表生成系统从共享数据文件中实时获取数据，自动生成相应的报表。这样，不仅提高了企业内部流程的运作效率，而且增强了会计信息的可靠性和相关性，并可为加强管理和控制提供质量较高的实时数据。

4.4.3　应用动态会计平台 IT 模型，实现财务业务一体化策略

由上述分析可知，要构建财务业务一体化流程，还需要借助动态会计平台 IT 模型，即自动将业务单据转换为记账凭证的 IT 模型，这样才能保证财务和业务信息的一致性和可靠性。动态会计平台 IT 模型如图 4—9 所示。

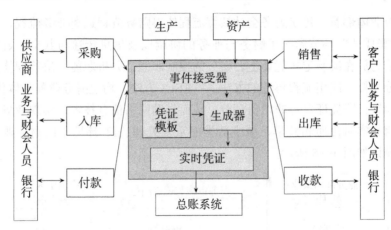

图 4—9　动态会计平台 IT 模型

该模型的基本要素包括：事件接受器、凭证模板、生成器和实时凭证。下面逐一阐述各基本要素的功能。

1. 事件接受器

事件接受器的功能是当一项经济业务（事件）发生时，将该事件信息通过相应的业务模块驱动事件接受器来接受。

2. 凭证模板

凭证模板是实现自动生成凭证的桥梁。凭证模板是企业财务人员根据企业的经济业务，严格按照现行会计制度、准则和法规的要求设计的，反映将每种经济业务转换成相应会计借贷科目、借贷金额的规则。凭证模板被保存在数据库中，一般来讲，财务管理人员根据企业的经济业务在财务上的核算，需要设计若干凭

证模板，每一经济业务事件对应一个明细凭证；凭证模板设计得越多，经济业务转换成记账凭证的自动化程度就越高，会计人员转抄错误和计算错误的概率就越小，会计信息的准确度也就越高。

凭证模板在数据库中的基本存储格式和内容的举例如表4—2所示。

表4—2   凭证模板

模板号	业务类型	业务要素	摘要	借贷标志	会计科目	金额取数公式
GCZJ001	资产增加	来源＝"投资人投入"	固定资产增加	借	固定资产	GET（"固定资产卡片"，原值）
			固定资产增加	贷	实收资本	GET（"固定资产卡片"，原值）
GCZJ002	资产增加	来源＝"捐赠"	捐赠	借	固定资产	GET（"固定资产卡片"，原值）
			捐赠	贷	资本公积	GET（"固定资产卡片"，原值）
GCZJ003	资产增加	…	…	…	…	…
			…	…	…	…

3. 生成器

生成器的功能是根据经济业务事件信息和凭证模板生成记账凭证的规则，利用计算机系统自动生成实时凭证，并传递到总账系统。这不仅保证了实时将业务信息转换为财务信息的处理速度，而且保证了会计信息的质量。

4. 实时凭证

实时凭证又称计算机自动生成的记账凭证，是财务业务一体化核算模式下的输出结果，也是总账子系统生成账簿和报表的基础。

现在，很多管理软件都增加了动态会计平台功能，为CFO团队提供了将业务信息转化成财务信息的功能模块。因此，为了提高会计信息的可靠性和相关性，提高会计信息质量，企业可以构建财务业务一体化流程，并借助动态会计平台定义本企业的凭证模板，即业务信息转换成会计信息的规则，并存放在动态会计平台上。当日常经营业务发生时，会计信息系统就能实时、高效地生成会计信息，在业务部门经济业务发生的同时及时更新会计信息，使企业在决策和控制时能够得到实时信息的支持，对经济环境及时作出反应。

4.4.4 将控制机制嵌入企业经营过程，实施实时控制策略

将控制机制嵌入企业经营过程有两方面的含义。

1. 将支持会计控制的各种控制准则和标准嵌入数据库（系统）

在初始设置阶段，CFO团队将支持会计控制的各种准则和标准嵌入数据库，当经济业务发生时，事件接受器接受事件信息，控制器根据数据库中的控制标准（如费用报销标准）和控制准则（如果采购发票金额大于合同金额，则自动显示不能付款；否则，自动显示可以付款），自动对经营活动的合法性和合格性进行判断，从而支持实时控制。其控制原理如图4—10所示。

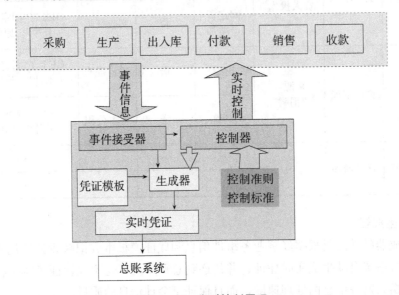

图4—10 实时控制原理

2. 将财会人员嵌入经营活动过程，使其发挥实时控制作用

将财会人员嵌入经营活动过程是指改变财会人员的工作地点，使财会人员从财务部门延伸到各业务部门，其组织关系隶属于财务部门，工作地点则在业务部门。当经济业务发生时，财务人员利用管理软件提供的信息判断经济业务是否合规和合法，并对业务过程进行实时控制，以抵御经营风险。例如，财会人员可以进入采购部门、仓储部门、销售部门，在经营活动的现场，利用管理软件直接对关键经营活动实时进行严格的监督、指导和约束。

4.4.5 从会计信息处理到帮助管理者制定业务处理规则

传统会计信息系统与业务过程相分离，它只采集、存储和加工了业务过程中

所发生事件的子集信息,这会导致财会人员和业务管理人员之间的隔阂。在这种情况下,业务管理人员可能会改变业务流程的本质而不与财会人员沟通。事实上,业务管理人员就是这样做的,财会工作也就变成了与业务过程相脱节的"秘密"工作。因为解决业务问题需要了解企业的战略、业务过程、组织结构、计量标准和 IT 环境,当财会人员无法得到所需信息时,就会将视野局限于会计问题,而不是业务问题。这种隔阂可能导致业务过程管理与财会工作之间不必要的紧张状态,而且无法有效地起到会计控制作用。例如,当财会人员远离业务过程时,就不可能知道物料的作用、质量以及物料的真实价格。当一张价格严重失真的采购发票摆在他们面前时,只能根据发票付款,仅起到一个记录员而非控制员的作用。IT 环境下的新流程,使财会人员从日常繁杂、枯燥的信息处理流程中摆脱出来,从核算型角色转变成管理控制型角色,因此,财会人员必须关注企业的业务过程,参与制定和实施整个业务处理规则,按照模糊或跨越组织界线的方法再造流程。

综上所述,会计流程再造是企业管理从传统管理到信息化管理变革中不可或缺的关键环节。企业拥有先进的管理软件,就好比有了好车;对财会人员进行广泛的培训,就好比有了合格的司机;企业建立了健全的会计制度,就好比有了交规。但是,如果没有进行会计流程再造,就好比忽视了道路修建。显而易见,即便是合格的司机驾驶着优良的汽车,也无法在崎岖的乡间小道上飞快前进,很多企业的信息管理进程就是因流程不畅而受阻的。

4.5   会计流程再造工具及其应用

4.5.1   会计流程再造的工具——流程图

任何一家企业在经营过程中都会不断地制定和完善企业的流程,通常情况下各种流程一般用文字进行描述。但是,以文字表示的流程不利于人们清楚地理解信息流动和传递的过程,不容易发现流程设计中的缺陷,也不利于企业部门之间、集团各成员单位之间理解业务的逻辑关系。流程图是一种广泛用于描绘企业财务及业务流程的有效工具,在财务、会计、审计工作中也得到了广泛的应用。简单地讲,流程图就是流程的图形化描述,通过一定的图形符号,将构成流程的要素按照一定顺序与结构关系描述出来,以表达流程的信息处理过程。流程图又可分为基本流程图(basic diagram)和跨职能流程图(cross-functional flowchart)。

4.5.2 基本流程图

要使人们通过流程图就能够充分了解企业的业务处理过程，就必须定义各种图形所代表的含义。因此，在对企业流程进行描述的过程中，如果采用流程图的方式，则必须先定义流程的符号。一般来讲，用 7 种图形就能基本描述一个具体的流程，这 7 种图形如表 4—3 所示。

表 4—3 　　　　　　　　　　　　流程图中的图形及其含义

元素名称	图形	解释
起点或终点		描述流程的开始或结束
处理或加工		描述输入数据被转换成输出数据的逻辑处理功能
数据流		描述数据流动的方向
文档或数据库文件		描述数据的存储形式
判断		判断真假或者正误，然后决定数据的流向
链接	A	当一张流程图被分解为两个，可以用此符号链接
其他系统		与该流程相关联的其他系统

说明：WORD，VISIO 等软件提供了大量流程图的图形，需要时可以参考和使用。

图 4—11 就是一个描述手工银行对账过程的流程图。下面结合该图对其中的各元素作进一步说明。

1. 数据流

数据流是传递数据的通道，它反映流程中各部分之间的数据传递关系，其流向大致有以下几种：

● 从"起点"流向"加工"，即从信息的发源地收集数据，作为加工的输入数据。图中的"对账单"数据流就属于这种数据流。

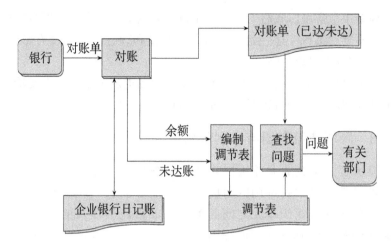

图 4—11　手工银行对账流程图

● 从 "加工" 流向 "文件" 或从 "文件" 流向 "加工"，即将加工输出的数据传递到文件中（如从 "编制调节表" 加工流向 "调节表" 文件的数据流中，"调节表" 数据流就属于这种数据流），或从文件中取出数据传递到加工（如从 "企业银行日记账" 文件流向 "对账" 加工的数据流中，"日记账" 数据流就属于这种数据流）。因为这些数据流所连接的加工和文件都有名字，其含义是清楚的，所以，这些数据流也可以不命名。

● 从 "加工" 流向 "终点"，即某一加工的输出数据传送给需要信息的个人或部门。图中的 "问题" 数据流就属于这种数据流。

● 从 "加工" 流向 "加工"，即某一加工的输出数据作为另一加工的输入数据。图中的 "余额"、"未达账" 数据流都属于这种数据流。

2. 加工或处理

加工是流程图中的另一重要部分，它是对数据流的一种处理（如对账、编制调节表、查找问题等）。描述加工一般用动词。一个流程图中至少有一个加工，任何加工都至少有一个输入数据流和一个输出数据流。图 4—11 中有三个加工，分别是 "对账"、"编制调节表" 和 "查找问题"。

3. 文档或数据库文件（通称文件）

文件是相关数据的集合，在流程图中起着暂时或长久保存数据的作用。指向文件的数据流可理解为将数据写入文件，从文件引出的数据流可理解为从文件中读出数据。

4. 数据流的起点和终点

数据流的起点和终点是数据的始发点和终止点。由于它们对处理过程影响不大，在流程图中常常可以省略。如"对账单"数据流一定是从"银行"始发点传递来的，要不要"银行"这一始发点对人们看懂和理解流程图没有影响，因此，"银行"这一始发点可以省略。

此外，可以根据需要增加一些元素，使流程图更加丰富，但需要给出元素的符号、名称和解释。各种流程图符号示例参见表4—3。

4.5.3 跨职能流程图与举例分析

跨职能流程图是企业业务流程的又一种图形表示方式，主要从企业业务各项活动的功能及其执行部门的角度来描述业务流程，表达业务流程与执行该流程的功能单元或组织单元之间的关系，如该流程涉及的部门、职责内容等。跨职能流程图除具备基本流程图的元素外，还应该包括执行相应流程的功能单元或组织单元。跨职能流程图又可分为横向职能描述及纵向职能描述。

1. 横向职能描述举例

某公司的银行对账流程中设计了以下几个主要角色：

- 银行业务人员：商业银行的具体工作人员。
- 企业对账人员：承担对账业务的财会人员。
- 问题处理人员：对有问题的未达账项进行问题追踪与解决的人员。

银行对账流程为：

- 当企业接收到银行提供的对账单后，录入对账单，并保存在银行对账单文件中；当企业与银行联网时，企业通过网络获取银行对账单，并直接保存在银行对账单文件中。
- 计算机通过"对账"处理，自动将银行对账单文件和企业银行账文件中的记录进行核对。
- 通过"输出对账结果"，计算机自动输出"余额调节表"、"已达账表"、"未达账表"。
- 当确认需要清除无用的已达账项时，使用"删除已达账"处理。
- 当发现异常的未达账项时，由相关问题处理人员和银行协商解决。

2. 用横向跨职能流程图描述银行对账流程

图4—12显示了用横向跨职能流程图描述的银行对账流程。

3. 用纵向跨职能流程图描述银行对账流程

图4—13显示了用纵向跨职能流程图描述的银行对账流程。

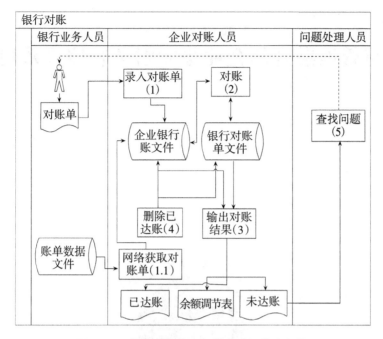

图 4—12　银行对账流程（横向跨职能流程图）

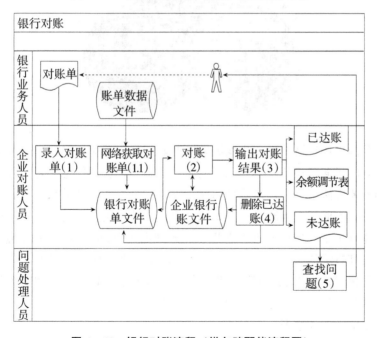

图 4—13　银行对账流程（纵向跨职能流程图）

第 5 章 / Chapter Five

IT 与管理融合的企业集团财务管控体系规划

随着我国市场经济的进一步发展以及互联网的广泛应用，我国企业的发展面临前所未有的机遇和挑战。我们已经清楚地认识到，管理信息化是增强企业核心竞争力的重要方法之一，但是管理信息化又是一个非常复杂的系统工程，它涉及企业管理的方方面面。同时我们又知道，企业成败的关键在管理，管理的核心在财务。企业有了掌握现代财务管理理论、理解财务管理创新的 IT 环境、掌握流程再造工具和方法的 CFO 团队，就可以从财务战略管理视角出发，分析企业管理所面临的挑战，用将 IT 与管理相融合的创新思维规划企业集团财务管控的整体框架，这是实施企业财务管理信息化的重要环节。

本章主要学习和掌握：

- 企业集团的发展与财务管理的新特征
- 新形式下企业集团财务管理面临的挑战

- IT 与管理融合的企业集团财务管控框架
- 支持企业集团财务管控的软件资源规划
- 财务集中管理的软件资源规划策略

5.1　中国企业的发展与财务管理的新特征

5.1.1　企业组织形态的变化与发展趋势

1. 企业组织形态的变化

1987 年以前，企业多以单一组织形态存在。1987 年，国务院发布了《关于组建和发展企业集团的几点意见》，第一次正式使用了"企业集团"的概念。党的十五届四中全会通过的《中共中央关于国有企业改革和发展若干重大问题的决定》，从推进国有企业战略性改组的角度再一次提出："要着力培育实力雄厚、竞争力强的企业集团，并成为跨地区、跨行业、跨所有制和跨国经营的大企业集团……"在中央政府加紧实施大集团、大公司战略的背景下，一大批中国企业集团如雨后春笋般涌现出来，并在国民经济发展中起到了重要作用。中国企业组织形态从单一企业向企业集团（集团企业）形态转变。集团企业与单一企业之间有很大的差异，如表 5—1 所示。

表 5—1　　　　　　　　　　　集团企业与单一企业的差异

比较内容	集团企业特征	单一企业特征
公司战略	拥有公司级、战略运营单元级、职能级三个层次的战略；对于战略运营单元级战略要按业务板块——制定	单一的战略描述
公司治理	除两级委托代理外，还存在集团—子公司的多级委托代理关系；受公司法约束，治理结构更复杂	存在股东大会—董事会、董事会—经理层二级委托代理关系
组织管控	考虑多公司间的资源共享和战略协同、集团与下属企业的管控权责的界定；部门间存在横向业务协同和纵向垂直管理关系	组织结构设计和管控相对简单
财务管理	集团财务更加关注出资人财务状况，强调投资风险控制；财务分层管理、财务控制的重要性突出；集团税收筹划空间较大，多法人财务报告需要进行会计合并	单一法人，相对简单

续前表

比较内容	集团企业特征	单一企业特征
人力资源	人力资源（HR）分层管理，集团 HR 部门关注人力资源战略、人力资源共享以及核心人才的甄选、任用、绩效	单一组织的人力资源管理
业务运作（以供应链为例）	考虑集团内部供应链和集团外部供应链的协同，以集团整体供应链运作的效益和效率为目标，通常会对集团内部供应链进行重组	本质上是一条供应链

2. 中国企业集团的发展

20 世纪 80 年代以来，大型企业集团借助其强大的资本实力、先进的技术力量、一流的管理水平以及多元的文化背景，在世界经济和本国经济中扮演着越来越重要的角色。世界著名跨国企业集团是全球最有活力的组织，在经济全球化中所起的作用越来越大。

面对挑战，我国政府作出了积极应对：1987 年，国家体改委和国家经贸委下发了《关于组建和发展企业集团的几点意见》，这是中国第一个关于企业集团的正式的全国性文件。由此，建立和发展企业集团开始成为在国家指导下企业扩张和产业组织创新的一种重要途径。为了对企业集团这一新的产业组织形式的形成和发展提供政策上的保证和指导，1991 年，国务院转发了国家计委、国家体改委和国务院生产办公室《关于选择一批大型企业集团进行试点的请示》，首批确定了 55 家试点企业集团实行计划单列。1997 年，国务院又批转了国家计委、国家经贸委和国家体改委《关于深化大型企业集团试点工作的意见》，把试点的企业集团进一步增加到 120 家。与此同时，全国各地也确定了重点扶持的企业集团，而与企业集团相关的一系列政策、法规亦陆续出台，使中国企业集团在深度和广度上都有了较大的发展。

国家统计局公布的资料显示，2003—2005 年国家统计局《企业集团统计年报》中年营业收入和资产总计均在 5 亿元及以上的全部是企业集团。

不同企业集团的组建目的不尽相同，大量统计调查发现，企业集团的组建目的主要是：使集团整体利益可持续最大化，实现规模和组合效益、资源配置效益以及财务协同效益。

● 集团整体利益可持续最大化。组建企业集团的目的不是单纯以实现母公司或者子公司的利益最大化为目标，而是以集团整体利益最大化为目标，即兼顾眼前和长远利益最大化，实现整个集团的可持续发展。

● 规模和组合效益。调整企业集团组织结构和规模结构，使各成员之间生产要素互补以及提高专业化分工程度，减少交易费用，提高资源的利用效率，获得

"1+1＞2"的效果，从而实现规模和组合效益。

● 资源配置效应。通过调整资本存量结构，重新优化组合，加速资本资源向高效企业和业务板块流动，合理配置企业资源，从而提高资本的流动性和增值性。

● 财务协同效益。突破组织上的传统界限，将集团内部各单位的生产、设计、营销、财务等过程的财务资源协调管理，以保证企业集团在财务资源有限的情况下，产生会计、税务、投资、融资等活动的最大财务协同管理效应价值。

5.1.2　企业集团的定义、类型与特征

由于企业集团在中国出现得较晚，因此直到 20 世纪 80 年代初研究文献中尚无这个概念。然而，中国的企业集团（尤其是大型国有企业集团）是在政府的指导、扶持和管理下建立和发展起来的，因此国家关于建立和发展企业集团的一系列文件中的有关规定，便成为我们了解中国企业集团的一个基本途径。

1. 企业集团的定义

1991 年 12 月，国务院批转国家计委、国家体改委和国务院生产办公室《关于选择一批大型企业集团进行试点的请示》，1992 年 5 月，国家工商行政管理局、国家计委、国家体改委、国务院生产办公室联合发布《关于国家试点企业集团登记管理实施办法（试行）》，其中关于企业集团的规定为：

● 必须有一个实力强大、具有投资中心功能的集团核心。这个核心可以是一个大型生产、流通企业，也可以是一个资本雄厚的控股公司。

● 必须有多层次的组织结构。除核心企业外，必须有一定数量的紧密层企业；最好还要有半紧密层和松散层企业。

● 企业集团的核心企业与其他成员企业之间，要通过资产和生产经营的纽带组成一个有机的整体。核心企业与紧密层企业之间应建立资产控股关系。核心企业、紧密层企业与半紧密层企业之间，要逐步发展资产的联结纽带。

● 企业集团的核心企业和其他成员企业都具有法人资格。这是企业集团与单个大型企业的重要区别。

国家工商行政管理局 1998 年 4 月发布的《企业集团登记管理暂行规定》是现实管理工作的一个基本规章，其中对企业集团作出了界定：企业集团是指以资本为主要联结纽带的母子公司作为主体，由以集团章程为共同行为规范的母公司、子公司、参股公司及其他成员企业或机构共同组成的具有一定规模的企业法人联合体。

2. 企业集团的类型与特征

由于企业集团组建的原动力、组建的直接目的、组建的形式不同，因此集团总部的管理职能、管理范围和管理需求也不同。如果我们按照企业集团组建的原动力、组建的直接目的、集团总部职能定位、母子公司关系、子公司经营范围与总部的相关性、财务管理与控制等特征进行分类，可以大致将企业集团划分为三种类型，如表5—2所示。

表5—2　　　　　　　　　　　　　企业集团的类型

特征＼类型	控股型	产业型	管理型
组建的原动力	具备资本实力与资本的衍生能力，借助资本控制资源	具备产品优势，借助企业集团发挥产品的市场优势	具备管理优势，通过输出管理，发挥集团优势
组建的直接目的	资本的保值与增值	对外表现为产品的市场占有，对内表现为产供销一体化，节约交易成本	最大限度地发挥管理优势，使企业集团成员单位协同运作，提升核心竞争力
总部职能定位	制定资本投资规划，确定被控股企业的买进与卖出	规划产品的开发、生产与营销网络；协调附属公司与总部的购销关系；对投资进行权益管理	规划产品兼顾投资收益；进行输出管理；投资具有灵活性，不拘于产品；对核心业务成员进行统一管理，对非核心业务成员进行业务指导
母子公司关系	资本—报酬关系，被控股公司无报酬便可能不再称为控股公司	选择优势互补企业作为集团成员；产品或营销网络具有相关性；考虑进入与退出壁垒	资本—报酬关系和产品相关性并存
子公司经营范围与总部的相关性	通常没有太多的相关性，总部只选择相关性较高的行业或企业	产品相关或区域相关；企业集团成员间企业的生产与经营具有协作性；借助集团发挥规模和专业化优势	相关性和非相关性共存
财务管理与控制	财务实行分权管理，财务分别核算，母公司对子公司财务控制力度低，只要求子公司定期传递财务报表	财务实行集权管理，统一会计核算、实时掌控分（子）公司的经营，强化资金集中管理，并建立整个企业的预算管理控制体系、业绩评价体系	采用集权与分权管理并存的管理特征，但在集团的预算管理控制体系、绩效评价体系等方面实现统一构建和管理

5.1.3　企业集团财务管理的新特征

财务管理是企业集团管理的重要组成部分，在企业集团创立、发展、壮大的过程中，要求财务管理必须适应集团的发展需要。因此，随着企业集团的发展壮大，在全国多个地区和城市乃至不同国家建立多个分（子）公司，使企业集团财务管理与单一企业的财务管理有了很大的不同，呈现出新的特征。

1. 财务管理战略性

企业集团在实行分工、分权的过程中形成了一系列专业管理，企业集团财务管理主要是通过价值形式，对集团的一切物质条件、经营过程和经营结果合理地加以规划和控制，以实现集团价值最大化目标。因而，企业集团财务管理不同于单一企业的财务管理，它是对集团的主要经营目标、经营方向、重大经营方针和实施步骤所作的长远、系统规划，具有战略性。

集团财务管理的战略性要求 CFO 团队必须从战略管理的视角出发，建立集团统一的财务制度和政策，统一协调机制，合理配置集团资源，并正确评价集团成员的经营绩效，提高集团整体经营绩效和核心竞争力。这对于集团的重大战略性部署来说显得尤为重要。

2. 财务主体多元化

企业集团不同于单个大企业和一般经济联合体，它是以母、子公司为主体，通过产权联系和生产经营协作等多种方式，由众多企事业法人组织共同组成的经济联合体。企业集团具有复杂的组织结构，它是由若干具有相对独立经济利益的内部单位构成的总体，这就使企业集团财务主体的构成具有多元化特征。

一般来讲，企业集团在建立一个分（子）公司时，会设立为该分（子）公司服务的财务组织，负责具体的财务核算工作，依据传统的四个会计假设——会计主体、会计分期、货币计量、持续经营，以反映单个会计主体的经营信息为中心，负责对筹资和投资活动、日常经营活动信息予以正确反映。因此，每个分（子）公司都会建立一个财务信息系统，并对外提供财务报告。企业集团是一个经济联合体，各分（子）公司将其财务报表层层上报、汇总、合并，企业集团总部财务再以此方式汇总集团的财务状况和经营成果，如图 5—1 所示。

随着企业集团管理需求的不断增加以及信息技术的发展和应用，财务主体的多元化呈现出新的特征：打破法人概念，建立为管理服务的财务主体。在财务集中管理模式建立后，除了为法人提供财务信息外，还要在管理组织中建立财务主体，如建立财务部为非法人主体——事业部提供财务支持。财务共享服务模式建立后，隶属于不同分（子）公司的财务集中到共享服务中心（包括会计核算中心、财务分析中心、资金管理中心、风险管理中心），并为企业集团中的不同法人提供财务支持。

3. 财务监控多层次性

在现代企业制度下，集团的母公司与子公司的关系是资产纽带关系，母公

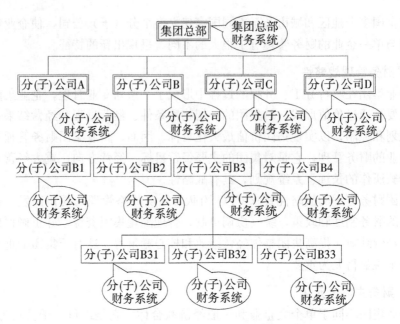

图5—1 具有多元化特征的企业集团财务系统

司作为投资者，对子公司享有股东权益，如选择经营者、作出重大决策、获取资产收益的权利等。从资财关系上分析，母公司对子公司的管理主要是对资金、财务活动的监控。同时子公司又是独立法人，具有自主经营、自负盈亏的法律主体地位，其财务活动既要服务于本企业的管理活动，接受本企业监管部门的监督，又要接受母公司的财务调控，因此企业集团的财务监控具有多层次性。

5.2 企业集团财务管理面临的新挑战

改革开放30多年来，中国企业集团从无到有，从小到大，如今已经成为支撑中国经济发展的重要力量。然而，随着企业集团的快速发展和组织结构的复杂化，集团财务管理难度大大增加。一些企业集团在快速发展的过程中，集团化财务管理不到位，财务管理管控失灵，导致集团举步艰难，财务危机频发甚至破产。

中国华源集团有限公司（英文简称CWGC）是经国务院批准，于1992年7月在上海浦东新区成立的国有控股有限责任公司，是国务院国资委直接监管的重要骨干企业之一。[①] 在不到 10 年的时间里，华源集团发展迅速。国家统计局公布的统计结果显示，2004 年华源集团以营业收入 4 946 116 万元在 1 000 家中国企业中排名第 29 位，在上海市百强企业集团销售排行榜中名列第 3 位。按行业统计，列医药制造业第一位和纺织业第一位，在中国出口额最大的 200 家企业中排名第 28 位。然而，2005 年 9 月 16 日成为华源集团历史上的转折点。由于贷款偿还逾期，华源集团遭遇了上海银行、浦发银行等十几家机构的诉讼，涉及金额 12.29 亿元。当日，上海二中院裁定冻结华源集团及担保单位中纺机集团银行存款 1.14 亿元，并查封冻结了华源集团持有的上海医药集团 40% 的股权及相关权益。之后，华源集团旗下 3 家上市公司的股权陆续遭到冻结，华源集团陷入了财务危机。在国资委、银监会和上海市政府的共同协调下，华源集团于 2007 年重组入华润集团有限公司，才化解了这场财务危机。

事实上，随着"走出去"战略的实施，企业集团经营规模的扩大，产业链条的延伸，经营业态的多元化，多数企业集团的财务管理水平难以满足企业集团快速发展和企业集团管控需要，正面临新的挑战。CFO 团队必须思考和应对这些挑战。

5.2.1　如何保证集团与成员单位财务战略目标的一致性

很多企业集团的 CFO 团队充分认识到其"战略家"角色的重要性。作为 CFO 团队，应该从战略角度进行思考，首先在集团层面制定统一的财务战略，即与集团战略相一致的财务制度、财务流程、控制机制和评价体系，分（子）公司在集团整体财务战略的框架下，体现"集权"和"分权"的相互融合，最大限度地发挥企业集团的边际效益优势、产业链组合优势和复制扩张优势。

然而，由于企业集团长期以来多采用财务分散管理，集团总部以纸质的形式将财务制度和政策下发给集团成员单位，而这些成员单位是否在自身的财务管理过程中贯彻执行呢？下属成员单位是具有独立法人资格的子公司或非法人分公司，其财务活动更多地服务于本企业的管理活动，接受本企业监管部门的监督，因此有可能忽略集团整体的战略目标。如果集团仅仅是"统一的"财务制度和政策的倡导者，就无法实现集团与下属子（分）公司财务战略的共享与共识。其结果是无法最大限度地保证整个集团价值的最大化，企业集团的整体优势无法得到真正发挥。

---

① 资料来源：http://baike.baidu.com/view。

5.2.2 如何保证财务信息的真实、正确和有效

无论是公司治理还是内部控制，都对 CFO 团队提出了共同的要求：保证财务信息的及时、真实、准确、有效。从纵向价值链看，企业集团的财务信息是由集团的一个个成员单位汇聚而成的，因此，每一个成员单位财务信息的真实、正确、有效与否，直接影响到集团财务信息的质量。

然而，研究资料表明，企业集团的"母子孙"组建模式，使得委托代理链呈现出过于冗长的趋势，一般为 6～10 个环节，有的代理链条甚至多达 10 个层级。① 企业集团在有庞大的组织结构、复杂的层级关系，以及跨越不同城市的地理分布并形成一个个信息孤岛的情况下，不可能及时了解每个成员单位财务信息的产生和处理过程。在信息不透明的环境下，集团成员就有可能从各自的利益角度出发，报喜不报忧，假数据真做账，真数据假做账；同时如果社会审计走过场的话，使得集团汇总起来的信息必然失真！

在企业集团及其成员单位形成的纵向价值链上，不同层级的分（子）公司是否按照集团统一的财务流程，客观、正确地获取经济业务信息；是否按照集团统一的财务政策与制度，挑选、加工信息并保证信息的质量；是否能够提高报表层层上报、汇总、合并的效率和质量，并在财务战略的框架下有序、高效地运作？如果没有集团集成信息平台的支持，将一个个信息孤岛的财务数据进行层层汇总、合并而形成集团的财务报表，集团就只能看到报表数据及其反映的表面现象。这就无法有效地保证最终获得的反映财务战略执行情况的信息的真实性、正确性和有效性。

5.2.3 如何在全集团合理配置和管控资金

资金是企业的血液，"现金至尊"是现代企业财务管理的基本理念，健康的资金流对于企业的生存和发展至关重要。从理论上讲，集团对分（子）公司的信息有知情权，并通过动态获取分（子）公司财务活动的信息实施监控。

然而，由于企业集团下属成员单位众多、地域分布广泛，资金采用分散管理，分（子）公司有独立的贷款权，账户林立，无法对整个集团的资金流量、流速、存量、贷量进行监控，无法充分发挥集团资金管理的优势，"双高"现象比较严重。事实上，集团对分（子）公司的财务监控非常弱，无法掌控资金的流向和流速，财务监控只能是事后监控，动态监控也只停留在理论上和概念上。

---

① 参见上海市国资委课题组：《国有资产风险监控机制研究》，载《上海国资》，2003（12）。

在这种情况下，不出问题则已，一出问题就不可收拾。因此，如何有效地对整个集团的资金进行动态管理和控制，成为集团发展过程中财务管理面临的新挑战。

5.2.4   如何在变幻莫测的经济环境中有效地揭示和控制风险

随着中国企业集团经营规模的快速扩大，产业链条不断延伸，经营业态逐步多元化，经营业务趋于国际化，其风险也不断增加。国际金融危机频繁爆发导致各国利率、货币汇率及全球大宗商品价格进入调整期。据统计，美联储从 2007 年 9 月 18 日到 2008 年 12 月 16 日短短一年多时间里，就进行了十次利率调整，这波降息狂潮将联邦基金目标利率从 5.25％一路压至零利率。① 国际汇率市场也变幻莫测，以 2011 年 8 月 10 日为例，人民币受隔夜美元遭遇抛售的影响，汇率中间价一夜间曾大幅飙升 168 个基点。

国际金融危机扩散，影响着全球经济、金融、贸易，也影响着企业价值创造。受金融危机影响，全球金融资产在 2008 年 "蒸发" 50 万亿美元，相当于全球经济体一年的国内生产总值（GDP）。其中，亚洲经济体（除日本以外）包括货币、证券和债券在内的金融资产共缩水 9.6 万亿美元。② 中国的企业集团热衷于投资金融市场，所持有的金融资产也大幅缩水。

人民币升值，汇率变动市场化，对上市公司的影响逐渐加大，汇兑损益已经深刻影响着企业财务费用的构成，并加大了企业集团业绩的波动性，使得中国企业呈现出冰火两重天的境况。一些企业因汇率波动，导致集团公司汇兑损失增加，致使业绩出现下调，上市公司汇兑损失严重。统计数据显示，截至 2011 年 3 月 27 日，在已公布年报的 900 余家上市公司中，671 家公司出现了汇兑损益。其中，482 家公司有汇兑损失，这些公司占出现汇兑损益公司总数的 7 成。671 家公司的汇兑损失总额达 13.93 亿元，而在 2008 年、2009 年，这些公司的汇兑损失总额分别是 1.79 亿元和 6.55 亿元。③ 另一些企业却因汇率的波动而获利。从国家统计局发布的数据看，截至 2011 年 10 月末，全国规模以上工业企业的应收账款总额达到 7.13 万亿元，同比增长 20.7％。2011 年全年，我国逾期账款平均超过 60 天的企业占 34％，企业的坏账率高达 1％～2％，且呈逐年增长势头，而相比较之下，成熟市场经济国家企业坏账率通常

---

①   资料来源：美联储官方网站，http://www.federalreserve.gov/releases/h15/data.htm。

②   资料来源：国务院国有资产监督委员会软科学研究报告，《金融危机对央企的影响及对策的思考》，http://www.sasac.gov.cn/n1180/n1271/n4213364/n4213643/13321193.html。

③   资料来源：http://finance.stockstar.com/SS2011032800002410.shtml。

为 $0.25\%\sim0.5\%$。

当今，无论是国际市场的利率汇率波动还是经济环境的变化，都对中国企业集团产生巨大影响。因此，如何在变幻莫测的经济环境中及时揭示风险，并通过管理创新去积极地防范和控制风险，使得企业集团在盈利和风险博弈中健康发展，成为企业集团 CFO 团队必须考虑的问题。

5.2.5　如何正确评价绩效、支持财务战略与决策

集团财务管理作为集团管理的重要组成部分，需要向投资者解释经营成果和经营管理水平，需要向经营者展现不同的成员单位、行业板块、责任中心等的经营绩效、财务状况、获利能力等，并通过多视角评价体系评价其绩效。

然而，从企业集团纵向价值链视角分析，在集团与成员信息孤岛环境中，面对集团庞大的组织结构和复杂的层级关系，面对自下而上层层收集汇总信息的状况，集团财务部门无法从多视角获得财务与非财务信息，很难按照经营板块（如多元化企业集团的制造、金融、服务、进出口板块）、事业部（如按照产品组成的冰箱、彩电、洗衣机等板块）客观评价绩效，从而无法有效地支持集团成员单位和个人为集团创造价值的动力，集团也无法合理配置资源，最终影响竞争力的提升。

大量实践表明，在信息时代，CFO 团队将 IT 与财务管理有机融合是应对集团快速发展过程中财务管理面临的挑战的制胜法宝之一。

5.3　财务管理创新团队的组建

世界正在发生广泛而深刻的变化，中国正在进行广泛而深刻的变革，在分析企业集团财务管理所面临的新挑战后，CFO 团队必须从"战略家"的角度积极应战，通过 IT 与管理融合的创新策略，推进支持企业集团战略实现的财务管控体系的构建。然而，变革和创新需要一个强有力的创新团队，该团队不仅要有创新意识、正确思路、专业能力，而且要有明确的分工和职责，这是推动企业集团财务管理创新的核心。

5.3.1　财务管理创新的金三角

财务战略作为企业集团职能战略之一，其相对独立性主要取决于以下两个基本事实：一是在市场经济条件下，财务管理不再只是企业生产经营过程的附属职

能，而是有着特定的相对独立的内容；二是财务管理活动并非总是企业的"局部"活动，而是有着许多对企业集团整体发展具有战略意义的内容。财务战略又是解决风险与收益的矛盾、收益性与成长性的矛盾、偿债能力与盈利能力的矛盾、生产经营与资本经营的矛盾等的战略。与此同时，财务战略实施主体具有全员性。从纵向看，财务战略的制定与实施是从集团总部到下属多级成员企业的经营者、财务职能部门三位一体的管理过程；从横向看，财务战略必须与企业集团其他战略相配合，渗透到企业集团的各个板块、各个部门、各个方面，并最终由经营者负责协调。因此，财务战略管理实际上是以经营者经营战略为主导、以财务职能部门战略管理为核心、以其他部门的协调为依托而进行的全员管理。因此，支持财务战略实现的企业集团财务管控框架的设计团队必须由金三角组成，如图 5—2 所示。

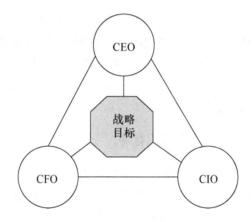

图 5—2　管理金三角

1. CEO 团队

CEO 团队制定公司战略，描绘出企业集团参与全球化竞争的整体战略，即使命、核心价值观和愿景。在财务管理创新框架设计的过程中，它既扮演着最高统帅的角色，承受变革中的所有压力，并将变革推行下去；又扮演着理念传播者的角色，用富有感染力的语言以及对变革的深刻理解，影响和统一管理层的思想，并作为"一把手"推进财务管理创新和财务战略的实现。

2. CFO 团队

即使是最好的战略也无法给企业规划一条完全确定的路线，因此，CFO 需要聚焦于具体的管理模式、制度与流程，在 CEO 团队的指引下，确定财务管理路径，落实公司战略目标。

CFO 团队是执行集团财务管控的主体，从管理理念、管理模式和管理方法的提出到管理体系的具体实施都需要由 CFO 团队完成。20 世纪末，随着公司经营环境的变化和信息技术的进步，在资本市场充分发达的国家，CFO 已广泛活跃于战略规划、业绩管理、重大购并、公司架构、团队建设以及对外交流等领域。他们引领关键性创新，并作为 CEO 的真正伙伴参与公司决策，对公司的发展起到了举足轻重的作用。企业集团 CFO 团队在以往管理经验的基础上，借鉴国内外财务管控体系建设经验，提出本企业集团财务管理变革与财务管控的具体策略，以支持公司战略的实现。

3. CIO 团队

在信息时代，新的技术层出不穷，财务管理的创新必须应用新技术，并且以信息技术为支持平台，构建企业集团的财务管控体系。因此，CIO 团队在财务管理创新中起到举足轻重的作用。CIO 团队在财务管理创新中的价值体现在两个层面：与 CFO 团队合作，应用信息技术优化管理模式，不断推进财务管理创新，提高企业集团的管控水平；在财务管控体系设计的基础上，规划和营造财务管控 IT 环境，构建企业集团财务管控运营平台，通过技术平台支持 CFO 的管理路径，并实现 CEO 的战略意图。

5.3.2 财务管理创新的项目团队

为使企业集团的财务管控能力获得大幅提升，保障财务管理创新和体系框架设计的先进性、合理性、持续性，必须建立财务管理创新项目组，并按照组织创新与设计、制度创新与设计、流程创新与设计、模型创新与设计、信息系统创新与设计等项目，成立若干小组，推进创新。

● 组织创新与设计小组负责财务管控的组织设计工作，在理解管理变革的基础上，利用信息技术进行组织重构，如财务核算共享服务中心的组织设计、资金支付中心的组织设计等，打破传统的组织框架，建立更加高效、灵活和富有创新精神的业务组织。

● 制度创新与设计小组负责财务管控制度建设工作，在梳理原有制度的基础上，结合创新需求、信息技术、制度规范，设计与企业集团财务管控体系相配套的制度规范，营造全面、统一的制度环境。

● 流程创新与设计小组负责财务管控的流程设计，按照内控要求，借助信息技术修正、再造流程，实现流程的标准化、程序化、规范化，做到规范清晰、职责明确、内部牵制，既体现制度设计思想，又为系统开发提供业务需求，起到承上启下的作用。

● 模型创新与设计小组负责财务管控的模型设计，根据业务需要建立动态、量化、科学的管理模型，如企业集团资金池最佳现金持有量模型、汇率风险控制模型等，让计算机发挥高效准确的计算能力，让管理者利用模型更好地支持管理和决策。

● 信息系统创新与设计小组负责信息系统设计和开发，根据企业集团财务管控设计思想和内容，利用先进的信息技术将其系统化，既可以按照财务管控框架选择商品化 IT 软件和平台，也可以组织信息系统研发团队开发 IT 软件和平台，并实施支持企业集团财务管控的信息平台。

5.3.3　财务管理创新的外围支持团队

企业集团在进行财务管理创新的过程中，除了建立自己的项目团队，还需要积极引入外围团队的支持，借助外脑的专业性、客观性，为经营管理决策提供专业咨询和智力支持。

1. 专家学者研究团队

专家学者研究团队一方面可以根据企业集团的需要，系统、全面地收集和整理国内外财务管控理论和经典案例，并与企业集团的项目组成员不断进行思想火花的碰撞，进一步提升财务管控体系设计的先进性、规范性与系统性；另一方面，可以站在"外人"的角度用挑剔的眼光发现项目组的不足，用公正的视角对项目组的研究成果进行评判和评审。此外，专家学者研究团队可以对企业集团财务管控体系设计、建设及管理实践的各个阶段持续进行总结，从理论的高度形成管理创新的新观点、新机理、新方法、新模型、新模式，并提炼出案例，与更多的企业集团分享。

2. 业内外专业咨询公司

专业咨询公司有着成功的创新案例和知识库，因此，企业集团可以通过公开、公平、公正的招标流程，聘请专业咨询公司参与企业集团的财务管理创新项目。

3. 合作伙伴

从价值链管理的角度看（如图 5—3 所示），企业集团应该构建以核心企业为主体的价值链条，通过信息流协同上下游企业与核心企业的商务关系，实现整个价值链的增值。因此，在管理创新的过程中，应积极要求企业集团的供应商、客户、银行等战略合作伙伴的专家定期参与讨论和沟通，借助外脑提升创新能力。

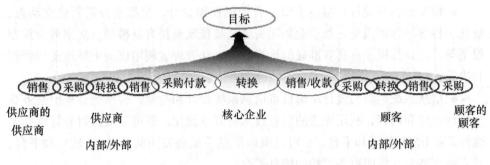

图 5—3   价值链合作伙伴

5.4   企业集团财务管控目标和理念的共识

在组建一支有创新意识、正确思路、专业能力的团队后，需要在企业集团战略的指导下，就企业集团财务管控目标和核心价值达成共识。

5.4.1   明确企业集团财务管控的目标

不同企业集团在不同时期的财务管控目标不尽相同。即使是同一个 CFO 创新团队的成员，对企业集团财务管控目标的理解和认识也存在分歧。因此，需要通过理解企业集团战略，在交流、沟通、学习、激辩的过程中明确目标。不同企业集团 CFO 在制定财务管控目标时应该考虑：

1. 全局性

企业集团财务管控目标是以整个企业集团的筹资、投资和收益分配的全局性工作为对象，根据企业集团战略发展需要而制定的。它是从财务的角度对企业集团总体发展战略所作的描述，是企业集团未来财务活动的行动纲领和蓝图，对企业集团的各项具体财务工作、计划等起着普遍的和权威的指导作用。

2. 长期性

制定财务管控目标不是为了解决企业眼前的问题，而是为了谋求企业集团未来的长远发展。因此，财务管控目标一经制定就会对企业集团未来相当长时期内的财务活动产生重大影响。

3. 导向性

财务管控目标规定了企业集团未来较长时期内财务活动的发展方向，以及重点执行的各项任务，它是企业集团财务战术决策的指南，未来企业集团的财务活动都应该紧紧围绕其实施和开展。

4. 适应性

现代企业集团在复杂多变的内外部环境中从事生产经营活动，不仅需要不断地解决企业外部环境、内部条件和经营目标三者之间的动态平衡问题，而且需要将新技术、新理论、新方法融入财务管控目标的制定过程，以增强财务管控对环境变化的适用性。

5.4.2　辨析集权、集中与共享

中国企业集团在短短的 30 多年时间里从无到有、从小到大，形成了一个个多组织的企业集团。在企业集团发展的过程中，如何使企业集团与分（子）公司就目标达成共识？如何在有效管控下属分（子）公司的同时调动下属分（子）公司的积极性为集团创造价值，提升整个集团的核心竞争力？这是企业集团管控的根本目标。为了实现这个目标，一些企业集团采用分权管控，即各种财务管理决策权分散在分（子）公司，以调动分（子）公司的积极性，但结果是集团财务管控失灵问题非常严重，如中航油集团出现过新加坡子公司管控失灵的案例，影响到企业集团的健康发展。在这种背景下，一些企业集团开始探索集权管理。

1. 集权管控

集权管控是指企业集团母、子公司拥有财务管理决策权，包括融资决策权、投资决策权、资产处置权、资本运营权、资金管理权、成本费用管理权和收益分配权等一系列与财务管理相关的权限。然而，企业集团由于受到管理理念、管理能力、业务发展、信息化水平等制约，即便采用了集权管理模式，也是"集而不团、形聚神离"。很多企业集团在集权与分权管理模式的选择上犹豫不决。

2. 集中管理

在信息时代，随着信息技术的发展及其在财务管理中的应用，越来越多的企业集团财务管理实践证明了集中管理模式①的价值。国资委于 2003 年要求中央企业集团推进财务集中管理模式创新活动。麦肯锡咨询公司的研究报告指出："跨国公司与中国企业相比最大的进步之一就是实现了集中管理。"

集中管理模式是 IT 与管理融合的财务管理创新模式，集团总部和成员单位之间建立信息集成的共享 IT 环境，使得多层级的企业集团纵向价值链变成集团总部——IT 环境——成员单位的扁平化价值链，并且在 IT 环境的支持下实现集

---

① 沃尔玛、通用电气等跨国企业集团在 20 世纪末开始采用这一财务管理模式。

团总部与成员单位之间信息的实时共享和传递，将企业集团制定的统一的制度、流程、模型等嵌入 IT 环境，并使集团总部与分（子）公司达成战略共识、实现财务业务协同和管理控制，企业集团成员之间实现资源共享、合作共赢、共同发展。

集中管理不等于集权管理。集中管理从根本上讲侧重于信息的集中，处理权仍在不同的利益团体；集权管理则是通过"控制权"参数的设置，在集团不同层级上合理地设置"控制权"，实现"集权"与"分权"的统一，只是集权范围内的事项处置权在集权部门。

3. 共享服务

随着网络技术、云计算、智能移动设备的迅速发展和广泛应用，使得组织变革与创新成为可能。共享服务（shared services）指企业将原来分散在不同业务单元进行的财务、人力资源管理、IT 技术等方面的事务性活动或者需要充分发挥专业技能的活动从原来的业务单元中分离出来，由专门成立的共享服务中心提供统一的服务。

财务共享服务是依托信息技术，以财务业务流程处理为基础，以优化组织结构、规范流程、提升流程效率、降低运营成本或创造价值为目的，以市场视角为内外部客户提供专业化生产服务的分布式管理模式。这种模式是以互联网、云计算等为前提的，是 IT 与管理融合模式的创新，已成为跨国企业集团实施全球化扩张战略的必然选择。

5.4.3　认识财务管控的 IT 环境

大量的理论研究和实践证明，保证价值链有效运作、支持信息共享、协同、集成的关键技术是 IT。[1][2][3] 在信息时代，要建立企业集团财务管控体系，必须认识到：

1. IT 环境是企业集团财务管控的基础与不可或缺的运行平台

在信息时代，企业集团的财务管控活动发生了质的变化，如果一家企业集团的财务管控体系没有基于网络的 IT 环境及平台的支撑，其财务管理能力、效率、质量将受到极大的制约。今天，IT 环境就像电和水，已经成为企业集团运行不

---

[1]　参见李洁：《基于 e 化价值链管理的管理信息系统整合》，载《情报杂志》，2004（3），41～42 页。

[2]　参见张文松、马燕：《基于竞争优势的技术创新价值链构建》，载《管理现代化》，2005（5），19～21 页。

[3]　参见许仲彦、孙锐：《论虚拟价值链驱动下的协同电子商务模式》，载《商业研究》，2004（12），168～170 页。

可或缺的重要基础和资源。IT环境包括网络、数据库、管理软件（功能组件）等形成的集成环境。随着信息技术的发展和管理需求的变化，IT环境的技术架构和应用程序不断丰富和完善。CFO团队提出应用新技术的要求和管理软件内容扩展的需求，CIO团队与管理软件供应商合作，以丰富和完善IT环境，支持CFO团体在IT环境中不断进行管理创新。例如，20世纪末信息技术的发展，使得C/S技术架构取代了B/S技术架构，很多企业集团的CIO团队积极行动起来，改进本企业支持财务管理的IT环境，从而使得财务集中管理的创新模式、管理理念和新的管理业务得到了突飞猛进的发展。进入21世纪以来，信息技术有了新的突破和发展，移动互联网、云计算技术、大数据技术、电子商务技术等为代表的新技术为财务管理创新提供了更广阔的创新思维和空间，因此，企业集团的CFO团队、CIO团队以及管理软件供应商需要加强合作，不断丰富和完善企业集团财务管理创新的IT环境，为移动智能设备在管理中的应用、管控新业务的扩展以及财务管理模式创新提供保障和基础。图5—4显示，IT环境是体现云技术、互联网、大数据新技术的财务管理创新的IT环境。

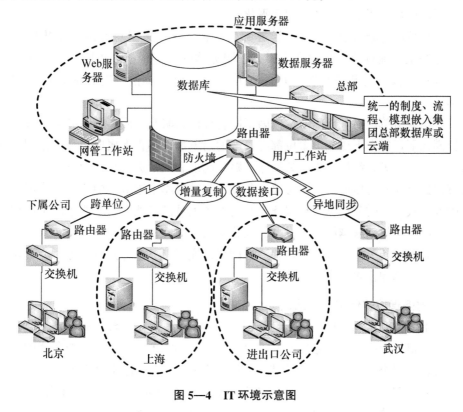

图5—4　IT环境示意图

无论是网络环境还是云环境，支持企业集团财务管控的 IT 环境的作用都体现在三个方面：

（1）集团及分（子）公司、业务单元共享信息。企业集团将制定的统一的制度、流程、模型嵌入 IT 环境，并为整个企业集团成员所共享，并且在信息系统的控制下，保证制度、流程、模型在全集团得到有效执行。与此同时，成员单位产生的信息直接传到集团网络数据库中或者云端，在物理上形成全集团一套账，实现企业集团总部、分（子）公司、业务单元共享信息。

（2）多层级的企业集团在 IT 环境中扁平化。在多组织和多层级的企业集团中，企业集团总部制定的制度等以信息的形式层层下达到各个分（子）公司，分（子）公司反映经营活动和经营成果的信息则按照法人组织层层上报、汇总、合并，因此形成多层级的纵向价值链。在 IT 环境中，企业集团每一个成员单位不分层级关系，直接连接到网络中，连接到云端；从纵向价值链看，在 IT 环境中只有两级成员：集团总部和下属成员单位，使得多层级的企业集团实现了扁平化。传统价值链上的多层财务信息传递、财务信息汇总等信息管理的组织关系被打破了，使得企业集团财务管理扁平化。

（3）总部与分（子）公司的财务部门重新定位。集团总部制定全集团统一的财务制度、流程等，保存在集团共享服务器中，实现整个集团财务信息的集中管理；对核心资源进行统一调配，并对下属成员单位的财务活动进行实时控制。

下属成员单位财务部门的定位因不同管理模式略有不同。在财务集中核算与管控模式下，每个下属成员单位都有自己的财务部，不管下属成员处于集团纵向价值上的哪一级，都按照集团数据库的财务制度和政策进行日常业务处理，并将所有数据全部实时传递到集团总部服务器上的数据库中进行集中存储。在财务共享服务模式下，财务核算共享服务中心的财务人员已经独立于企业集团下属成员单位，成员单位越来越趋于不设财务核算部门，因此，每个下属成员单位发生的经济业务的原始单据经过扫描，并通过网络传递到财务核算共享服务中心，由该中心完成核算和报告工作。

2. 财务管控软件资源的配置

在 IT 环境中，管理软件平台是支持财务管控的运行平台，它不是一成不变的，而是根据企业集团业务发展的需要不断丰富和完善的。对于企业集团财务管控而言，不同企业集团、同一企业集团在不同时期，其管控内容不尽相同。因此，CFO 团队需要根据管理的需求选配软件功能模块或者组件，从而规划出 IT 环境中的管理软件框架，以满足企业集团不同时期的管控需要，如图 5—5 所示。

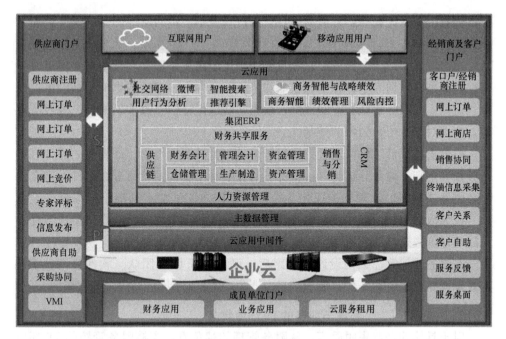

图 5—5　企业集团财务管控的软件架构示意图

随着信息技术的发展和管理软件的逐步完善，当今的管理软件架构发生了很大的变化，它是由一个个相对独立的软件功能模块组成的集合，这些软件功能模型具有可选择、可组合的特征，因此，人们又称之为组件。企业集团可以根据自身的管控需要，选择各种类型的组件，构建支持企业集团财务核算与管控要求的软件或者 IT 平台。一般来讲，构建一个软件架构需要四大类组件：

● 定义组件：从集团财务管理的视角出发，描述和定义企业集团的资源对象（resource object），即描述或定义企业集团的组织、财务制度与政策、模型、信息分类规范、财务权限等；描述和定义行为对象（action object），即描述或定义企业集团财务执行的各类流程与控制机制，如财务审批流程、财务信息传递流程、财务控制机制等，并保存在财务数据库中，以便企业成员单位共享财务战略。

● 映射组件：从集团财务数据库中获取集团统一的财务制度和政策等，以某一分（子）公司的财务管理需求为依据，分解出与分（子）公司相关的财务政策和制度、财务流程、控制机制，并将分解出的反映本公司特征的财务管控要求按照纵向价值链分别映射到其下属的子公司、孙公司，在实现利益相关群体战略协同的同时，确保集团财务战略被价值链上的各个层级利益相关者有效贯彻。

● 信息收集与监控组件：支持企业集团纵向价值链上不同层级的分（子）公司通过互联网、移动智能设备等获取从采购到付款、从销售到收款、资产核算、成本核算、资金流动等经营活动信息；支持价值链上不同层级的分（子）公司财务机构按照财务管理多维要求，获取财务核算、资金运动、预算管理等组织信息；按照法人实体、业务群组、经营板块等组织信息，形成多视角财务信息并保存在财务信息数据库中；在信息获取和组织的过程中，根据数据库中的政策、制度、流程、权限等实施相应的控制，最大限度地保证信息真实、准确、及时、有效，实现对分（子）公司的控制。

● 分析与评价组件：定义集团财务分析与管控评价规则，即将集团设计好的财务预警规则、财务分析与评价指标、财务战略发布规则等通过该组件的定义保存在财务战略评价规则数据库中，为财务监控与评价奠定基础；根据财务数据库、业务数据库的信息，按照财务管控评价规则数据库中定义的规则生成各种财务战略评价报告，并通过网络进行动态发布。

在财务软件管控架构设计完成之后，可以协调 CIO 团队、软件公司，研发或者采购相应的组件，最终形成满足企业集团不同时期管控要求的管理软件。

3. 财务管控的 IT 环境与业务的 IT 环境集成

对于具体的企业集团而言，从财务管理的视角看，支持财务管控的 IT 环境可以自成体系；从整个企业集团的管理信息化来看，财务管控是企业管理的一部分。因此，在企业集团建立其他管理系统（如供应链系统、客户关系管理系统等）之后，CFO 团队就需要与业务经理、CIO 合作，制定财务与业务平台的集成策略，最大限度地实现财务与业务的无缝连接和集成。

5.5　企业集团财务管控核心要素的设计

在 CFO 团队就目标与理念达成共识的基础上，还需要通过团队的创新行动，思考和设计管控核心要素。在对国内外最佳企业实践进行调研、理论研究的基础上，我们得出 IT 与管理融合的财务管控核心要素设计，主要包括：组织设计、制度设计、流程优化、模型设计、信息系统设计。在设计过程中，强调基于 IT 环境，并用信息时代的思维设计这些核心要素；在推进企业集团财务管控体系实施的过程中，将组织、制度、流程、模型嵌入信息系统，保证企业集团财务管控在 IT 环境的支持下发挥作用。

5.5.1　财务管控的组织设计

组织理论认为，组织结构本身并无优劣之分，只要与环境相适应的组织结构就是有效率的，不存在普遍适用的组织管理理论。企业在其成长过程中都会因环境的变化形成自己独特的组织形式，但是，任何组织形式都有一定的局限性，管理创新的一个重要目的就是发现并尽力弥补这些缺陷。

在信息时代，数据库、移动互联网、云计算技术的广泛应用和企业集团 IT 环境的建立，使得企业集团各个分（子）公司之间、各个业务板块之间的信息传递和共享方式由单向的"一对多式"向双向的"多对多式"转换成为可能。因此，在信息时代，企业集团的组织设计要考虑以下方面：

1. IT 环境中组织设计的思维方式

在 IT 环境中，企业传统的"金字塔形"直线型组织架构中负责收集和传递信息的中间管理层失去存在的必要，组织结构的扁平化将成为一种趋势。管理创新要以组织创新为基础，通过压缩组织层级、优化组织结构、完善组织功能，建立适应现代市场竞争的企业组织体系，推进组织扁平化和经营集约化。

2. 突破法人概念服务于管理组织

合理的组织结构有利于协调内部关系，产生"1＋1＞2"的放大效应，确保集团组织协调成本低于市场交易成本，实现集团发展战略目标；不合理的组织结构则可能导致内部关系不协调，"集而不团"，出现"1＋1＜2"甚至"1＋1＜1"的不良效果，降低企业集团管控能力，阻碍或者影响集团发展战略目标的实施。因此，在 IT 环境中，企业集团应从战略管理视角出发不断设计和调整组织结构，突破法人概念，建立支持强化管控的管理组织。

图 5—6 显示了管理组织结构与法律组织结构的区别。

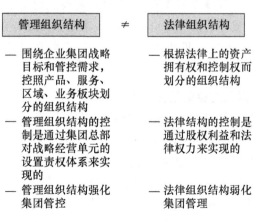

图 5—6　管理组织结构与法律组织结构的区别

【案例5—1】   **某企业集团的法律组织和管理组织** ▶▶▶▶▶▶▶

    某企业集团的法律组织结构是根据法律上的资产拥有权和控制权而划分的组织结构。主体是母公司，客体是具有法人资格的子公司和孙公司，主体和客体按照法律规定构建了母、子公司的责权体系。管理组织结构是围绕企业集团战略目标和管控需求，按照产品、服务、区域、业务板块划分的组织结构。主体是集团总部，客体是各个战略经营单元（事业部和下属成员），并按照集团管控的要求构建各自的责权体系，如图5—7所示。

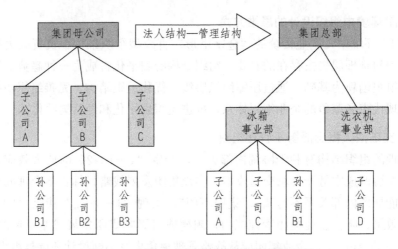

图5—7 某企业集团的法律组织与管理组织

    在企业集团组织变革的过程中，财务不仅要服务于法人组织，更要突破法人概念，服务于管理组织（事业部等利润中心），更大胆的变革是财务组织的变革，从依附于每一个法人实体的财务部向独立的共享服务中心转变，通过互联网跨越式地为法人组织和管理组织提供财务状况、经营成果，以及决策支持和价值创造。

3. 将各类组织嵌入企业集团管理的 IT 环境

    两种组织结构都有其存在的理由，两种组织的管理都需要信息的支持，是否需要建立两套信息收集系统和 IT 环境？在信息时代，答案是：No。互联网、云计算技术的应用，能够支持企业集团创建全集团统一、共享的 IT 环境，企业集团的各种组织结构都嵌入统一的 IT 环境，企业集团各个业务产生的各种经济信息也被存放在共享的 IT 环境中，并且按照预先设定的信息归集机制，信息系统会自动地将一个数据源的信息按照不同的组织结构进行归集，从而形成不同的组织管理和决策信息。

在 IT 环境中，组织创新将会不断推陈出新。各种打破法人组织框架的管理组织，如会计核算共享服务中心、资金支付中心、利润中心、研究中心等在 IT 的支持下，已经突破传统组织界限，跨越时空组建并承担其服务和管理职能。

5.5.2　财务管控的制度设计

制度是现代社会运行的基础，新制度经济学家道格拉斯·思诺的定义颇具代表性："制度是一个社会的游戏规则，更规范地说，它是为决定人们的相互关系而设定的一些约束。"对组织而言，制度是组织的生命，规定着人们什么事能做，什么事不能做。实质上，制度起着控制人的行为的作用。制定科学合理的制度，严格执行制度，是保证组织有序、高效运转的前提。

管理制度是规范和约束管理者行为的准则，其形成是一个动态的、有意识的人为设计的过程。具体而言，管理制度是指用于正式组织管理的各种正式明文规定的规章制度，包括组织运行的基本制度、基本政策和各种具体活动的程序、规则、纪律、规章、规程、行为模式等。从理论上讲，依靠制度进行管理和控制能增强组织管理的可预见性，提高组织管理的精确性、稳定性、纪律性和高效性。但是，由于企业集团的经营业态多元化，集团管理的多层次化，因此往往没有统一的制度，难以保障制度在不同层级的分（子）公司得以有效执行，从而导致制度对人们行为控制的作用无法得到充分发挥。

在信息时代，数据库、移动互联网、云计算技术的广泛应用，企业集团创建的支持管理的 IT 环境，使得企业集团各个分（子）公司之间、各个业务板块之间的信息传递和共享成为可能，企业集团各个层级分（子）公司的联动制度控制成为可能。因此，在信息时代，企业集团的制度设计要考虑以下方面：

1. 突破传统制度设计的思维方式

当不同业态、不同法人的公司组建起一个企业集团时，从集团整体看，每个分（子）公司沿用自己的制度很自然。

【案例 5—2】　　　　　**B 集团突破传统制度的实践**　▶▶▶▶▶▶

B 集团是 2008 年在政府主导下以由原省级外贸公司改制的上市股份公司为主体，吸收合并相关国企组建的，现为省级国有资产授权营运机构。随着 B 集团规模的快速扩张，子、孙公司层出不穷。到 2013 年底，B 集团旗下拥有子公司 38 家，其中全资 8 家、绝对控股 4 家、相对控股 3 家、参股 23 家；通过子公司管辖的孙公司有 65 家，其中全资 8 家、绝对控股 24 家、相对控股 13 家、参股

20 家；处于第四层级的公司多达 245 家，其中全资 10 家、绝对控股 45 家、相对控股 75 家、参股 115 家；此外，还有第五层级的公司若干家。不同的分（子）公司有各自的制度，如报销制度、折旧制度等。

在信息时代，B 集团应突破传统制度的设计思维，建立企业集团统一的财务制度。即注重顶层设计，按照全面系统、管控到位、界面清晰、责权对等的原则，设计制度指导规范、具体管理办法，以及实施细则，形成与企业集团财务管控目标相配套的统一制度体系。

2．基于 IT 环境的创新制度设计

在设计每一项具体制度时，需要充分理解信息技术，并将先进的技术应用到制度的设计中。例如，设计审批制度时，借助智能手机、互联网设计跨越时空的审批制度、实时控制制度，从而使制度设计体现出信息时代的特征。

3．将制度嵌入企业集团管理的 IT 环境

为了发挥企业集团的整体优势，需要将集团统一的制度固化在共享的 IT 环境中；通过映射组件把集团的统一制度和政策按照成员单位财务战略的差异性进行分解和映射，使统一的财务制度在全集团达成共识，得到共享和有效贯彻执行。

5.5.3 财务管控的流程设计

流程是企业集团财务管控体系建设不可缺少的关键要素，利用信息技术进行流程再造和重组是提高企业集团财务管控能力的重要手段。在信息时代，随着数据库、移动互联网、云计算技术的广泛应用，流程再造理论和价值链管理理论在新技术的支持下，可以为企业集团创新团队的流程设计提供新的创新空间。因此，在信息时代，企业集团的流程设计需要考虑以下方面：

1．规范现有流程

企业集团财务管控体系的构建很大程度上取决于其业务流程、管理流程、财务流程是否合理、完善。对于企业集团来说，业务量之庞大，业务范围之宽广，要求它必须规范整理现有的各项流程，界定业务流程各环节的内容和各环节间的交接关系，形成业务的无缝衔接。

2．应用新 IT 技术再造流程设计

随着移动互联网技术、大数据技术等的兴起，创新团队可以探索打破传统流程，构建能创造更高价值的流程。图 5—8 显示了从传统流程、基于电商技术的流程再造到基于大数据技术的逆向价值链流程再造。

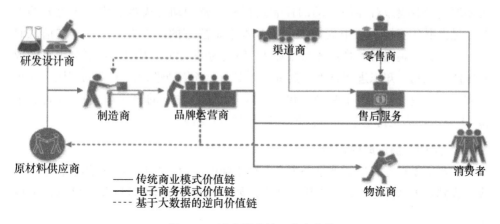

图 5—8　流程再造的一次次变革

● 传统商业模式价值链：企业通过产品研发、原材料采购、生产制造、品牌营销、售后服务等部门协调运作与服务，把产品给了渠道商、零售商、消费者，并通过服务创造价值。

● 电子商务模式价值链：随着互联网技术的迅猛发展，创新团队可以将互联网技术应用于流程的设计和再造，通过互联网把企业和直接销售对象紧密联系起来。企业通过产品研发、原材料采购、生产制造、品牌营销、售后服务等部门协调运作，通过互联网直接面对消费者，把给销售渠道的利益还给了消费者，从而赢得更多的客户，创造更多的利润。例如，淘宝商城的很多小企业就是通过这种流程再造与商业模式的变革得到迅速发展的。

● 基于大数据的逆向价值链。随着手机、平板电脑等智能终端的广泛应用，消费者的购买行为、款式喜好、质量偏爱、价格敏感度等数据汇集成了企业的大数据。创新团队可以思考利用大数据技术进行提炼、分析、精准挖掘，掌握消费者的需求，将信息传递给产品设计商、制造商、原材料供应商，通过网络调度、协调、集成各家上游商的信息、物流来生产产品，再通过网络销售给消费者。这样，就能以最低的成本、最有效的方式为消费者提供满意度最高的产品。例如，小米手机就是通过流程再造和商业模式变革生产的产品。

3. 将流程嵌入企业集团管理的 IT 环境

为了保证各种流程在企业集团各个分（子）公司、成员单元之间得以有效执行，需要将流程嵌入企业集团管理的 IT 环境，支持财务管控。

5.5.4　财务管控的模型设计

企业集团财务管控体系的建立，不仅需要进行组织、制度、流程的设计，还需要通过专业模型对经济活动的控制过程和经营的动态决策过程给予重要的支持。过去财务管控活动中的模型应用基本上是静态的、人工完成的，在信息时代，构建企业集团财务管控体系是以 IT 环境为基础的，因此，需要对现有的成熟方法、规则、知识进行整理、提炼，针对新业务创新性地形成新的规则、知识和方法，并建立起一个个模型（包括输入、计算、输出的表达形式），完善和丰富 IT 系统，为支持定量和动态管理及控制提供支持。

1. 整理、提炼成熟模型

企业集团财务管控活动是一项专业性很强的活动，在从事活动的过程中，形成了成熟的规则、方法、知识。因此，创新团队可以将其整理、提炼，形成模型。

例如，对于会计核算业务，人们使用了大量成熟的方法、规则和知识，如"有借必有贷，借贷必相等"，因此，需要建立一个个模型。下面举例说明。

MODEL1：凭证正确性检查模型

  输入：记账凭证

  计算方法：

    凭证借方金额求和

    凭证贷方金额求和

    结果＝借方金额合计－贷方金额合计

  输出：结果不相等，输出借贷不平；否则通过检查

这个模型建立后，可以嵌入财务管控 IT 环境，从而将人工凭证正确性检查转变为信息系统自动检查，实现自动控制。

2. 创新与建模

不仅不同企业集团财务管控的内容和范围不尽相同，而且同一企业集团在不同时期的管控内容也会发生变化。因此，创新团体可以根据财务管控业务发展需求，创新模型。例如，随着企业集团风险的增加，财务管控体系增加了利率风险、汇率风险、信用风险管控的内容，因此，创新团队需要结合新业务创新性地构建模型，如 VaR 模型、利率变动模型、汇率变动模型、股价变动模型、久期计算模型等，并将其转化为包括输入、计算、输出等内容的形式化模型。将这些风险计量嵌入 IT 系统，可以进行实时风险监控与预警，综合反映全集团风险状况，提高集团对于各类风险、突发事件等的反应速度和应变能力，保证生产经营的安全运行。

5.6　企业集团财务管控体系框架的构建

今天越来越多的 CEO 认为，在企业集团发展壮大的过程中，CFO 团队的作用不可估量。要使 CFO 团队最大限度地在企业集团提升核心竞争力方面发挥作用，将 IT 和管理融合，构建满足企业集团发展需要的企业集团财务管控体系是必然选择。

从企业集团战略视角看，可通过组织、制度、流程、模型等管控要素的设计和规划达到管控的目的。从企业集团财务管理视角看，企业集团的财务管理活动是由一系列具体的业务活动（如财务核算、资金管理、投融资管理等）构成的，随着企业集团的发展和扩张，其管理活动也在不断发展和丰富。

中外企业集团财务管理实践证明，要构建 IT 与管理融合的财务管控体系框架，首先应在企业集团战略的指导下，明确企业集团财务管控的目标，围绕每一项具体的财务管理活动，从组织、制度、流程、模型等核心管控要素出发，设计相应的管控策略，将其嵌入 IT 环境，即构建信息系统和实施信息系统，最终形成企业集团财务管控体系框架，如图 5—9 所示。

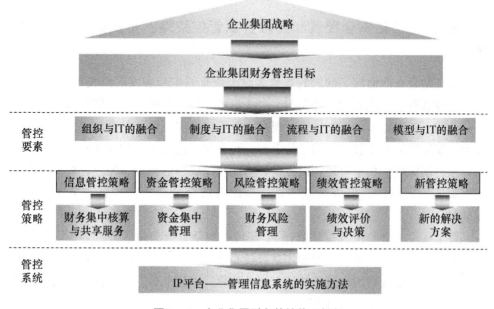

图 5—9　企业集团财务管控体系框架

5.6.1 提高财务信息质量的管控策略：财务集中核算与共享服务解决方案

财务核算是最基础的财务管理活动，其管控的好坏直接影响到企业集团战略的落实，直接影响到企业集团财务信息质量。针对上述管控需要，应该设计核算与共享服务解决方案，即依托 IT 环境，围绕财务集中核算与共享服务的目标，从组织、制度、流程、模型等核心要素出发，制定实现财务集中核算、财务信息实时传递、共享和集中管理的解决方案。其目的是保障全集团财务核算信息真实、准确、完整、有效，同时实现集团总部对下属各单位财务核算的集中监控，并为信息的使用者提供财务报告。

制定提高全企业集团财务信息质量的管控策略，还需要考虑把财务核算与共享服务解决方案转化成相应的信息系统，即需要进行软件资源的规划，配置总账模块、应收应付模块、固定资产模块、工资核算模块、报表模块等软件功能模块。从集团战略财务规划看，这些模块基本属于信息收集与监控组件，以及简单的分析与评价组件，并能够支持 CFO 团队站在整个集团的高度，进行多成员单位的组织结构、统一科目体系、财务核算流程、审批权限、集权与分权"控制"权度、内部协同单据、支持财务业务一体化凭证模板、集团统一报告体系等的设置，并将其嵌入优化价值链的 IT 环境，供整个集团的成员共享。

5.6.2 优化资金配置和金融资源管控策略：资金集中管理解决方案

资金是企业的血液，健康的资金流对于企业的生存和发展至关重要。然而，传统的分散资金管理模式已经制约了企业集团的健康发展。随着信息技术的发展和商业网上银行业务的不断推进，很多企业集团在实施财务核算与报表系统的基础上，期望借助网络技术和信息化手段，在全集团优化资金配置和有效管控的策略，通过制定资金集中管理解决方案，有效控制资金的流量、流速，提高企业集团资金使用效率，降低资金成本，合理配置资金资源，支持企业集团的健康发展。

资金集中管理解决方案是依托 IT 环境，围绕资金集中管理的目标，从资金管理的组织、制度、流程、模型等管控核心要素出发，制定满足企业集团资金计划管理、结算业务管理、资金调度、财务核算、信贷业务、风险监管和决策分析一体化等方面要求的解决方案。

制定优化资金配置和管控的策略时，还需要考虑把资金集中管理决策方案转化成相应的信息系统，即需要进行软件资源的规划，配置资金账户与资金池管理模块、资金预算与计划模块、资金调度模块、应收模块、应付模块、报账中心模块、资金内部封闭结算与外部结算模块、资金计息模块、票据管理模块、资金报告模块等软件功能模块。这些功能模块能够正确反映、收集、监控资金的运动，并对资金管理状况进行简单分析和评价。即在计划层，通过制定资金的长期预算，让管理者了解未来现金流入流出情况；在日常经营层，通过日常现金收支管理动态反映现金流入流出情况，让管理者实时了解企业日常经营的现金流入流出情况；在短期预测层，从数据库中动态获取销售订单、应收款、存款到期等信息以得到短期现金流入量，通过在数据库中获取采购订单、应付款、贷款到期等信息以得到短期现金流出量，自动生成短期预测表，并且在全集团内合理配置资金资源。管理者可以通过预测表动态了解近期的现金流情况，合理安排资金，有效开展经营活动。

5.6.3　防范风险的管控策略：风险管理解决方案

近年来，随着中国企业集团"走出去"战略的实施，以及中国利率改革政策的推进，多数企业集团的利率风险、汇率风险、信用风险不断增加，因此，借助信息技术，制定集团财务风险管控策略及 IT 与风险管理融合的解决方案，得到了越来越多企业集团的关注，同时也成为企业集团财务管控的重要内容。

风险管理决策方案是企业集团战略安全的保障，指依托 IT 环境，围绕风险管理的目标，从风险管理的组织、制度、流程、模型等核心管控要素出发，制定利率汇率风险识别、评估与监控、风险报告与缓释、信用风险评级、赊销控制、内部风险管控的解决方案，其目的是在有效控制风险的过程中保证战略的实现。

制定集团财务风险管控策略时，需要把风险管理决策方案转化成相应的信息系统，即需要进行软件资源的规划，配置风险识别信息收集模块、风险计量模型与评估模块、情景分析模块、压力测试模块、风险展现模块、风险预警模块、分析和报告模块等软件功能模块。在风险管理信息系统的支持下，减少汇率波动对企业集团现金流的不确定影响，控制汇率波动可能对所属企业经营活动产生的不利影响；了解企业客户的信用状况，减少其可能因无法履行责任而遭受损失的风险；减少由于内部制度、人员、流程及系统的不完善或失误、外部事件造成的直接或间接损失，提高风险管理的科学性和有效性。

5.6.4　评价绩效的管控策略：绩效管理与决策支持解决方案

自美国学者亚历山大·沃尔创建综合财务评价指标体系以来，公司财务分析与绩效评价问题一直是国外财务管理学界关注的研究重点，同时也成为企业集团财务管控的重要内容。

　　绩效管理与决策支持解决方案是指企业集团按照统一评价企业绩效的管控策略，依托 IT 环境，围绕评价和决策管理的目标，从组织、制度、流程、模型等管控要素出发，运用杜邦分析、沃尔综合评价、管理驾驶舱等制定解决方案，为正确评价企业的绩效提供支持。把绩效管理与决策支持解决方案转化成相应的信息系统，需要进行软件资源的规划，配置数据挖掘模块、评价体系模块、规则制定模块、仪表盘展示模块、决策支持模块等软件模块，提高企业集团战略评价的科学性。

　　随着企业集团的快速发展和财务管控业务的复杂化，新的财务管控业务需要将会从 IT 与管理融合的视角提出新的要求，CFO 团队可以按照上述思路不断开拓创新，制定满足新的财务管控要求的解决方案，进一步丰富和完善财务管控体系。

第6章 / Chapter Six

财务信息质量的管控策略

People

Technology

Process

　　在企业集团发展壮大的过程中，财务信息质量的好坏不仅影响企业集团健康发展和战略决策，而且会影响利益相关者对企业集团的信任和信心，甚至影响大资本市场的繁荣。然而，在财务分散管理模式下，企业集团各个分（子）公司独立进行核算并通过报表层层上报、汇总、合并，最终形成企业集团的财务信息。对于多组织、多层级的企业集团来讲，如何保证企业集团财务信息质量成为制约企业集团做大做强的首要问题，企业集团CFO团队需要制定提高财务信息质量的策略。理论和实践表明：制定财务信息质量的管控策略，将IT同财务核算与管控理论融合，并进行财务集中核算与管控模式、财务核算共享服务模式的创新，能够提高全集团财务信息质量，并保证企业集团统一的制度得到有效执行。

　　本章主要学习和掌握：

- 依托IT环境优化集团财务管控的纵向价值链，使全集团财务核算扁平化

● 设计全集团统一的制度、流程、模型，并嵌入 IT 环境，实现集团总部与分（子）公司的战略共享、信息共享及实时传递

● 在集团统一财务制度和政策的指导下，实现财务集中核算与管控，保障信息真实、准确、完整、有效

● 为企业集团的管理者、投资人、债权人、经营者、战略经营单元等提供真实、准确、有效的财务报告

6.1 财务信息质量管控策略的整体规划

【案例 6—1】 **中国航油集团风险管控失效的警示**

中国航油集团是我国大型企业集团之一，下属的新加坡公司是其海外控股子公司，是一个因成功进行海外收购曾被称为"买来个石油帝国"的企业，却因"押大押小"的金融投机行为，给中国航油集团设下陷阱，2004 年造成 5.54 亿美元的巨额亏损，几乎相当于其全部市值。"中航油事件"发生之后，很多人认为原因在于公司风险控制不够。然而，普华永道的报告认为，中国航油集团拥有一个由部门领导、风险管理委员会和内部审计部组成的三层"内部控制监督结构"，并制定了的中航油《风险管理手册》，无论是风险控制流程设置，还是风险管理委员会的人员设置，都可称得上完备。风险管控失效的真正原因在于：

● 公司交易人员没有遵守《风险管理手册》规定的交易限额：《风险管理手册》明确规定，损失超过 500 万美元必须报告董事会。但公司执行董事兼总裁陈久霖从来不报，集团公司也没有制衡的办法。

● 风险控制人员（包括财务人员）没有及时、准确汇报公司的经营风险：中航油新加坡公司 6 月的财务统计报表显示，公司当月的总资产为 42.6 亿元人民币，净资产为 11 亿元人民币，资产负债率为 73%。从账面上看，不但没有问题，而且经营状况很不错，但实际上，6 月公司就已经在石油期货交易上面临 3 580 万美元的潜在亏损，仍追加了错误方向"做空"的资金。

● 风险管理委员会在所有重大问题上均未履行其职责。由于集团与成员单位的信息不对称、信息不透明，财务状况不能得到真实的反映，集团公司通过正常的财务报表没有发现陈久霖的秘密，使得集团风险管理委员会无法得知风险，更谈不上有效地控制风险和履行其职责。

中国航油集团的风险管理制度也形同虚设，集团对分（子）公司的管控能力

非常弱。如果将中国企业集团的竞争力看作一桶水，则其实际水平的高低取决于组成木桶的众多木板中最短的一块，这也就是我们常说的"短板效应"。在业务管理、人力资源管理等很多方面，中国航油集团总体表现不错，但恰恰在对分（子）公司的财务管控能力上比较弱。中国航油集团采用财务分散核算与管控模式，新加坡子公司的财务独立核算，集团总部对下属子公司财务状况、经营成果、风险程度的掌控来自被子公司粉饰过的财务报表。信息不对称，让集团总部无法掌握下属公司真实的财务信息，无法有效管控风险。我们对中国企业集团进行实地案例调查后惊讶地发现，类似的风险管理不足的问题并不鲜见。"中航油事件"揭示了中国企业集团对分（子）公司管控弱化的问题，该事件对中国企业集团财务管理提出了警示。

6.1.1　理解财务核算模式创新理念

随着企业集团的发展壮大，企业集团的管理难度加大，特别是企业集团普遍存在跨地域经营现象，没有信息技术支持的分散财务管控模式导致财务信息失真、集团对分（子）公司管控弱化等，这些问题已经引起了企业集团的高度重视。一些学者和企业集团纷纷进行财务管控创新，比如：实行财务总监委派制和财务人员资格管理制度，实现财务核算的集中和统一管理；通过建立统一的集团财务制度和内部审计制度，实现财务制度的集中核算与管控；等等。这些方法在提升企业集团财务管控水平上起到了一定的作用，但是也存在诸多问题。[1][2][3]在信息时代，要提升企业集团财务管控水平，除了上述方法外，还可以将信息技术与先进的管理方法有机融合，构建互联网环境下的财务核算与管控模式。[4]

1. 财务集中核算与管控模式

财务集中核算与管控模式是指在全集团制定统一的核算制度、统一的核算流程、统一的控制机制、统一的会计报告模型，以及统一的网络核算信息系统，并将组织、制度、流程、模型等嵌入信息系统。实现全集团数据集中、信息集中和管理集中，使企业集团总部能够通过网络实时掌控全集团各个分（子）公司的经济业务和经济成果，保证全集团财务数据的真实、准确和有效。

---

① 参见林钟高等：《关于会计信息质量问题的调查研究》，载《会计研究》，1999（4）。
② 参见刘峰：《制度安排与会计信息质量》，载《会计研究》，2001（7）。
③ 参见李东平等：《不清洁审计意见、盈余管理与会计师事务所变更》，载《会计研究》，2001（4）。
④ 参见张瑞君：《E时代财务管控——理论与实践的探索》，北京，中国人民大学出版社，2002。同时笔者对上述企业集团的财务集中管控模式进行了深入调研，并参与了其中一些企业财务集中管控模式的设计。

这种模式的建立会涉及企业集团一些分（子）公司的利益，分（子）公司的职务消费、突破企业集团制度红线、粉饰报表等问题将会在一定程度上有所暴露，因此，分（子）公司与企业集团总部达成战略共识非常重要。目前，我国一些领先的企业集团已经实现了财务集中核算与管控模式，如三峡集团、中建国际、中国电子信息集团、中石油集团等，在保证财务信息真实、准确、有效的同时，解决了集团与成员单位的信息不对称问题，能够对分（子）公司进行实时管控，并能够按照集团战略管理的需求，提供多视角的财务报告。

2. 财务核算共享服务模式

财务核算共享服务模式是在集中核算与管控模式的基础上，进一步进行财务组织的变革形成的，即将原来分散在企业集团不同分（子）公司或者业务单元的核算岗位和业务从原来的分（子）公司或者业务单元中分离出来，成立独立的组织——财务核算共享服务中心，由该中心为企业集团分（子）公司或者业务单元提供统一的财务核算、业务管控和服务业务。

跨国公司市场经营的特征是全球化、合并、兼并和整合，这要求公司进行标准化经营以保持竞争优势。20世纪90年代后期，跨国企业集团为了降低成本、提高效率，纷纷建立起一个组织，将各个成员单位共同的、简单的、重复的、标准化的业务集中于这个组织，实施全集团的共享服务。因此，共享服务中心（shared service centre，SSC）诞生了，并日益受到企业集团的欢迎。

许多世界知名企业集团开始尝试走上共享服务之路。

布赖恩·伯杰伦在《共享服务精要》一书中给出了共享服务的定义："共享服务是一种将一部分现有的经营职能集中到一个新的半自主的业务单元的合作战略，这个业务单元就像在公开市场展开竞争的企业一样，设有专门的管理结构，目的是提高效率、创造价值、节约成本以及提高对内部客户的服务质量。"德勤咨询和国际数据公司（Deloitte Consulting and International Data Corp.）对50家《财富》500强企业的调查表明，共享服务项目的平均投资回报率为27%，员工人数可以减少26%。美国管理会计师协会（Institute of Management Accountants）的一项研究对100家《财富》500强企业中实施和未实施共享服务模式的公司进行了比较，研究结果表明，所选择的6项共享功能的成本平均下降83%。

这种模式的建立在财务管理理念上是一种更大的突破，它不仅防止了分（子）公司或者业务单位的职务消费、突破企业集团制度红线、粉饰报表等问题的发生，而且将由分（子）公司或者业务单元直接管理的财务部和相应的核算业务剥离出来，财务核算人员不隶属于分（子）公司和业务单元，不由CEO团队管理，一方面让分（子）公司或者业务单元的CEO团队专心从事业务活动，另一方面削弱了 CEO 团队对财务核算的控制，从组织上进一步强化了集团总部的管控能力。目前，我国只有少数企业集团（如中兴通讯、宝钢集团、华润集团等）正在积极探索财务共享服务模式。

财务核算集中管理模式、财务核算共享服务模式不是一日建成的，核算业务（如经营费用、应收账款、应付账款、总账、报表等）中哪些可以集中，哪些应从分（子）公司或者业务单元剥离到财务核算共享服务中心？何时剥离？应该在集团的哪个层级建立共享服务中心？这些问题没有统一的答案，应该根据企业集团的管控需求进行脑力的激荡、观点的辨析以达成共识，并进行渐进式的变革与创新。两种模式的组织设计的不同之处如表 6—1 所示。

表 6—1　　　　　　　　　　两种模式的组织设计的不同之处

	财务核算集中管理模式	财务核算共享服务模式
管理理念	在全集团制定统一的核算制度、核算流程、控制机制、会计报告模型，以及统一的网络核算信息系统，并将组织、制度、流程、模型等嵌入信息系统	在集中核算与管控模式的基础上，进一步进行财务组织的变革，建立独立的组织——财务核算共享服务中心，从各个分（子）公司财务部门提供核算服务转变为由财务核算共享服务中心为企业集团分（子）公司或者业务单元提供统一的财务核算和服务
组织管理	财务核算组织隶属于分（子）公司或者业务单元，由 CEO 团队管理	财务核算组织完全独立于分（子）公司或者业务单元，由共享中心管理
服务对象	一个分（子）公司或者业务单元经济业务	企业集团各个分（子）公司或者业务单元的经济业务
管控要素	集团统一制定制度、流程、模型，并嵌入基于网络的 IT 环境	集团统一制定制度、流程、模型、信息系统，并嵌入基于网络的 IT 环境；另外由于财务组织远离服务对象，因此需要设计跨越组织和时空的审批流程等
信息系统	基于 C/S 技术架构的 IT 环境	基于云技术架构的 IT 环境，由于财务组织远离服务对象，因此需要应用更多、更新的信息技术，如图像扫描技术、云计算技术、电子签名技术等

6.1.2　明确 IT 环境中财务核算与管控的目标与内容

1. 财务核算与管控的目标

不同企业集团在不同阶段的财务核算与管控目标不尽相同，从总体上看，财务核算与管控的目标是在 IT 环境中建立集团统一的财务核算体系，正确、及时、有效地反映和管控企业集团经营活动，满足企业集团和利益相关者提供财务报告的要求。一般来讲，其目标包括：

- 建立满足财务会计和管控要求的多元化组织结构。
- 建立集团统一的核算基础和内控制度、流程、核算模型。
- 建立集团统一的支持财务核算与控制的信息系统。
- 按照集团统一的制度自动收集各个分（子）公司的数据，保证财务信息及时、正确、有效。
- 有效支持集团成员的内部协同交易，解决集团企业成员之间对账难的问题。
- 及时提供对外的企业集团、各成员单位的财务报告和战略单元报告。
- 实现企业集团对分（子）公司的财务状况的动态监控和管理。

2. 财务核算与管控的内容

不同企业集团的财务核算与管控的内容也不尽相同，一般来讲，财务核算与管控的内容包括：

- 核算：根据企业集团各个分（子）公司和业务单元发生的经济业务，实时收集信息，控制业务的真实性和合理性，并生成记账凭证和账簿等会计档案。这些会计档案不仅能够正确、真实、完整、及时地反映企业集团各个分（子）公司、管理部门的财务状况和经营成果，还能够反映整个企业集团的财务状况和经营成果，集团总部和各层级相关管理者可以跨越时空实时穿透式查询，透视下属单位的科目、凭证、账簿。主要的核算内容包括网上报销业务、应收账款、应付账款、固定资产、存货、现金收支、投融资等。
- 控制：企业集团总部、各个分（子）公司、业务单元、管理组织编制预算指标，财务人员在对经济业务处理和核算的过程中进行实时预算控制；通过网络获取业务部门的信息（如采购合同、销售合同等），对经营业务的合规性进行实时控制；根据企业集团制定的制度和流程，进行跨越时空的审批控制等，其目的是保证企业集团统一的制度和政策得到有效执行。
- 报告：根据企业集团利益相关者（财政部门、税务部门、行业主管部门等）的需要，企业集团、分（子）公司提供反映企业财务状况和经营成果的对外报告；根据企业集团各级管理者经营管理的需要，动态、实时地提供各种管理报告。这些报告不是层层汇总、合并形成的，而是根据企业集团财务核算系统中同一共享数据和信息生成的。无论是企业集团总部还是分（子）公司和管理组织，生成的报告都具有高度的一致性。

为了完成上述财务核算与管控，CFO团队需要规划相应的IT平台并配置相应的软件资源。

6.1.3 规划财务核算与管控的 IT 平台与资源配置

企业集团的特点是跨地域、跨行业、经营多元化，在非网络化环境下，要实现信息资源的集中几乎是不可能的，即便是 CFO 团队达成了选择集中或共享模式，也只能是空中楼阁，无法落地。以网络为代表的信息技术的迅猛发展，能够使信息打破空间、时间的界限，为企业集团从根本上实现财务核算与管控模式创新提供保障。因此，CFO 团队必须规划支持财务核算与管控模式的 IT 环境，配置支持核算与管控的组件，形成最终的财务核算与管控的软件架构。

如果企业集团管控选择集中模式，IT 环境就要选择基于 C/S 技术架构的网络环境；如果企业集团管控选择共享服务模式，IT 环境就需要引入新的技术（移动互联技术、图形扫描技术、智能手机短信技术、云计算技术等），不断完善 IT 环境，使其成为能够支持财务核算共享服务的云环境。

IT 环境中的财务核算与管控软件架构通常需要配置：

1. 信息收集组件与监控组件、分析与评价组件

一般情况下这类组件包括：费用预算模块、总账模块、网上报销模块、应收应付模块、固定资产模块、存货模块、工资核算模块、财务分析与财务报告模块等，这些模块基本属于信息收集与监控组件，以及简单的分析与评价组件。

2. 定义与映射组件

为了保证企业集团纵向价值链财务管控的信息质量并降低管理成本，必须选择具有定义和映射组件概念的若干模块，这是集团财务核算、控制与报告同单一企业财务核算与报告最大的区别。企业集团 CFO 要站在整个集团财务战略管理的高度，选择多元化组织结构设置模块、统一科目体系设置模块、财务核算流程设置模块、集权与分权"控制"权度设置模块、集团内部协同单据设置模块、支持财务业务一体化凭证模板的设置模块、集团统一报告体系设置模块等。只有在这些模块被选择并嵌入优化价值链的 IT 环境后，集团 CFO 才能利用信息系统定义集团的统一的财务政策和制度等，将信息技术与集团管理制度和政策有机融合，支持集团财务信息的动态反映和实时管控。

3. 软件架构

将这些组件有机地组合，就形成了财务集中核算与管控的软件架构。图 6—1 为企业集团财务核算与管控的软件架构示意图。

在认同财务核算与管控创新理念、明确具体目标和内容、规划 IT 环境的基

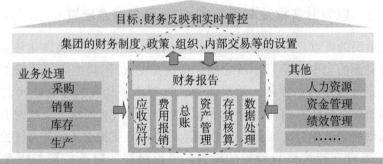

图 6—1　财务集中核算与管控的软件架构示意图

础上，还需要 CFO 进一步思考，在基于财务核算与管控的 IT 环境中，如何进行组织设计、制度设计、流程设计、模型设计等，并嵌入 IT 环境，最终形成支持企业提升财务信息质量的管控策略。

6.2　财务核算与管控的组织设计

6.2.1　母子公司组织结构下的财务组织与管控

传统集团的财务组织通常是按照法人的概念设立的。企业集团每开办一家新的分（子）公司，就应该成立一个新的财务组织，其目的是正确反映该公司的财务状况和经营成果，利用财务信息控制本企业的经济业务活动，并为企业外部的利益相关者（工商部门、税务部门、财政部门、银行等）和本企业的管理者提供财务报告。分（子）公司的财务组织由本企业 CEO 团队管理。

从纵向价值链视角看，集团总部的财务核算与管控主要是汇总、合并下属分（子）公司的财务报告，形成反映企业集团财务状况和经营成果的报告，并对集团重大经济活动进行监控。

6.2.2　事业部组织结构下的财务组织与管控

随着时间的推移，企业集团面临的多元化相关问题开始增多，管理者必须寻找新的方式来组织他们的活动，以解决与组织有关的问题。很多企业集团管理者选择了事业部结构（divisional structure）。各事业部在集团总部的统一领导下，实行独立经营、单独核算、自负盈亏。事业部下的企业（法人组织）按照不同的性质与特点确定为成本中心、收入中心、利润中心，由事业部进行控制考核。事业部结构也称多部门结构（multi divisional structure），主要有三种形式，即产品结构、区域结构、市场结构。典型的以产品来组织的事业部结构如图 6—2 所示。

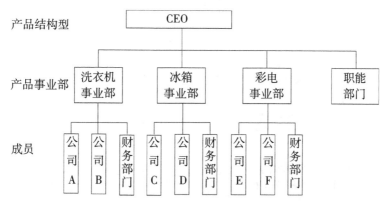

图 6—2　事业部组织结构示例

在事业部组织结构下，分（子）公司设立财务部门，同时还要突破法人概念，在事业部设立财务部门。

从财务控制权看，事业部组织结构下的财务控制一般采用分权控制，即将重大经济事项的控制权放在集团总部，将大部分财务控制权下放到事业部层级，总部和事业部分别安排不同的控制权。

6.2.3　矩阵型组织结构下的财务组织与管控

产品、市场或者区域事业部结构使管理者可以对他们面临的特殊环境做出更迅速、更弹性的反应。但是，当环境是动态的、迅速变化且具有高度不确定性时，即使是事业部结构也不可能给管理者提供足够的弹性以迅速对环境做出反应。

当客户需求或者技术迅速变化，而且未来的经营环境非常不确定时，管理者必须设计最具弹性的组织结构：需要同时利用职能型和事业部型两种结构的优点，既需要职能部门内的专业技术知识，又需要职能部门之间的紧密横向协作。比如，一个跨国公司需要在职能部门、产品与地理位置之间进行协调。因此，一种矩阵型结构（matrix structure）诞生了。典型的矩阵型结构如图 6—3 所示。

图中，S 是有两位上司的员工。当员工处于同一职能部门时，他们互相学习，从而变得更加熟练并具有更高的生产力；当员工被组合成事业部（或者分（子）公司）时，来自不同职能的小组成员一起工作，服务于某种产品的生产。

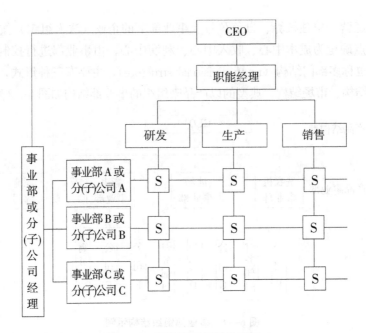

图6—3　矩阵型组织结构示例

结果产品小组各职能之间形成了一种复杂的网络关系，使得矩阵型结构更具弹性。事业部的每个员工向两位上司汇报：一位是职能上司，他把个人安排到事业部，并从职能的角度评价员工的绩效；另一位是事业部的上司，他根据员工在事业部中的表现给予评价。

在分（子）公司和事业部都可以设立财务组织。

从横向视角看，每个事业部或者分（子）公司的财务核算与管控需求如下：

● 财务部门对事业部或者分（子）公司的经营活动（采购、生产、销售等）进行实时反映、核算、控制，并提交财务报告。

● 财务部门提供双向信息：一方面为事业部或者分（子）公司各级管理者提供事业部或者分（子）公司、员工的财务报告和评价信息；另一方面从集团管理的视角按照纵向价值链的管理需求，为集团提供财务报告和评价信息。

从纵向视角看，集团的财务核算与管控需求如下：

● 集团财务部门负责编制多角度的财务报告；除了编制对外的财务报告（资产负债表、利润表、现金流量表），还需要收集下属成员的财务信息，并按照员工、业务群组、业务线、经营板块等提供内部的管理和控制报告。

● 集团财务部门负责对集团重大经济活动进行监控，并合理配置整个企业集团的资源。

【案例6—2】 **联想集团的矩阵型组织结构** ▶▶▶▶▶▶▶

经过 30 多年的发展，联想集团已经成为一个大型企业集团，2013 年营业额达 2 440 亿元，总资产达 2 070 亿元，截至 2014 年 9 月，员工达到 65 385 人。其组织结构从 U 型转变为事业部型，之后从事业部型转变为矩阵型，如图 6—4 所示。

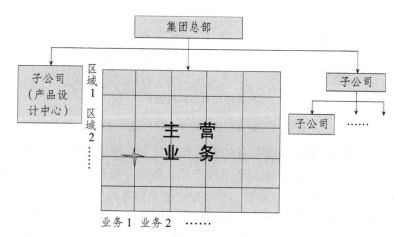

图6—4 联想集团的矩阵型组织结构

从图中可看出，联想集团主营业务按照横向是区域组织、纵向是业务群组的标准形成矩阵型组织结构。为了实现矩阵型管理，联想花了几年的时间构筑网络环境，使得所有经济业务均来自前端，当经济业务发生时，会计凭证模板自动生成会计凭证，消除了财会部门二次录入凭证的工作，实现了整个集团信息实时传递、共享。这为集团弹性的管理需求提供了技术保证。

从财务核算、控制和报告看，集团的财务核算与管控需求如下：

● 战略层面，集团董事会和最高管理层承担组织结构、公司目标、营销策略、财务策略、长期计划等方面的责任。

● 战术层面（如图 6—5 所示），区域组织高级管理人员在区域资产处置、资金调拨、经营过程控制等方面承担责任的同时，集团从纵向业务群组的角度承担此类业务的审批权。

● 业务层面，突破了法人概念，横向组织的财会部门按照横向区域出具报表，对会计信息的准确性、可靠性承担责任；集团财务部门利用集成的 IT 环境从各个法人实体处收集信息，按照业务群组出具纵向报表，对会计信息的准确性、可靠性承担责任，并在横行和纵向上共同承担控制责任。

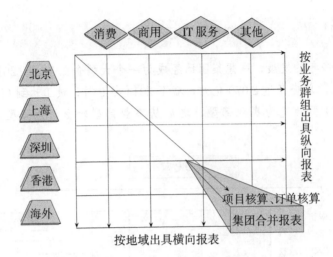

图6—5 财务核算、控制和报告矩阵视角

● 财务控制权方面，集团财务的纵向控制权大于横向组织的控制权。例如，集团财务需要从企业集团管理的要求按产品（如某一系列产品、单一产品）、按某一特征（如订单、项目、小组）、按业务（独立核算的单位）、按群组（某些独立核算的单位）、按公司或集团进行多视角的分析，并实施财务控制。又如，集团财务通过制定控制制度来规范整个集团的控制体系并从横向和纵向实施控制；根据标准值的设定进行警告控制；根据项目计划进行费用支出控制；根据合同付款条款进行付款或费用支出的控制；通过系统设置权限，对查询数据范围进行控制；设定签字权限审批规范，对费用的支出、合同的签订，通过上一级审批方式进行控制。

6.2.4 财务共享服务的组织设计与管控

随着企业集团的发展和壮大，企业集团的组织结构也不断发生变化。为了使财务部门能够核算、控制和报告不同组织的财务状况和经济成果，近年来一些跨国企业集团开始探索，将分散在企业集团不同公司、业务单元、集团总部中的财务部门分离出来，设立财务核算共享服务中心，由这个中心为全集团不同的业务单元、公司、项目等核算单元提供财务核算和报告。图6—6为财务核算共享服务中心示意图。

财务核算共享服务中心不因企业集团组织形态的变化而变化，它是一个独立于业务单元的财务组织，并通过网络跨越时空地为全集团提供实时、高效、低成本的服务。

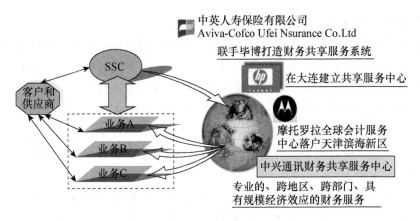

图 6—6　财务核算共享服务中心示意图

6.3　集团统一的核算制度设计

在传统的核算模式下，由于集团企业下属单位的会计核算基础不统一、不规范以及内控制度不健全，造成会计信息核算的口径不一致，成员之间会计信息不可比，汇总的信息不正确，集团无法正确掌控下属成员的信息，很难对下属企业实施财务监控。在 IT 环境下，一般通过定义和映射组件，对集团的会计核算政策（如存货计价方法、退库成本、固定资产折旧分配周期、折旧方法、坏账计提方法等）、会计科目体系、内控制度、核算流程、控制权进行设计，固化在共享的 IT 环境中，使得全国各地的分（子）公司通过网络共享集团的统一会计核算基础和内控制度，并有效地贯彻和执行，提高会计信息的可比性和一致性。下面就几个关键问题进行讨论。

6.3.1　集权与分权的"控制权"的设计与配置

随着市场经济的发展，我国企业集团呈规模化发展之势，企业发展越快、规模越大，管理和控制问题就越突出。为了提高企业集团的会计管理水平，有效地控制集团成员的资金、费用，支持集团或总部的管理决策，很多公司在集权和分权"控制权"的选择上犹豫不决。

集权与分权中的"权"主要是指管理权，表现在生产权、经营权、财务权和人事权等方面。

事实上，对于企业集团来讲，不同的战略，在不同的发展阶段，集权与分权的"控制权"选择和"权度"的安排也不尽相同。集团管理软件能够很好地支持企业集团就集权与分权作出选择。

在集中核算模式下，所有分（子）公司的财务信息都集中于集团的 IT 环境，各种财务制度、流程、模型等也可以保存在 IT 环境下的数据库中，并且集团财务部门可以通过定义组件（参数配置）将财务核算政策、资产折旧政策、薪酬政策、费用报销政策等设置在企业集团的不同组织层次（分（子）公司/事业部）上，即在不同控制层面上设置控制参数，并保存在数据库中；实施控制时，系统自动识别控制政策，指导、约束企业集团成员的行为，从而实现企业集团期望的集权或分权控制。

在集中核算和报告模式下，如果企业集团希望采用集权管理和控制方式，则会由集团出台各种政策，不允许下属成员单位修改，使所有成员都在系统的监督和控制下，严格按照上述政策执行，在业务的组织、管理、执行和控制等方面实现高度集中。由于集中核算和报告模式建立在集成的 IT 环境中，集团总部和分（子）公司的信息实现实时共享，因此，行政集权下的决策效率低下问题可以得到有效解决。如果企业集团为了调动分（子）公司或者事业部的积极性，将不同的政策和控制设置在不同的层级，就可以有效地实现集权与分权相结合的控制模式。图 6—7 举例说明了这一点。

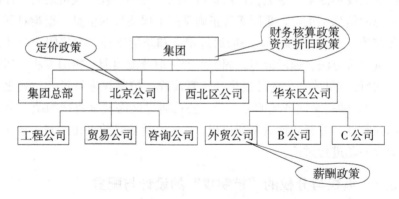

图 6—7　集团组织结构与控制权关联的配置

从图中可知，该集团拟实施统一的财务核算政策和资产折旧政策，则在集团层面上设置控制参数，这样集团可以对所有成员就财务核算和资产折旧进行控制；二级分公司（或子公司）北京公司需要特殊的销售政策，则可以在此层面上设置参数，这样二级分公司可以对其下属的三级、四级孙公司等进行销售控制；孙公司（并且是末级公司）是一个外资企业，有特殊的薪酬政策，则可以在此层面上设置参数，这样该公司的管理者可以对薪酬进行控制。

6.3.2 集团与分（子）公司会计科目体系的设计与设置

会计科目在账务处理中用于对经济业务进行分类，是某类经济业务的分类标志，是核算的基础。因此，对于企业集团而言，制定统一的会计科目体系，就能够保证整个集团经济业务分类的一致性和可比性，保证资产、负债、所有者权益、收入、费用、利润等要素确认的唯一性和一致性。但是，企业集团是经济利益的联合体，不同的分（子）公司所处的行业不同、性质不同、核算的要求不同，其会计科目体系也就不同。

【案例6—3】　　　　　**某企业集团设置的会计科目体系**　　▶▶▶▶▶▶▶

某多元化企业集团制定了统一的会计科目体系，该科目体系涵盖了集团的所有业务。但是集团成员属于不同行业，如有些分（子）公司属于制造行业，有些属于建筑行业，有些属于服务业。因此，要求集团财务管控应该具备财务战略映射组件，可以根据分（子）公司所在行业的需求，从集团科目体系中选择符合该行业需求的子科目体系，并将其映射到相应的分（子）公司，以满足不同法人实体的财务管控需求，如图6—8所示。

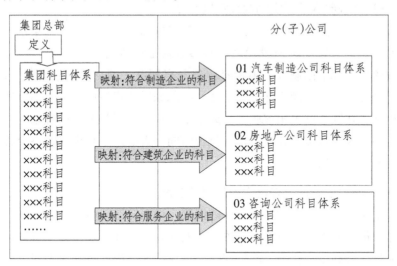

图6—8　会计科目体系的映射示意图

在集中核算和报告模式下，既要制定集团统一的会计科目体系，保证整个集团经济业务分类的一致性和可比性，又要体现分（子）公司核算的特殊性。其解决问题的策略如下：

● 企业集团总部财务部门首先了解集团成员单位的经济业务、会计科目体系的建立要求，然后设计能够涵盖整个集团经济业务分类的会计科目体系。

● 集团财务通过集团管理软件的定义组件将整个集团的会计科目体系保存在共享数据库中。

● 各个分（子）公司根据所处行业的性质和核算要求，通过映射组件将满足本公司核算要求的会计科目映射到相应的分（子）公司，在集团统一的科目体系的基础上，根据精细核算的需要，增加下级科目，保证整个集团会计核算口径和会计科目体系的一致和规范。

6.3.3 集团内部控制制度的设计与配置

在非集中核算模式下，由于缺少有效的集成 IT 环境的支持，集团成为制度的倡导者，下属成员单位成为制度的设计者和执行者，集团制定的内部控制制度在下级单位无法得到有效的贯彻执行。在集中核算模式与共享服务模式下，集团管理软件提供定义组件支持集团参数设置、权限设置、审批设置、预警设置，将其保存在数据库中，在制度上和权限上加以落实，从而保障内控制度在整个集团的贯彻和执行。

1. 通过系统参数强制贯彻内部控制制度

一般来讲，集团管理软件支持很多控制参数的设置，参数分为集团级参数和公司级参数，可由集团统一设置。这些参数对业务处理流程和相关操作进行控制，有效落实内部牵制制度、不相容职务分离制度。如：在业务流程中，制证、审核权限分开，从而贯彻相互牵制制度；在总账凭证审核中，本人不能审核自己提供的单据，强制贯彻不相容职务分离制度；在应收账款中，设置录入人和审核人是否为同一人，审核人和反审核人是否为同一人等，一旦设置，整个集团的成员不得修改，只能执行。

2. 以严格的权限设置来落实内部控制制度

一般来讲，集团管理软件支持权限设置，可以按照人员、角色分配权限，保证各操作人员在职责范围内进行相关业务处理，提高数据安全性。可以设置的权限有：人员权限和角色权限、功能权限、主体账簿权限、数据权限等。

3. 对重大事项的审批流设置强化事中控制

针对整个集团在运营中的重点业务通过审批流平台设置来加强控制，即通过审批人设置、审批人权限设置、审批流程设置、审批管理制度的制定和执行，以减少运营风险。

【案例6—4】　　　　　　　　　　某集团的纵向审批管理

　　某集团按照产品线（业务板块）进行纵向审批管理。当南京冰箱厂、无锡冰箱厂、青岛冰箱厂等冰箱厂发生经济业务时，由业务人员提交单据给本级的领导审批，同时需要上级冰箱事业部领导审批。因此，集团财务管控软件需要支持跨地区、跨成员单位的网上审批业务，通过战略定义组件定义整个企业集团的组织结构、人员构成、多级审批制度、控制机制等，以满足企业集团财务管控的需求，如图6—9所示。

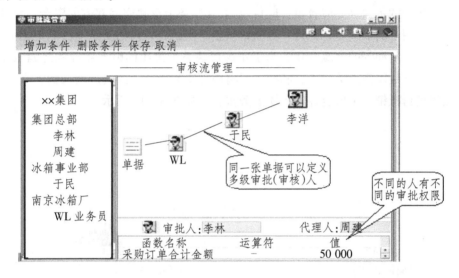

图6—9　某集团将纵向审批制度嵌入 IT 环境示例

6.4　集团成员之间的内部交易协同与控制流程设计

　　随着科学技术的发展，企业的经营在地域上不断扩大；企业致力于开发新产品，开拓新市场，并向前、后环节渗透，将生产、分配、销售和其他经济活动过程结合起来；同时，随着经营的多元化，企业涉及的领域也不断扩张。这种纵向一体化和横向一体化的发展，使得在企业内部相互交易变得十分普遍。具体到集团公司内部，主要有以下五种内部交易：

- 实物商品转移交易；
- 劳务服务转移交易；

- 无形资产转移交易；
- 资金拆借转移交易；
- 租赁转移交易。

6.4.1 内部交易对企业集团财务管控的影响

集团成员单位的内部交易促进了集团内部资源的利用和各主体的协同，同时使得企业集团财务管控与单一企业相比有了很大的不同。一方面，集团成员单位的内部交易改变了内部交易成员单位的资产、负债、收入、费用等，在交易过程中产生相应的单据（如应收单、应付单），在财务上反映交易双方的资产、负债、收入、费用等的增减变化；另一方面，从整个集团看，内部交易不影响集团的资产、负债、利润等的增减变化，为了正确反映整个集团的财务状况和经营成果，需要在编制集团资产负债表、利润表时将内部交易所产生的资产增加额、利润增加额等进行抵销，生成合并的集团财务报告，如图6—10所示。

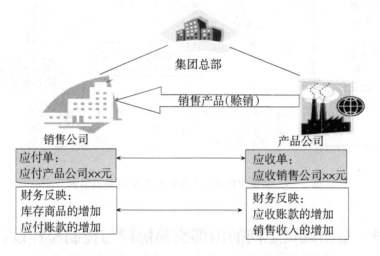

图6—10　集团成员单位的内部交易示意图

然而，企业集团成员单位之间进行的内部交易，因双方入账的时间不一致、入账的科目不对应等原因，会导致月末内部交易对账困难重重，交易双方需要耗费大量的时间和资源寻找对账不平的原因，进行调账；与此同时，由于对成员单位内部交易的反映不正确、不及时，又给集团合并报表的编制工作造成了巨大影响。

在集中核算模式下，企业集团的成员单位都在共享的IT环境中，因此，集团CFO团队可以利用集团管理软件制定内部交易的协同策略：优化流程，提高内部交易的协同效率；进行协同凭证设置，实现内部交易数据的自动生成；建立集团内部交易的对账规则，解决企业集团成员之间对账难的问题，为企业集团正确反映整体财务状况和经营成果提供支持。

6.4.2　优化流程促进内部交易有效协同的策略

在企业集团内部成员单位比较少的情况下，反映内部交易的财务流程比较简单，实现内部交易单据协同处理比较容易。但是，当企业集团内部成员单位很多（几百个），内部交易业务很多，内部交易错综复杂，内部交易单据的生成、传递、转换、记账以及两个内部交易单位的对账等财务流程就变得更加复杂，企业集团内部交易对账难的问题就更加凸显。因此，集团 CFO 团队应该在集成的 IT 环境下优化流程，从理论层面上提出内部交易有效协同的策略。对于不同的企业集团来讲，优化哪些流程、如何优化流程不尽相同，CFO 团队应该认真分析自身企业集团内部交易的财务流程，找出那些非增值环节，以价值链理论为指导，按照 ESIA 的原则优化流程。下面，我们通过一个案例阐述优化流程促进内部交易有效协同的策略。

【案例 6—5】　　　　　　　某公司内部交易协同的实践

> > > > > > > >

某公司的生产事业部向销售公司销售商品，并向销售公司开具销售发票。随着企业规模的不断扩大，原生产事业部扩展为洗衣机事业部、冰箱事业部和空调事业部，这三个事业部承担生产产品的任务。因此，开具销售发票的任务被细分到三个事业部的财务部门。

再造前的内部销售与财务流程

- 三个事业部生产的产品分别入自己的仓库；
- 三个事业部的仓库根据销售公司提供的销售订单发货出库；
- 三个事业部的财务部门分别根据出库信息开具销售发票；
- 记账人员根据销售发票和出库信息等编制记账凭证，反映应收账款的增加和销售收入的增加，登记账簿，并将结果保存在各个事业部的数据库文件中；
- 各事业部分别将销售发票邮寄给销售公司；
- 销售公司接收发票；
- 财务人员判断发票正确与否，如果正确，根据发票等编制凭证，反映本公司应付账款的增加和存货的增加，审核并记账，将信息保存在销售公司的数据库中；如果不正确，退回并与事业部进行交涉。
- 月末，三个事业部财务部门都要与销售公司的财务部门进行账务的核对，如果账账不符，还需要花大量时间查找原因。

以上流程用跨功能流程图进行描述，如图6—11所示。

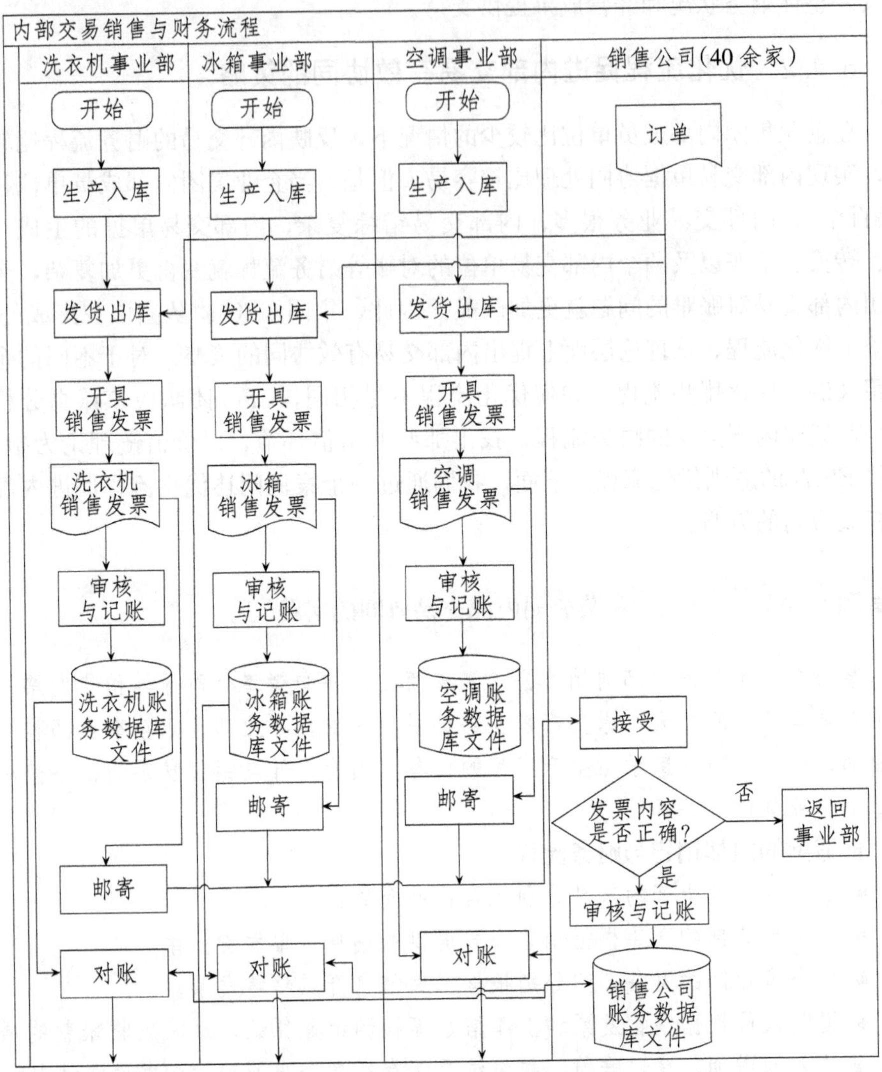

图6—11 集团内部交易流程图

从上述流程图可以看出，每个生产型事业部都需要分别获取出库信息；分别向销售公司（全国有40余家）开具销售发票和邮寄邮件，为了及时让交易对方获得记账依据，缩小交易双方的入账时间的差距，邮寄发票的频率和费用大大增加；分别形成与40家销售公司的应收账款，并和40家销售公司进行应收账款的核对。一旦某一环节出现问题，不但不容易查明原因，而且会造成应收账款不能及时收回，资金短缺，从而影响所有事业部的工作效率。因此，这种集团内部交易的财务流程已经无法满足企业集团财务管控的需要，CFO团队需要进行流程优化，解决内部交易过程中出现的新问题。

流程再造与改进后的流程

按照ESIA自动化原则，在信息技术的支持下，实现应收与应付的同步生成、实时传递和共享。图6—12给出了再造后新的流程。

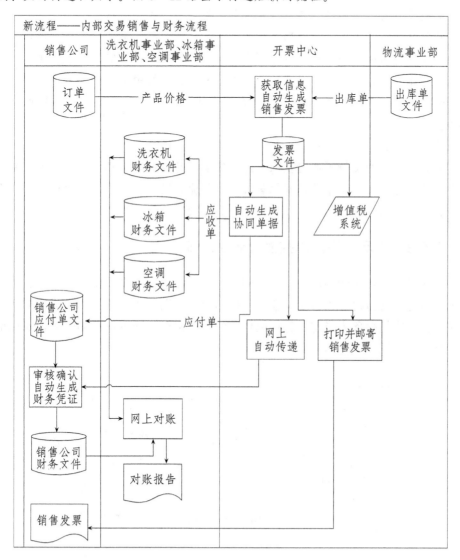

图6—12　再造后的新流程

改进后的开票流程如下：

● 当产品出库时，确认销售实现，开票中心从物流事业部获取出库单信息，从销售公司获取价格信息，自动生成销售发票，并将销售发票保存在发票文件中；

● 根据发票自动、同步生成协同凭证——生产型事业部的应收单和销售公司的应付单，并通过网络实时传递到相应的单位；

● 将发票自动传递到"增值税系统"为税务部门提供信息；

● 销售公司、生产型事业部同时得到网上传来的应付单和应收单，确认后自动生成销售公司的财务信息，保证两个内部交易的单位往来信息的一致性；

● 期末，票据中心打印发票，并邮寄给全国各地的销售公司；

● 销售公司和生产型事业部分别在网上进行对账，保证数据的一致性和准确性。

在新的流程中，开票中心全权负责开票工作，以及应收应付时点的确认等工作。在信息技术的支持下实时获取信息、传递信息、共享信息，实现财务业务一体化运作，并为生产型事业部和销售公司提供优质服务。这不仅大大提高了内部交易信息的相关性、一致性、正确性，而且大大降低了运营成本。

6.4.3　IT 环境下的单据协同处理策略

为了解决企业集团内部交易的协同处理，集团管理软件提供定义组件、信息获取组件等，支持财务人员定义业务单据的协同规则，为系统自动生成协同单据提供保证；支持财务人员定义凭证模板，为系统根据协同单据自动生成记账凭证提供保证（如图 6—13 所示）。

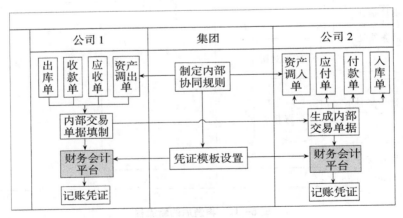

图 6—13　IT 环境下的单据协同处理策略

1. 通过定义组件设置集团内部交易的日常业务的单据协同规则

通过定义组件设置集团内部交易的日常业务的单据协同规则，其目的是告知系统在处理内部交易业务单据时，根据规则直接触发并生成对方相关单据。一般来讲，协同处理的单据主要包括：

- 出库单→入库单；
- 应收单→应付单；
- 收款单→付款单；
- 固定资产调出单→固定资产调入单；
- ……

2. 通过定义组件在动态会计平台上设置相应的凭证模板

通过定义组件在动态会计平台上设置相应的凭证模板，其目的是告知系统将相应单据自动转化成记账凭证的规则，从而保证系统能够自动根据内部交易各方的业务单据，通过动态会计平台生成协同记账凭证。

3. 协同处理过程的基本原理

内部交易双方发生经济业务时，系统根据定义的单据协同规则自动生成协同单据，并通过网络传递给内部交易的双方，经确认后生成内部交易协同单据，并将双方单据保存在同一数据库中；系统根据定义的凭证模板自动生成双方的记账凭证，并保存在同一数据库中。IT 环境下的内部交易处理过程，从根本上保证了集团交易双方的单据、入账金额、入账科目等的一致性、及时性和准确性，进而解决了集团内部交易对账难的问题。

6.4.4　跨组织的费用预算控制流程

当企业集团形成合力与竞争对手抗衡时，企业集团内部各个分（子）公司之间、部门与部门之间将越来越紧密地合作，通过集团内部的资源合理配置，来提高企业集团的响应速度和竞争力。

下面以 H 集团为例阐述设计思路。H 集团参与国际重大项目的竞标，为了成功夺标，集团选出内部最具有实力的成员单位组成了竞标团队，由研发能力最强的研究院 A、施工效率最高的施工企业 B、国际服务能力最强的售后服务公司 C、国际化业务能力强的国际贸易公司 D 组成。竞标费用由公司 D 承担。此时，跨组织的费用预算控制流程的设计显得非常重要。

（1）跨组织的费用借款与报销审批流程。跨组织的费用借款与报销审批流程设计如图 6—14 所示。报销人（借款人）来自不同地区或者城市的分（子）公司

A/B/C，参与集团竞标业务，不仅需要本公司或者部门领导审批，而且需要通过网络将信息跨越时空地传递给费用承担单位的管理者审批，同时还需要经财务核算部门或者财务核算共享服务中心审批。每一位审批者都根据集团统一的制度对费用预算进行审批，一方面在网络环境下保证业务协同运作，另一方面在预算的指导下保证业务在借款环节的事前控制，在报销过程中的事中控制。

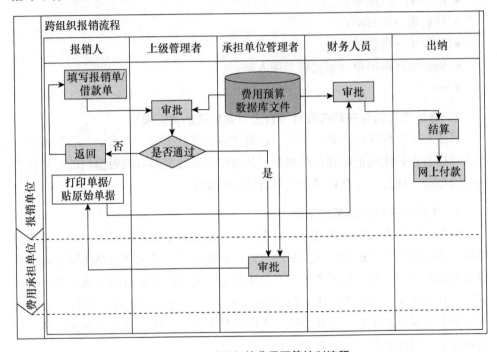

图6—14 跨组织的费用预算控制流程

（2）预算控制的类型和方式。无论是财务集中核算模式还是共享服务模式，都在集团制定统一的费用预算，并将预算嵌入共享数据库，预算信息为集团所有成员单位共享，并作为费用控制的依据。不同分（子）公司、不同级别、不同部门的管理者都只有审批权限，可以从数据库中获得预算信息，并进行审批控制。

● 控制类型：分为"柔性控制"与"刚性控制"。柔性控制是指在不符合预算的情况下，信息系统会自动给出提示信息，审批者可以根据主观判断完成审批。刚性控制是指在不符合控制要求时，信息系统自动给出提示，并且不允许审批人根据主观判断完成审批，而是严格根据系统中预算数与实际数的对比，自动给出审批结果，这使得公司的预算得以有效执行。在 IT 环境中，企业集团可以将业务分类，并通过设置，将柔性控制和刚性控制有机结合，保证预算控制有效。

148

● 控制方式：按照总额控制：对所选择的控制对象要求借款（报销）的合计总额不能超过所设置的金额，一旦超过，按对应的控制类型（提示、不通过）进行相应处理，在借款（报销）单据保存、审批时执行该控制规则；按照单据张数控制：对所选择的控制对象要求录入的单据数量不能超过所设置的张数，超过时，按对应的控制类型（提示、不通过）进行相应处理，在单据保存、审批时执行该控制规则；按照天数控制：针对所选择的控制对象，要求在所设置的天数之前提示还款（报销），日期为单据审批/生效日期加上设置的借款天数后对应的日期，超过还款日期时，按对应的控制类型（提示、控制）进行相应处理，在借款单据保存、审批时执行该控制规则。

6.5　集团多视角动态查询与财务报告

在集中核算与管控模式下，整个企业集团实现了信息集成和集中核算与管控，因此，可以利用集团管理软件建立查询模型，并通过查询与报告组件，实时查询和生成集团法人成员单位财务报告、集团对外财务报告以及各种内部管理报告。此外，借助网络可以实现从报表→账簿→凭证→业务的穿透查询。

6.5.1　成员单位的对外财务报告

在集中核算与管控模式下，企业集团实现了信息集成和集中核算与管控，因此，集团所有成员单位的财务信息都集中在总部的数据库中。此时集团财务人员只需要提供单位代码、查询报告日期段、报告名称等，管理软件就会实时获取信息、组织信息、展现信息，并将生成的财务报告显示出来。于是，可以通过财务报告了解企业的财务状况和经营成果，发现异常信息，及时进行有效的监控。

6.5.2　集团对外财务报告

集团对外报告的生成比单一法人对外报告的生成要多几个环节，即首先要对成员单位内部交易活动进行对账、抵销内部交易，然后才能生成正确的合并报表。因此，集团管理软件提供定义组件、信息获取组件等，支持集团财务人员定义内部交易抵销规则，并通过信息获取组件从共享数据库中获取内部交易业务单据，在按照相应规则生成抵销结果的基础上，生成合并报表，如图 6—15 所示。

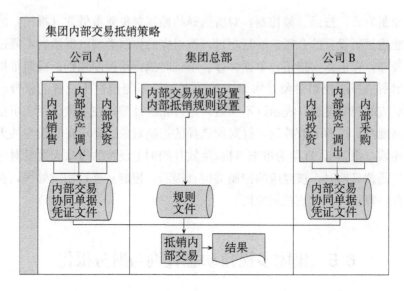

图 6—15　集团内部交易抵销策略

6.5.3　集团多视角管控报告

在集中核算与管控模式下，企业集团实现了信息集成和集中核算与管控，因此 CFO 应该从集团管理的视角设计更多的管控报告，并通过管理软件实时提供，以提升集团总部的管理和监控水平，如图 6—16 所示。

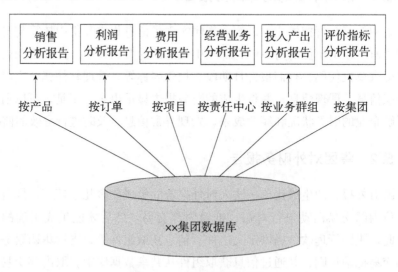

图 6—16　多视角管控报告

第 7 章 / Chapter Seven

企业集团资金与金融资源管控策略

People

Technology

Process

　　资金是企业的血液，健康的资金流对于企业集团的生存和发展至关重要。然而，在企业集团的发展过程中，由于其下属成员众多，地域分布广泛，出现了账户林立、管理失控、"双高"现象①严重、资金使用效率低下等问题。特别是随着"走出去"战略的实施，越来越多的企业集团在海外拓展业务，进出口业务逐年增加，同时国际金融市场的风云变幻大大增加了企业集团的财务风险。国内外先进企业集团的管理实践证明：制定信息技术和资金管理创新相结合的管控策略，有助于从资金分散管理向资金集中管理转变，从资金集中管理进一步向金融

---

　　① 在分散管理模式下，企业集团一些内部成员拥有的大量资金沉淀在众多商业银行，而另一些分支机构在资金运用上存在缺口，以高利率向当地银行大量贷款，使得企业集团的银行存款和贷款显现"双高"。

资源管理转变，即企业集团的司库通过网络跨越时空统一管理金融资源，在全集团不断提高资金的使用效率，优化金融资源配置，降低资金成本，有效控制财务风险，支持企业集团的健康发展。

本章主要学习和掌握：

● 理解资金与金融资源管理理念
● 辨识资金与金融资源管理组织
● 构建企业集团资金池
● 通过资金计划、资金调度与结算流程设计提高资金和金融资源的管控能力

7.1　企业集团资金与金融资源管控的整体规划

【案例7—1】　　　　资金链紧紧卡住了顺驰集团的脖子　▶▶▶▶▶▶▶

2006年9月发生了一件轰动财经界的大事：在三年前的住交会上，顺驰集团孙宏斌曾满怀信心地表示："2004年顺驰集团的销售额将突破百亿元。"到2006年9月，顺驰集团在全国16个城市拥有42个项目，却在土地价格飙升的情况下，以12.8亿元的价格将55%的控股权转让给了一家香港公司——路劲基建联合体，如图7—1所示。

顺驰集团全国化战略示意图

路劲基建有限公司
ROAD KING INFRASTRUCTURE LIMITED

路劲基建有限公司是一家专注投资、发展、经营和管理内地收费路桥的香港上市公司。路劲在中国八个省参与超过20个收费公路和桥梁项目，公路总里程约1 100公里。2004年，路劲开始涉足中国房地产业，开发房地产项目总建筑面积约160万平方米。

图7—1　资金链案例示意图

对路劲基建来讲，12.8亿元未必能拿到一块地，却"轻取"了整个顺驰集团55%的控股权。由于认购过程手续复杂，时间较长，顺驰集团要求路劲基建先贷款5.7亿元（贷款利率为12%），以加快实现控股权转让。是什么原因让路劲基建"轻取"了整个顺驰集团55%的控股权？答案是：越来越紧的资金链勒

住了顺驰集团的脖子，顺驰急于融资解困。

健康的资金流是企业生存和发展的基础，从维护整个集团正常经营运行的角度来看，集团管理者更要注重集团整体资金流的均衡稳定，保持与集团经营需求相匹配的适度资金，并通过 CFO 团队对资金流进行预测、监督、控制和分析，动态掌控企业集团的资金流量、流速和存量，支持企业集团的健康发展。

7.1.1　理解资金与司库管理创新的理念

1. 企业集团发展过程中的资金管理问题与思考

中国企业集团的发展历程比较短，1992 年企业集团在工商管理局可以注册，之后如雨后春笋般涌现出来，并得到了快速发展。然而，快速发展的企业集团遇到了前所未有的难题：虽然企业集团成立了，但是各个分（子）公司单打独斗，资金管理各自为政，集团资金资源配置效率非常低。企业集团发展初期，由于金融改革开放刚刚开始，很多政策还未放开，特别是现行制度规定，企业之间不允许拆借资金，因此集团成员单位之间的资金拆借也是不允许的。在这种背景下，企业集团的资金管理只能采用分散管理模式，即企业集团成员单位根据自身经营需要在商业银行开设账户，有独立的资金管理权、筹资权、投资权等，资金分散管理模式制约了企业集团快速发展。一些企业集团在资金分散管理模式下出现了严重的问题，迫使 CFO 团队必须思考以下问题：

● 如何及时掌握集团及下属企业的现金流量、流向与存量，防止资金体外循环？多数企业集团仍然按照传统的多法人组织结构对成员单位进行资金或者金融资源的管理。由于企业集团内部下设多级法人，其分支机构在地域分布上比较分散，造成了企业集团资金分散、账户林立。成员单位的资金信息通过逐级上报的方式传递到集团管理层，一方面无法避免在信息传递过程中出现的信息失真，另一方面资金信息滞后使得集团无法掌控成员单位的资金运作，难以有效防止资金体外循环。

● 如何对成员单位的资金进行统筹规划，平衡资金需求，解决"双高"问题？"双高"问题导致集团的优势无法有效发挥，内部资金使用效率低下，财务费用居高不下。

● 如何减少企业因内部交易而产生的不必要的资金流动，降低资金使用成本？为了发挥集团企业的规模优势，集团下属成员单位之间通常存在大量的内部交易，在传统的资金管理模式下，集团内部的交易结算引发在商业银行成员单位结算账户之间的资金实际调拨，不仅占用了大量资金，而且增加了结算费用，导致资金使用成本高。

2. 从资金分散管理到资金集中管理

面对资金管理过程中的问题和新的管控需求，一些企业集团开始引入资金集中管理的理念。资金集中管理是指将整个集团的资金归集到集团总部，在集团总部设立专职部门代表集团公司实施对资金的统一调度、管理、运用和监控。通过资金的集中管理，企业集团能够实现集团范围内资金的整合与调控，充分盘活资金存量，有效提高资金使用效率，降低财务成本和资金风险。

作为独立法人的各（子）公司将资金纳入集团母公司统一管理，应有其法律基础。集团母公司作为出资者，依据财产所有权，对子公司实行资本控制。因此，集团母公司财务控制的法律依据就是出资者的资本控制。资金集中管理作为财务控制的有效手段，正是建立在集团母公司的资本控制的基础之上。

由于资金集中管理在优化资源配置、防范风险等方面有明显效果，财政部等政府部门将资金集中管理有关要求写入财经法规和制度，并予以积极的倡导和推进。比如，财政部《关于加强国有企业财务监督若干问题的规定》（财工字[1997] 346 号）中对于资金集中管理是这样描述的："有条件的企业，要逐步建立资金结算中心，统一筹集、分配、使用、管理和监督资金活动"；《企业财务通则》规定："企业集团可以实行内部资金集中统一管理。但应当符合国家有关金融管理等法律、行政法规规定，并不得损害成员企业的利益。"近几年来，资金集中管理也得到国资委的高度重视，《中央企业总会计师工作职责管理暂行办法》中明确规定：总会计师应"制定资金管控方案。组织实施大额资金筹集、使用、催收和监控工作，推行资金集中管理"。由此可见，资金集中管理符合国家现行法律、法规，也是当前环境下企业集团加强管控、应对危机应积极采取的有力措施之一。

随着互联网的发展与普及，网上银行（Internet banking）作为一种新型的客户服务方式迅速成为国际银行界关注的焦点。网上银行是银行为其客户提供服务的新手段，把纸质资金变成了在网络中流动的信息，并利用互联网技术为客户提供综合、统一、安全、实时的金融服务。网上银行最早起源于美国，之后迅速扩大到互联网所覆盖的各个国家。在我国，中国银行、中国工商银行等商业银行纷纷推出网上银行业务，为企业集团提供以下网上银行服务：企业集团网上账户统一管理、网上资金结算、企业集团母子公司网上资金的逐级自动归集，等等。企业集团的资金管理中心（结算中心、内部银行等）可以通过网络与商业银行的网上银行紧密联系，获取外部商业银行的产品和服务支持，加强对集团资金的整体调控能力，降低集团资金运作成本，有效控制财务风险，促进集团内成员单位协同发展，从而极大地提升企业集团的整体竞争力。一些勇于创新的企业集团（如中石油集团、中远集团等）纷纷开展资金集中管理模式的创新，资金集中管理模式很大程度上解决了企业集团发展过程中的资金管理问题。

3. 从资金管理到金融资源管理

20 世纪 90 年代后期，伴随着经济全球化的深入和跨国企业集团在全球的扩张，为了满足跨国经营的需要，金融产品推陈出新，从单一的资金扩展到了电子货币、保函、信用证、短期融资券、股票、基金、掉期、远期外汇等金融产品，使得企业集团内部资本市场管理的对象越来越复杂。特别是国际金融市场瞬息万变，给企业集团金融资源的风险管理提出了新的挑战。另外，以互联网技术、移动通信技术、云计算技术等为代表的信息技术的快速发展以及在资金和金融资源管理方面的深度应用，推动了企业集团进一步探索管理模式创新。

一些跨国企业集团在引入现代化管理手段的同时，开始对原有资金管理体系进行重新设计。特别是在 1993 年之后，西方很多企业集团进行了公司业务流程重组，在此基础上，一些企业集团将原来的现金管理部从财务部独立出来，成立了与财务部平行的企业司库组织——金融资源管理组织，称为金融资源管理中心或者司库。世界 500 强中的通用电气、英国石油公司、IBM、戴尔等企业集团成立了金融资源管理组织——司库。表 7—1 描述了企业集团资金管理的转变。

表 7—1　　　　　　　　　　企业集团金融资源管理的转变

	传统角色	转变方向
1	确保业务的现金需求得到满足	管理整个集团的经营现金流
2	预测未来现金流的时点和数量	以全球视野实时调度和控制整个集团的资金流
3	集团资产和负债的管家	管理银行关系，制定长期融资决策规划
4	关注短期流动性管理和风险管理	从财务风险和运营风险层面更宏观地进行风险管理
5	后台支持部门	价值增值部门，其职责更具战略性，为 CFO、董事会提供经营建议

随着中国企业集团进一步发展壮大和更多地参与国际市场的竞争，仅仅依靠现有的资金管理中心的职能已经无法满足资金和金融资源管理的需要。因此，我国政府允许条件好的企业集团成立财务公司，同时银监会发布了《企业集团财务公司管理办法》（2006 年 12 月 28 日修订），其中的第 28 条、第 29 条就财务公司可以经营的业务范围作了具体规定。另外，根据国家外汇管理局于 2009 年 10 月

下发的《境内企业内部成员外汇资金集中运营管理规定》（汇发〔2009〕49号）指出，境内成员企业可以相互拆放外汇资金，集团可以实施外币资金池管理，成员企业可以通过内部财务公司开展即期结售汇业务。财务公司成为外汇资金集中管理和结售汇平台，具有资金归集、结算、信贷服务等基本职能，以及发行公司债券、股权投资、有价证券投资、信用证等高级职能。一方面，企业集团资金管理的对象从简单的资金转变为金融资源，特别是在企业集团"走出去"的战略背景下，各种货币汇兑、各种金融衍生品业务不断增加；另一方面，随着信息技术特别是互联网、云计算、大数据等技术的发展以及在金融行业的应用，使得资金、银行承兑汇票、债券、股票、外汇等金融资源的形态发生了根本性的变化，从实物逐渐变成互联网中流动的信息，结算和交易方式从通过实体金融机构完成逐渐变成互联网上的电子交易，结算和交易的速度从几天逐步缩短到实时，中国企业集团的金融环境正在发生前所未有的变化。

此外，随着企业集团的发展和中国金融业的改革开放，企业集团的金融资源不断发展，除了上述财务型金融资源外，还在集团下出现了实体金融资源，如财务公司、信托公司、企业银行、保险公司、租赁公司等。因此，对于成长和发展中的企业集团来讲，从资金管理发展为金融资源管理或者司库管理这一理念成为越来越多CFO的共识。

企业集团金融资源管理是指在集团总部成立专门的金融资源管理组织——司库，在互联网环境中统一调度、管理、运用和监控财务型金融资源，并通过统一协同实体性金融资源，实现产融结合并创造价值。

7.1.2　明确IT环境中资金与金融资源管控的目标与内容

不同的企业集团在不同的发展阶段对资金和金融资源管理的目标和内容不尽相同，并随着管控需求的变化而不断变化。我们根据跨国企业集团的管理实践给出其基本目标与内容。

1. 资金集中管理的目标和内容

资金集中管理的目标是：依托统一的IT环境（IT资金管理信息系统），企业集团通过建立资金管理中心，加强对集团所属企业资金的宏观调控，盘活存量资金，调剂资金余缺，加速资金周转，降低财务费用，促进资源的优化配置。资金集中管理是金融资源管理的基础，强调流动性管理，其管理的内容主要包括：

● 统一资金池：建立全集团统一资金池，实现全集团资金集中管理和统一调配。

- 统一资金计划：集团统一管理收支计划，提高头寸预测精准度，将其作为确定营运资金总量的依据，通过逐笔、逐项两种方式实现要素化管理，对支出进行过程控制。
- 统一结算管理：依托内部结算账户，通过财务公司平台实现统一的内部封闭结算；依托总分联动账户和财银财企直联技术进行统一的外部结算，资金实时上划至资金池，在组织结构不变的前提下，提高结算集中度，实现账户结构扁平化。
- 统一收支管控：利用现代信息技术，实现收入源头控制、支出过程控制，对所属各层级资金动向实施穿透式监控，重点业务敏感性支出自动预警。
- 统一建立信息系统：在全集团选择统一的资金管理软件，配置支持流动性管理的组件，并协同银行建立银企直联系统。

2. 金融资源管理的目标和内容

金融资源管理的目标是：依托互联网的 IT 环境（金融资源管理信息系统平台），企业集团通过建立金融资源管理组织——司库（包括结算中心、支付中心、风险管理中心、投融资中心等），统一管理现金、保函、信用证、债券、远期外汇等财务型金融资源，统一管理实体型金融业务，有效控制金融风险，保障生产经营需要，以融促产，实现产融结合，提升企业集团的核心竞争力。随着互联网金融的快速发展，层层建立组织开展金融业务的理念已经落后，共享服务的理念被引入，集团总部下的共享服务中心通过互联网实现其服务。金融资源管理的主要内容包括：

- 流动性管理：在司库组织中，进一步引入共享服务的理念，建立支付中心、结算中心等为全集团分（子）公司提供统一支付、统一结算等服务，通过网络实现跨越时空的资金流量、流速和存量的实时管控，实现集团全球资金的统一配置，有效调剂内部余缺，最大限度地降低集团持有的净头寸。
- 投融资管理：在司库组织中建立全球统一的融资中心，以全球化的视野与金融企业合作伙伴进行合作，通过网络动态获取不同国家分（子）公司对资金和金融资源的需求，在全球金融市场选择具有成本优势的金融资源，筹措金融资源，并为分（子）公司提供服务。成立投资中心，通过网络与金融机构合作，进行长短期投资的管理，在风险和收益的博弈中创造价值。
- 风险管理：在司库组织中根据需要设立专门的风险管理中心，在互联网环境中，以全球化的视角实时关注国际金融市场，对利率、汇率以及信用风险进行识别、计量、评估与缓释，通过金融衍生工具有效防范风险。
- 决策支持：司库组织根据集团 CEO、各个分（子）公司 CEO 以及 CFO

团队的需求，建立模型，并利用金融资源管理系统的大数据进行数据挖掘，形成支持企业集团综合分析与决策的方案，帮助决策者完成从直觉型决策向信息型决策的转变。

● 延展性业务：司库组织根据企业集团发展需要，将不断延展更多的业务，如保险业务、养老金业务、租赁业务、信托业务等，丰富产融结合的内容。

7.1.3　规划资金与金融资源管控的 IT 环境与软件资源配置

随着以互联网为代表的信息技术对金融领域的冲击和影响，资金和金融资源逐渐变成在互联网、云环境中流动的信息，因此，企业集团资金与金融资源管理的 IT 环境规划与资源配置非常重要。

1．IT 环境中的资金与金融资源管控软件架构的配置

● 定义与映射组件：定义与映射组件是指支持集团将预先制定好的统一资金与金融资源管理的战略在价值链利益相关者中实现共享以达成共识，将集团资金与金融资源管理的组织、制定、流程、模型通过定义组件嵌入 IT 环境，并通过映射组件将政策等映射到具体的分（子）公司，体现集团不同利益相关者的资金管理特性的组件。资金集中管理系统需要配置的定义与映射组件包括：定义资金或者金融资源管理组织、资金内部和外部结算账户、资金计划样表和指标、计息规则、监控机制等，并映射到整个企业集团资金管理组织，就资金与金融资源集中管理战略达成共识、实现共享。

● 信息收集与监控组件：信息收集与监控组件是指支持分（子）公司在集团数据库的管理制度、政策、流程以及相应控制机制的监控下，收集和反映资金与金融资源计划的执行信息，并对具体的资金与金融资源相关业务进行控制的组件。资金与金融资源管理信息系统需要配置的信息收集与监控组件包括：资金预测组件、资金结算组件、资金下划与上拨组件、投融资业务组件、风险管控组件等。

● 分析与评价组件：分析与评价组件是按照资金与金融资源分析和评价的准则动态展现其运行进程和效果的组件。分析与评价组件包括：资金流量与存量分析组件、资金结算分析组件、内外部融合分析与评价组件等。

2．资金与金融资源管理信息系统的应用框架

企业集团根据自身的管理需要，在考虑支持资金与金融资源管理战略的共享和共识、信息收集与监控、分析与评价等组件规划的基础上，将这些组件有机组合，构建出企业集团资金与金融资源管理信息系统的基本应用架构，如图 7—2 所示。

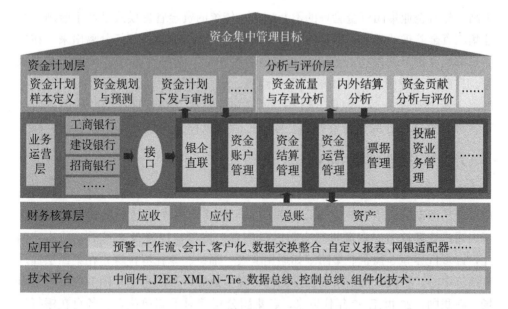

图 7—2　资金与金融资源管理信息系统的基本应用架构

一般来讲，资金与金融资源管理应用架构分为四层：

● 计划与分析层：主要包括资金计划样本定义、资金规划与预测、资金计划下发及填报、资金计划汇总审批，以及资金流量与存量、资金资源使用效率、信用风险和汇率风险等分析与评价。

● 业务运营层：主要包括银企直联、资金池与账户管理、资金流动性管理、投融资管理、信用风险与汇率风险管理、其他业务（养老金等）管理。

● 财务核算层：主要包括商业银行与企业集团之间资金的核算、集团资金管理中心与成员单位之间资金的核算。

● 应用与技术平台层：主要提供集成信息平台，并通过客户化、工作流等组件定义企业管理的组织、制度、流程等，为资金与金融资源管理模式的构建提供基础保证。

7.2　资金管理的组织

在企业集团发展的初期，集团的资金管理不太复杂，许多集团没有专门的组织来从事资金管理工作，资金管理仅仅是财务部门的一个管理职能。在传统资金管理模式下，企业集团的资金管理分散在各个成员单位，资金分散、效率低、成本高。随着企业集团资金管理的不断深入，传统的资金管理模式已经不能满足企业集团资金管理的需求，需要将资金管理职能从传统的财务部门分离出来，在集团总部成立资金管理中心或者金融资源管理中心，为整个集团成员提供共享服务。目前，从我国企业集团的管理实践看，资金结算中心、财务公司、司库等都属于资金管理中心，但是，财务公司、司库不仅具有管理资金的职能，而且有管理除资金以外的金融资源的职能，二者可以称为金融资源管理中心。

7.2.1　资金结算中心

企业集团是在市场环境中生存、发展的，当企业集团的成员单位不断增加，市场交易活动的成本过高或难以衡量时，可能将市场交易活动放到组织内部进行，通过管理权力对资源进行有目的的配置、协调，以降低交易活动成本。因此，许多世界 500 强企业集团（如通用电气、福特、摩托罗拉等）在集团层面成立结算中心，替代以前由市场提供的部分资金业务，形成企业集团的内部资金市场。在我国，20 世纪 90 年代以来，各集团公司针对下属单位多、各自在银行设立账户、资金分散、不便于集中管理和调剂使用的特点，围绕市场规模的拓展和企业实际发展的需求，组建了具有自己企业特色的资金结算中心，切实达到了强化资金管理、防范资金风险、集中资金管理的目的。在我国，结算中心是企业集团的内部职能机构，没有严格的审批条件和审批程序，在业务经营上不受央行的直接监管，特别是相对于企业集团的规模总体来说比较小，根据经济性原则，也特别适合作为一种过渡性的资金管理组织。

资金结算中心（center of settling accounts of fund）是由企业集团或控股公司内部设立的，办理内部各成员之间资金往来结算、资金调拨、运筹，以降低资金成本、提高资金使用效益的内部资金管理机构，是由集团公司引入银行机制对集团控股成员实行统一结算、集中融资的资金集中管理模式。它将银行的管理方式引入企业内部，将闲置的货币资产化、生息的资本社会化。加强资金结算中心货币资金的管理，对企业集团的发展壮大具有特别重要的现实意义。

资金结算中心的职能概括起来主要包括四个方面：资金结算、资金筹措、资金计划、资金调控。其中资金结算和资金筹措是其基本职能。

● 资金结算职能：资金管理中心归集了企业集团下属公司及各部门的银行结算账户，将下属公司及部门视同为资金管理中心的客户，负责客户经济业务收支的结算工作，原则上客户收入全部通过资金管理中心完成，限额以上的费用开支要通过资金管理中心结算。

● 资金筹措职能：为保证工程项目或重大投资所需资金、其他的所需流动资金以及偿还以前年度的负债所需资金，资金管理中心具有融资的职能。通过申请银行贷款、发行债券及股票的方式筹集资金，同时将所筹的资金以信贷方式发放给企业集团内部客户。

● 资金计划职能：为保证生产经营和建设所需资金，保证企业集团资金投放的合理性，有效地调控集团公司及各所属企业资金的余缺，资金管理中心在资金的流向流量、时间安排以及资金的平衡与调整等方面均制定了计划。

● 资金调控职能：资金管理中心以财务计划为指南，对企业集团及参与资金管理中心结算的所属企业的财务活动，尤其是对资金活动中的流量与流向、合理与合法、时间的妥当与否等实施日常监督、调节与控制。

随着互联网、云计算等技术的广泛应用，特别是与企业集团合作的商业银行网上银行业务的不断发展，结算中心的业务越来越体现共享服务的理念。企业集团的结算中心可以通过网络跨越时空为位于不同国家和地区的集团成员单位提供实时的资金结算、筹措、计划与调控服务。

7.2.2　财务公司

随着企业集团的业务发展和经营规模的扩大，结算中心已经无法满足企业集团的发展需求，因此，一些跨国企业集团纷纷成立了财务公司（financial company）。不同国家财务公司的业务内容也不尽相同。美国模式的财务公司是以搞活商品流通、促进商品销售为特色的非银行金融机构。它依附于制造厂商，是一些大型耐用消费品制造商为了推销其产品而设立的受控子公司，这类财务公司主要是为零售商提供融资服务，主要分布在美国、加拿大和德国。目前，美国财务公司产业的资产总规模超过 8 000 亿美元，财务公司在流通领域的金融服务几乎涉及从汽车、家电、住房到各种工业设备的所有商品，对促进商品流通起到了非常重要的作用。英国模式的财务公司基本上都依附于商业银行，其组建目的在于规避政府对商业银行的监管。因为政府明文规定，商业银行不得从事证券投资业务，而财务公司不属于银行，所以不受此限制，这类财务公司主要分布在英国、日本和我国的香港。财务公司在我国出现才十多年，最初是作为国家重点大型企业集团改革的配套措施之一。在我国，企业集团设立财务公司的条件很严格，2000 年 6 月 30 日中国人民银行发布《企业集团财务公司管理办法》，2004 年 3 月银监会发布新的《企业集团财务公司管理办法》（以下简称《办法》），并从该年的 9 月 1 日起实施。在具体职能分类中，除结售汇平台仅指外币业务外，其余职能均指本、外币业务。表 7—2 列示了一些重要的具体职能。

表 7—2   中国企业集团财务公司主要的职能分类及业务范围

分级	具体职能	财务公司业务范围
基本职能	资金归集	吸收成员单位的存款
	资金结算	协助成员单位实现交易款项的收付
	资金结算	办理成员单位之间的内部转账结算及相应的结算、清算方案设计
	信贷服务	为成员单位提供担保
	信贷服务	为成员单位办理票据承兑与贴现
	信贷服务	为成员单位办理贷款及融资租赁
	信贷服务	成员单位产品的消费信贷、买方信贷及融资租赁
	结售汇平台	参见《境内企业内部成员外汇资金集中运营管理规定》
高级职能	融资渠道	从事同业拆借
	融资渠道	经批准发行财务公司债券
	投资渠道	对金融机构的股权投资
	投资渠道	有价证券投资
	中间业务	办理成员单位之间的委托贷款及委托投资
	中间业务	经批准的保险代理业务
	中间业务	为成员单位办理财务和融资顾问、信用证及相关的咨询、代理业务
	中间业务	承销成员单位的企业债券

1. 财务公司的基本职能

● 资金归集：指通过财务公司提供的存款业务功能，将成员单位的资金集中到财务公司的职能。财务公司通过建立银企直联、集团网银协议的方式，定时将成员单位在主办银行结算账户的资金上划到财务公司归集账户[①]，或者由成员单位主动通过银行汇划等支付方式将银行存款存放于财务公司归集账户，形成集团本、外币资金池。成员单位对被归集到财务公司的资金享有所有权，根据上划金额，在财务公司形成其内部存款。成员单位可以在财务公司办理活期存款、定期存款、通知存款、协定存款，财务公司按照中国人民银行公布的法定存款利率对成员单位的存款支付利息，并为成员单位在财务公司的存款保密。财务公司遵守国家有关金融政策法规和集团有关资金管理规定，在收付手续完备、合法合规的前提下，准确、高效、安全地进行资金归集管理，不干预成员单位正常的经济

[①] 财务公司归集账户，又称财务公司母账户，是指财务公司在主办银行开立的结算账户，该账户用于归集成员单位资金。

活动。

● 资金结算：在财务公司开立内部账户的集团成员单位，可以使用票据、汇兑、委托收款等结算方式，通过财务公司的款项划转等进行资金清算。

财务公司可办理成员单位相互之间的互供产品、物资采购、工程劳务等内部关联交易结算及清算方案设计，也可以与内部结算双方签订三方内部转账结算协议书，按照协议约定的期限办理结算。

财务公司可以协助成员单位实现交易款项的收付。成员单位在财务公司内部的活期存款额度内，可在财务公司资金管理系统网银提交代理支付指令，由财务公司将款项划拨到第三方（一般为集团外单位）。据了解，财务公司开展的这项代理支付业务，承担了银行汇划手续费，减少了成员单位的财务费用支出。代理支付业务的开展，凸显了财务公司内部银行的定位。

● 信贷服务：财务公司为成员单位提供的内部信贷服务包括授信申请、提供担保、自营贷款、保理业务、保函业务、票据承兑和贴现、消费信贷、买方信贷、融资租赁等。

● 授信申请：指成员单位向财务公司申请综合授信额度，授信额度内的具体业务范围包括自营贷款、融资租赁、保函和担保、票据承兑和贴现等。

● 提供担保：财务公司作为担保人以自有资金向担保受益人（债权人）承诺，当担保申请人（债务人）不履行债务时，担保人按照约定履行债务或承担责任。这有助于拓宽成员单位的融资渠道，提高成员单位的融资能力。

● 保理业务：指成员单位将其与购货商订立的货物销售与服务合同所产生的应收账款转让给财务公司，从而获得资信调查、贸易融资、应收账款管理及信用风险担保等方面的综合性金融服务。

● 自营贷款：包括流动资金贷款、固定资产贷款、项目贷款。贷款利率参照中国人民银行公布的基准利率，根据成员单位的内部评级标准，进行相应的下浮。一方面节省成员单位的财务费用支出，使其产品成本降低，更具竞争力；另一方面与外部间接融资相比，解决了借贷双方信息不对称的问题，信贷流程较银行简化，资金到位快。

● 票据业务：包括票据贴现和票据承兑。票据贴现是指票据持票人将未到期的商业票据转让给财务公司，财务公司按照票面金额扣除贴现利息后将余额付给持票人的一种资金融通业务。财务公司为集团成员单位持有的银行汇票办理贴现，可以满足成员单位加速资金周转的需要；为成员单位签发的商业汇票办理贴现，可以为成员单位提供短期、低成本的融资。票据承兑是指财务公司作为汇票付款人承诺在汇票到期时将汇票金额支付给收款人或持票人的票据行为。财务公司办理票据承兑的手续简便，操作快捷；可降低成员单位财务成本，提高资金周转率。

● 消费信贷、买方信贷：指财务公司为促进集团成员单位产品的销售，对集团产品购买者（经销商）发放的融资贷款。根据成员单位产品属性，分为消费分期、按揭贷款。例如，海尔集团财务公司协同海尔地产公司为其住宅项目提供房屋按揭贷款服务。

● 融资租赁：是贷款的衍生品或替代品，分为两种：一种是设备融资租赁，即财务公司作为出租人，根据承租人（成员单位）对供应商的选择向供应商购买租赁物件，提供给成员单位使用，定期向成员单位收取租金，并在租赁期满后收回租赁物件或折价出让给成员单位。该业务有利于集团成员单位加快设备更新及技术改造，改善财务报表，减小还款压力。另一种是产品融资租赁，即财务公司作为出租人，根据承租人（一般为集团外单位）对成员单位产品（租赁物件）的选择购买该租赁物件，提供给承租人使用，定期向承租人收取租金，并在租赁期满后收回租赁物件或折价出让给承租人。该业务有利于成员单位扩大销售规模，加快资金回收速度，减少坏账损失等。业内人士介绍，这些业务有利于成员单位推出产品，同时保证财务公司有基本收益，并且切入生产环节，与成员单位的产业贴近。融资租赁可以每月收取租金，保证财务公司有稳健的现金流，改善成员单位的财务报表。财务公司提供的金融产品与企业需求结合，能够带动其他业务，发挥财务公司的金融功能和影响力，真正促进产业发展。

● 结售汇平台：财务公司申请加入银行间外汇市场后，参与场内交易，取得最优价格，为成员单位办理即期结售汇。这一方面有利于提高外汇资金的运营效率，降低成员单位的汇兑成本和外汇汇率风险，调剂余缺，极大地节约集团综合汇兑成本；另一方面有利于培育和储备外汇人才，为企业集团稳步地走国际化道路提供保障。

2. 财务公司的高级职能

● 投融资渠道：财务公司的投资渠道包括有价证券投资、金融机构股权投资。在合理评估风险承受能力，平衡安全性、流动性和收益性的前提下，利用财务公司闲置资金投资债券（含国债、金融债、企业债、公司债等）、基金、股票、信托产品等有价证券，对于提高财务公司资金使用效率，提高资金收益率有重要作用。财务公司也可以投资国内金融机构，持有一定比例的股权，这有利于财银合作，为集团谋取更大的利益。

成员单位的内部存款是财务公司主要的资金来源。当集团整体资金短缺或因集团产业周期导致集团资金压力大时，财务公司的融资渠道成为补充集团资金链的重要来源。

　　财务公司的融资渠道包括同业拆借、发行财务公司债券。2007 年 6 月银监会发布了《关于企业集团财务公司发行金融债券有关问题的通知》（银监发〔2007〕58 号），允许财务公司发行公司金融债券，"支持集团主业发展和配置中长期资产，解决财务公司资产负债期限不匹配问题"，拓宽了财务公司的融资渠道。2007 年 10 月，中石化财务公司在全国银行间债券市场公开发行 40 亿元金融债，随后中核财务公司、中国电力财务公司、中国华电财务公司、上海电气集团财务公司也相继成功发行金融债。

　　2009 年 1 月 10 日，银监会印发《关于调整部分信贷监管政策促进经济稳健发展的通知》，其中第 10 条提到：支持信托公司和财务公司业务创新发展，进一步扩大发行金融债券财务公司的范围和发债规模，重点支持关系民生工程、基础设施、生态环境建设、产业结构调整、拉动内需消费以及具有自主创新能力的企业集团。

　　另外，债券回购业务也是财务公司投融资渠道之一。财务公司通过交易所市场及银行间债券市场，通过债券抵押的方式融入（出）资金。2011 年 7 月 18 日，潞安集团财务公司作为逆回购方与佛山顺德农村商业银行开展了金额 1 亿元、期限 7 天的首笔债券质押式回购业务。

　　● 中间业务：指财务公司在资产与负债的基础上，利用自身在人才、信息、银行关系、信誉等方面的综合优势，不运用或较少运用其资金，以中间人或代理人的身份为成员单位的资本运作、经营决策、财务管理等活动提出建议、提供规避风险咨询、进行分析和方案设计、办理其他委托事项，通过提供各类金融服务而收取一定费用的业务。

　　财务公司的中间业务包括以下内容：

　　①委托业务：办理成员单位之间的委托贷款及委托投资、委托理财。

　　②保险代理：根据保险人的委托，在保险人授权范围内代为办理保险业务，并依法向保险人收取代理手续费。

　　③银行关系管理：财务公司积累与银行等金融机构的合作经验和渠道，为成员单位在外部融资提供代理服务，开展银团贷款业务等，利用集团整体实力和财务公司专业优势，为成员单位向商业银行统一要求更优惠的利率水平、更便利的银行服务及更简便的担保条件搭建桥梁。

　　④承销企业债券：财务公司可以承销成员单位企业债券，收取成员单位承销费用。

　　⑤投行业务（财务顾问）：为集团成员单位提供企业改制、重组、兼并收购、项目融资、投资理财及公司债、企业债的发行等方面的咨询和顾问服务。

7.2.3　司　库

企业集团在全球激烈的市场竞争中，越来越感受到国际金融环境的变化莫测对集团发展的影响和挑战，以互联网为代表的信息技术给产融结合带来的机遇。企业集团的财务型金融资源（保函、信用证、短期融资券、股票、基金、掉期、远期外汇等金融产品等）不断增加，同时实体型金融资源（财务公司、保险公司、租赁公司等）也不断增加。例如，英国石油集团为了降低成本，提高企业集团的抗风险能力，在集团下专门成立保险公司，以融促产。因此，建立统一管理企业集团金融资源的组织——司库（center of treasury）越来越受到跨国企业集团的关注，并得到积极的实施和推进。跨国企业集团司库组织大都具有独立的组织结构，独立于会计、税务的管理体系，实行专业化的垂直管理，一些企业集团的司库直接由集团董事会管理，一些企业集团的司库由集团 CEO 和 CFO 管理。司库是管理企业集团金融资源的组织，它将企业集团的财务型金融资源和实体型金融资源进行统一管理。图 7—3 为司库的基本组织结构图。

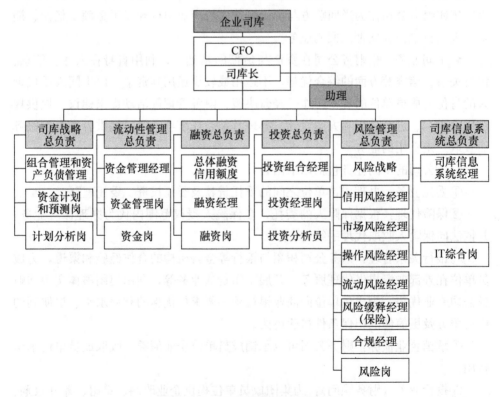

图 7—3　司库的组织结构示意图

　　流动性管理是指根据集团整体生产经营需求确定营运资金总量，合理安排资金收入，有效保障资金支出的一系列管理活动，主要包括账户管理、资金计划与头寸规划、结算和资金收支管控等内容。国际司库管理协会（TMA）对司库管理实践的发展历程进行了回顾和总结，并针对全球范围内的司库管理人员和操作人员开展问卷调查，结果表明，流动性管理是司库管理中出现最早也是最重要的职责，95.6%的人认为内部资金运营是最重要的。目前，很多企业集团在流动性管理方面积极探索，并通过设立资金结算中心或者支付中心，完成流动性管理的核心任务。从资金管理中心角度看，资金结算中心、财务公司、司库都可称为资金管理中心，但是，财务公司、司库不仅仅是资金管理中心，它们已经从管理资金扩展到管理金融资源。

　　今天，中国企业集团积极参与全球竞争，其财务型资源的种类不断增加，同时实体性金融资源不断推陈出新。例如，为了开展国际业务并保证对企业集团的业务提供金融支持，中石油集团建立了中油财务公司、昆仑银行、中油信托等；中航集团建立了信托公司、保险公司、租赁公司、投资公司等。这些金融资源应该纳入司库进行统一管理，但是，我国目前只有少数企业集团专门成立了司库，以全球化视角管理企业集团的金融资源，其创新与探索处于起步阶段。因此，本章重点讨论流动性管理，下一章重点讨论风险管理。

7.3　资金池与账户制度

7.3.1　资金池管理理念

　　资金池（cash pooling）从字面上解释就是把企业集团下属成员单位的资金汇集到一起，形成一个像蓄水池一样的存储资金的空间。集团的资金管理组织统一调拨资金池内的资金，为下属成员单位（企业）配置资金，最大限度地降低集团持有的净头寸。由于企业集团的资金是一种特殊的资源，必须与商业银行合作进行协同管理，因此，资金池的创新最初源于跨国企业集团与银行的合作，在商业银行的支持下，企业集团可以开展多种业务，如将成员单位账户余额上划、成员单位账户日间透支、集团资金管理组织的主动拨付与收款、成员单位之间委托借贷以及成员单位向集团总部的上存、下借分别计息等。因各个银行资金池产品所包含的功能不同，其定义略有不同。

　　花旗银行对资金池的定义是：资金池结构是用于企业间资金管理的自动调拨工具，其主要功能是实现资金的集中控制。资金池结构包含一个主账户和一个或几个子账户。资金池的资金自动调拨通常在日终发生，调拨的金额取决于各子账户的日终金额和目标金额，即日终时各子账户余额为所设定的"目标余额"，而所有的剩余资金将全部集中在主账户。2005年，招商银行和通用电气签署了中国境内美元资金池合作协议①，通用电气在中国境内的主要分支机构均纳入管理。从这次合作开始，"资金池"的概念才被正式提出，也才有了真正意义上的资金池产品。经过多年的发展，各商业银行对于自身所提供的资金池服务给出了定义。招商银行给出的定义为：在资金池结构安排中，属于同一家集团企业的一个或多个成员单位的银行账户现金余额实际转移到一个真实的主账户中，主账户通常由集团总部控制，成员单位用款时需从主账户获取资金对外支付。②

中国工商银行给出的定义为：本外币资金池是为企业之间实现资金自动调配的一种现金管理工具，主要目的是实现企业集团资金的集中管控，通过主账户与多级子账户之间的资金归集下拨，实现企业集团内部资金共享，降低资金成本，提高资金收益，满足企业集团集约化财资管理的需求。③

中国建设银行给出的定义为：提供的资金归集资金池服务，能帮助客户对集团总部及分支机构的资金进行统一调度管理。客户根据实际需要，完成公司总部与分支机构之间资金的归集和填平操作，提高资金的使用效率。④

资金池管理理念实质上是一种集团集权、资金集中管控的制度安排，需要通过内部沟通来构造一个以集团整体效益、竞争能力最大化，而不是以子公司个体或单笔资金业务成本高低为导向的公司文化，子公司管理层对资金池的认同、支持和配合是最基本的前提。由于子公司是独立法人，母公司对子公司的控股比例有全资、绝对控制、相对控股等大小差异，因此推进资金池不仅要与子公司的少数股东进行必要协商，而且要根据资金集中的深度和广度设计不同的集中管理体制。

7.3.2　账户制度

账户制度是指企业集团在构建资金池时，对集团总部及所属各成员单位账户结构设置及管理作出的一种安排，账户的设立是资金池构建的基础。⑤

---

①　参见左创宏：《以"资金池"打造集团"利润中心"》，载《新理财》，2010（6）。

②　资料来源：招商银行网站，http://www.cmbchina.com/corporate＋business/gofortune/cashmanagement/product01.htm。

③　资料来源：中国工商银行网站，http://www.icbc.com.cn/icbc/。

④　资料来源：中国建设银行网站，http://ebank.ccb.com/cn/ebank/20100506_1273128324.html。

⑤　参见陈国琴：《企业集团资金集中管理的新方式——资金池探究》，西南财经大学硕士学位论文，2007年4月。

1. 外部账户

集团企业要建立资金池，首先需要选择合作银行。参加资金池的所有企业都必须在同一家银行开设账户或者在几家银行统一开户。合作银行确定后，集团资金管理中心需要在银行开设资金池主账户，各成员单位也需要选择该银行机构任一网点开设分账户。为了便于集团企业之间委托贷款交易的核算，银行网点一般会为纳入资金池的企业集团成员单位（下属企业）账户对应地自动开设委托贷款专户。① 账户结构设置完成后，主账户与成员单位之间通过委托贷款专户建立起一对一双向委托贷款关系。一对一委托贷款关系只在集团总部与某一个成员单位之间发生，不同成员单位之间不建立委托贷款关系。② 双向是指既可以由集团总部向成员单位贷款，也可以由成员单位向集团总部贷款。如果集团总部只考虑资金归集，也可以通过母公司对成员单位的委托贷款额度进行限制，满足单向的委托贷款需求。无论以何种方式实现财务监控，集团公司都必须与银行签订相关服务协议，成员单位需要对集团公司授权，按照集团监控范围的不同向银行提交相应的业务授权书，从而形成基于网上银行、以集团公司为首的扁平化树状账户管理结构。目前采用比较多的是网上银行的树状集团开户模式。③

在资金池结构中，集团公司与其子公司是委托借款人和借款人。子公司在池里透支是贷款，要付息；相反，在池里存款是放款，要收取利息。企业集团资金池是将委托贷款作为绕开公司间借贷禁令的一种方式。由于涉及委托贷款，因此在资金池的实际操作过程中，还需要考虑印花税和营业税。随着我国产融结合制度的推进和营业税制度的改革，以及互联网金融业务的发展和交易结算成本的降低，企业集团资金管理中心需要结合国家的税法和银行的制度做相应的企业集团账户制度调整安排。

2. 内部账户

内部账户是指为了记录成员单位的资金收入与支出，以进行后续的内部结算、考核，在集团总部的资金管理中心为各成员单位开立的账户。当外部账户由集团资金管理中心与银行合作进行统一管理后，成员单位外部账户上的资金信息并不能真正反映该成员单位的资金流量和存量，因此，在资金管理中心需要为每个成员单位开立内部账户，记录成员单位的资金贡献与支出，以正确反映每个成员单位真正的资金流量和存量信息；同时当成员单位之间发生资金往

---

① ② ③　资料来源：招商银行网站，https://www.cmbchina.com/corporate + business/gofortune/cashmanagement/product01.htm。

来业务时，资金管理中心只需调整内部账户进行账面资金结算，而不需要资金的实际流动。

● 紧密型企业集团开户模式：集团资金管理中心在商业银行开立账户。为了实现资金集中管理，对于紧密型企业集团来讲，成员单位在资金管理中心统一开立内部账户，资金管理中心在商业银行开立账户。这种模式适用于集团成员单位分布在同一城市或者地理位置比较集中的集团。其开户模式如图7—4所示。

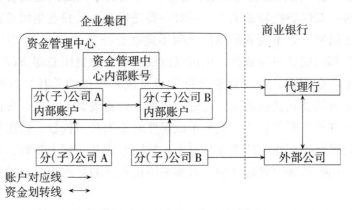

图7—4　紧密型企业集团开户模式

● 松散型企业集团开户模式：资金管理中心与成员单位同时在商业银行开户。对于一些企业集团来讲，其成员单位分布在不同城市或者地理位置比较分散，因此，资金管理中心在商业银行开立外部账户，要求成员单位在资金管理中心开立内部账户；同时，成员单位还可以在商业银行开立账户。其开户模式如图7—5所示。

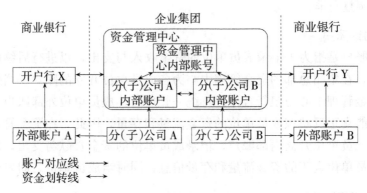

图7—5　松散型企业集团开户模式

3. 在资金管理系统中设置账户

当企业集团 CFO 团队确立了内部账户和外部账户后，就可以应用基于云环境的资金管理系统设置内部、外部账户，并保持在数据库中，如图 7—6 所示。

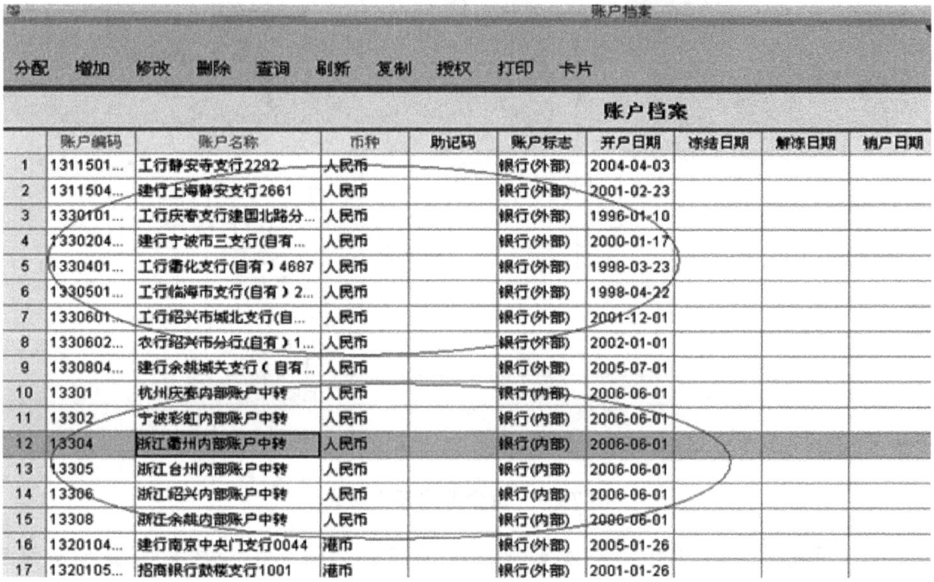
账户档案

分配　增加　修改　删除　查询　刷新　复制　授权　打印　卡片

账户档案

	账户编码	账户名称	币种	助记码	账户标志	开户日期	冻结日期	解冻日期	销户日期
1	1311501...	工行静安寺支行2292	人民币		银行(外部)	2004-04-03			
2	1311504...	建行上海静安支行2661	人民币		银行(外部)	2001-02-23			
3	1330101...	工行庆春支行建国北路分...	人民币		银行(外部)	1996-01-10			
4	1330204...	建行宁波市三支行(自有...	人民币		银行(外部)	2000-01-17			
5	1330401...	工行衢化支行(自有）4687	人民币		银行(外部)	1998-03-23			
6	1330501...	工行临海市支行(自有）2...	人民币		银行(外部)	1998-04-22			
7	1330601...	工行绍兴市城北支行(自...	人民币		银行(外部)	2001-12-01			
8	1330602...	农行绍兴市分行(自有）1...	人民币		银行(外部)	2002-01-01			
9	1330804...	建行余姚城关支行（自有...	人民币		银行(外部)	2005-07-01			
10	13301	杭州庆春内部账户中转	人民币		银行(内部)	2006-06-01			
11	13302	宁波彩虹内部账户中转	人民币		银行(内部)	2006-06-01			
12	13304	浙江衢州内部账户中转	人民币		银行(内部)	2006-06-01			
13	13305	浙江台州内部账户中转	人民币		银行(内部)	2006-06-01			
14	13306	浙江绍兴内部账户中转	人民币		银行(内部)	2006-06-01			
15	13308	浙江余姚内部账户中转	人民币		银行(内部)	2006-06-01			
16	1320104...	建行南京中央门支行0044	港币		银行(外部)	2005-01-26			
17	1320105...	招商银行鼓楼支行1001	港币		银行(外部)	2001-01-26			

图 7—6　账户设置

由上述分析可知，在 IT 系统中设置内部和外部账户，并在信息系统的资金管理中心通过网络实时掌握集团及下属成员单位账户中的现金流量、流向与存量，可防止资金体外循环；为对资金进行统筹规划，平衡资金需求，解决“双高”问题提供支持；通过对内部账户的实时管理，为减少企业内部交易产生的不必要的资金流动提供组织保证。随着 IT 环境的不断发展和完善，在云环境的支持下，银行与企业集团之间资金的流动成本越来越低，速度越来越快，互联网金融也在不断改变和颠覆工业时代形成的认知。

【案例 7—2】　某集团的资金账户管理

为了满足资金管理中心、分资金管理中心的需求，某集团公司采用了资金管理中心和成员单位同时在商业银行开户的模式，如图 7—7 所示。

- 集团结算中心：在商业银行开立外部总账户，下属成员单位 A 在商业银行分别开立收入账户和支出账户；同时，下属成员单位 A 在集团结算中心开立内部账户 A。
- 分结算中心——南京结算中心：分结算中心在商业银行开立外部总账户，

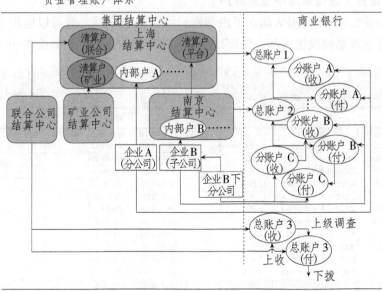

图7—7　资金账户开户模式

同时在上级结算中心开立内部清算户，用于完成跨结算中心往来的资金清算工作；分结算中心下属成员单位B在商业银行分别开立收入账户和支出账户，同时在分结算中心开立内部账户B。

● 其他的二级结算中心（联合、矿业）在银行分别设立收入、支出两个总账户。收入账户用于归集下属成员单位的资金，支出账户用于下拨资金。支出户的资金由收入户拨入，调拨工作由上级结算中心进行控制。

7.3.3　资金池全球部署

目前中国企业集团正在实施"走出去"战略，因此，资金池不仅仅涉及人民币，还会包括多种货币，从司库管理角度看，必须考虑如何在全球部署资金池，其需要考虑的核心问题如下（见图7—8）：

1. 资金池与交易活动的融合程度

建立跨境资金池的一个重要考虑因素是资金池结构与当地日常交易活动的融合程度。在一个地区通过单一银行同时进行银行交易和资金归集会产生一系列问题，因为能够提供资金池的银行未必有在每一个地区设立分行的能力。因而，问题的解决有可能依赖于代理银行、战略合作伙伴或具体的网络协议。在这种情况下，资金池可能运作得很好，但也可能成为将来问题和隐性成本的导火索。因

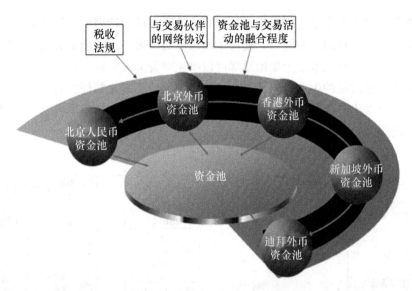

图7—8　资金池全球统一部署

此，资金池整体结构的设计不仅要考虑资金池本身，还需要考虑如何与日常运营资本管理融合。

2．与交易伙伴的网络协议

每个国家都拥有与其贸易伙伴的协议网络，国际交易提供不同水平的税务减让。减让程度取决于条约的合作伙伴。有些国家拥有高度发达的协议网络，为司库中心的运作提供便利。它们的协议网络提供很多好处，例如对于跨境利息、股息和资本利得支付征收的代扣税很低，甚至为零。

3．税收法规

除了税务协定网络，各国还拥有适用于司库中心和公司在国内的其他业务活动的税收法规。例如，一些国家降低当地所得税税率以吸引外国投资。如果公司被视为非居民，一些国家将限制或禁止其参与当地的资金池。此外，根据服务接受者的地理位置，以及是否与司库中心的司法管辖地有税务协定，司库服务费也可能需要缴纳代扣税。

7.4　资金计划、控制与预测

资金计划是指集团及其下属成员单位对未来某会计期间内各资金要素的流入、流出以及净现金流进行的测算。资金计划管理是整个流动性管理的起点，在流动性管理中占据了举足轻重的地位。完善的资金计划管理应当提高集团总部对公司资金流量信息的掌控能力，使得集团总部对未来一段时期的资金余缺情况有更清晰的了解，在此基础上集团总部可以事先对资金头寸进行统一规划，从而很好地保障下属成员的生产经营。资金计划管理通过要素化管理实现对集团下属成员单位资金支出过程的明细控制，保证资金支出在整体预算范围内坚持"按计划花钱"的理念。

资金计划管理总体流程如图 7—9 所示。

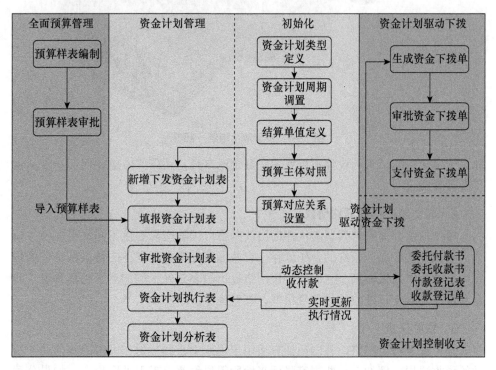

图 7—9　资金计划管理流程

下面我们就几个关键内容进行讨论。

7.4.1　资金计划编制

在非网络环境中，由于没有网络的支持，各个成员单位的资金计划不准确，导致资金管理中心的汇总计划更是纸上谈兵。在 IT 环境下则可以做到：

● 集团下属成员单位根据每年/月/旬/周/日的收支安排，在网络环境中编制资金计划。资金计划的编制有两种方式：一种是成员单位根据资金管理中心下发的资金计划模板来填制；另一种是从预算表中引入生成资金计划（如图 7—10 所示）。

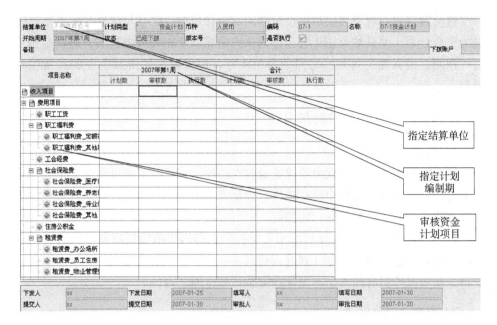

图 7—10　资金管理中心资金计划的编制

● 分（子）公司的资金计划还可以选择填报方式：逐笔填报和逐项填报。逐笔填报的资金计划只能在申请付款日期内进行一次支付，剩余部分不允许再次使用。逐项填报的资金计划在申请付款日期内可多次办理支付，只要累计支付金额不超过计划金额，业务部门均可提出支付申请，剩余资金计划额度仍可使用。两种填报方式如图 7—11 所示。

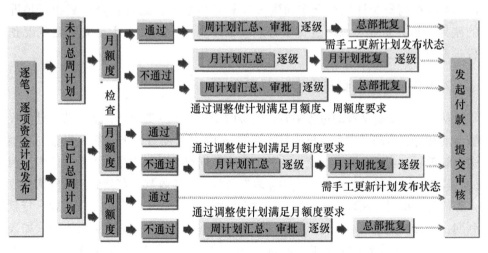

图 7—11　资金计划编制的不同填报方式

资金管理中心对下属成员单位编制的资金计划进行审核与批复，依据批复通过的资金计划，并且结合往年资金计划执行情况以及相关历史数据，对资金头寸进行预测，进而确定每月、每周的备付头寸，以保障集团所属企业的日常生产经营。

7.4.2 资金计划控制与分析

1. 资金计划控制

资金计划主要用于对成员单位资金收支的控制，控制节点可从资金下拨、直接支付、委托付款等流程中进行选择。控制方式也可以根据企业集团的管控要求选择逐步控制、逐项控制和总额控制。

在 IT 环境中，对资金计划采用实时控制，即当集团所属成员单位有付款业务时，结算信息自动与资金计划进行核对，一旦结算额度超出支出计划则不允许支付，从而保障所有的资金支出都在资金计划范围之内。

2. 资金计划分析

资金管理中心负责对下属成员单位资金计划的及时性、准确性及计划完成情况进行分析。资金计划分析主要在两种情形下进行。一是在资金计划执行过程中，可以通过资金计划分析表实时了解资金计划的执行情况，随时掌控资金状况，并对下一阶段资金状况作出简单预测，以及时调整计划，防范支付危机；二是在资金计划周期结束后，对比资金计划数与实际执行数，分析差异的形成原因并提出改进措施，说明期初、期末资金状况和资金沉淀的产生原因，不断提高资金计划符合率和资金计划管理水平。通过资金计划执行情况的差异分析，企业可以通过资金管理系统或者司库系统逐步建立资金状况预警机制。

7.4.3 资金预测与资金汇总平衡

从企业集团资金运动过程来看，资金的变化源于三类活动，即经营活动、投资活动和筹资活动。当企业集团基于互联网 IT 环境实现财务核算及资金与金融资源管理后，与资金流入、流出有关的所有数据都集中存放在中央数据库中。因此，集团可以通过系统从数据库中获取销售订单、应收款、存款到期、经常性收入等信息，得到短期现金流入量；通过在数据库中获取采购订单、应付款、贷款到期、经常性支出等信息，得到短期现金流出量，自动生成短期预测表（如表7—3 所示）。资金预测的基本原理如图7—12所示。由于 IT 环境的支持，资金的预测成为可能，这也为企业集团资金管理中心动态把脉资金的流量和流速，确定资金的缺口或者盈余提供了保证。同时，资金管理中心还能以年度生产经营计划、年度预算、年度投资计划为依据测算整体资金缺口，进而安排年度融资额度和理财计划。

表 7—3　　　　　　　　　　现金流入流出短期预测表

成员单位：××公司

现金流入流出项目	2月1日	2月2日	…	2月5日
经营类流入				
⋮				
经营类流出				
⋮				
合计				

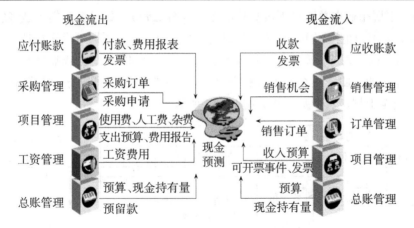

图 7—12　资金预测基本原理图

7.5　集团与成员单位资金调拨模式

资金组织、资金池与账户制度以及资金计划与控制制度的设计，为解决资金分散管理模式下账户林立、"双高"等问题提供了保证。通过企业集团资金池调度与对外支付的流程设计，可进一步解决高效归集企业集团资金的问题，保证集团资金池的资金集中度，并有效控制资金的流量和流速，提高资金的使用效率，降低资金管控风险。由于不同企业集团流动性管理的需求不同，其资金调拨模式设计也不尽相同。下面就几种典型的模式进行讨论。

7.5.1 资金池与划拨模式

为了有效管理整个集团资金，在集团建立统一资金池，即集团开设银行总账户，下属企业开设银行子账户（外部账户），并建立相应的隶属关系，各下属单位授权将银行账户纳入集团资金管理中心（如结算中心）集中管理，形成集团资金池。下属单位银行子账户的资金，定时或实时转入集团总账户；集团下属企业对外支付款项时，提出资金下拨业务申请，集团结算中心审批通过后将资金池（总账户）的资金转入下属企业的外部账户，然后由下属单位自行负责将资金从外部银行账户划拨到供应商账户，完成对外支付。同时，为了正确、精准地反映集团下属企业的资金存量，各下属企业在资金管理中心开设内部账户，反映下属企业资金增加和减少的真实情况。

根据集团对下属企业的资金管控需求，企业集团结算中心设立外部账户（总账户），下属企业在总账户下设立外部账户（分账户），如果企业集团是多层级企业集团，分账户也按照不同法人层级进行设立。资金上划周期可设定每日、每周定时上划或实时上划等。资金下拨周期可设定每日、每周定时下拨或临时下拨等；

根据企业集团下属企业银行账户内的余额设置不同，可以分为全额资金上划或限额资金上划，其业务流程如图 7—13 所示。

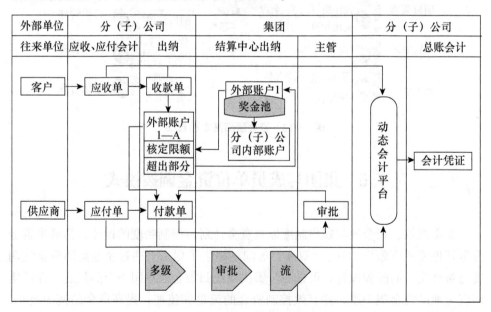

图 7—13 资金池划拨流程

集团通过收入上划、支付下拨、预算控制，实现集团内沉淀资金的归集，并通过资金预算和集团审批等多种控制手段进行资金业务的风险监控。集团根据企业的用款申请，可以按日、周、旬或月等周期来定时编制用款需求，经集团结算中心审批通过后，由集团结算中心通过银企直联将资金从集团的总归集户下拨到企业的支出账户，再由企业自行决定下拨资金的具体对外支付业务，同时，对于下拨后剩余的资金头寸，定期通过银行进行归集。在这种模式下，集团结算中心在实现集团内沉淀资金归集的基础上，一定程度上减少了集团结算中心的业务量，降低了由于结算中心服务不及时而带来的业务风险。由于集团下属企业账户中还保留对外支付的资金，保留多长时间，保留多少，由下属企业决定；如果企业集团层级比较多，即使形成了资金池，资金集中度也无法得到有效的提高。

7.5.2　资金池与收支两条线模式

收支两条线模式是在集团内通过一定的资金归集方式，实现集团内沉淀资金从各下属单位全额或部分集中到集团总部，对集团内资金的收支结算、业务审批、预算控制、资金的筹措和调剂、信贷业务等进行完全集中处理的一种资金管理模式（如图 7—14 所示）。

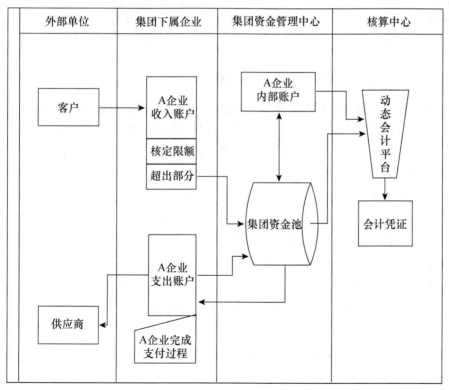

图 7—14　收支两条线模式

收支两条线模式有以下三个特点：

● 收支账户分设。当银行系统功能不足，银行的账户达不到一个账户可以收和支分管的能力时，只能用两个账户进行管理。因此，在树状的企业集团账户结构中，每一级企业的账户分为收入账户和支出账户两类。当进行收入结算时，资金进入其收入账户；支出账户则只负责对外付款。

● 逐级归集。集团公司总部在所有的签约银行开设账户，一级企业在集团签约银行范围内选择一家或多家银行开设账户，二级企业只能选择在其所属一级企业开设账户的银行开设分账户，依此类推，下级企业要在上级企业的开户银行范围内选择开户银行，实现资金逐级归集。

● 日终归集。在日终时，各级企业的收入账户逐级汇总后进入集团总部收入专用账户，保证收入账户日终余额为零；当下属企业进行支出结算时，总部按照下属企业用款计划向二级企业支出账户拨付资金，由三级企业的支出账户对外付款，每日终了由集团总账户补平支出账户资金缺口，从而实现资金的集中管理。

在这种管理模式下，集团需要成立专门的资金管理中心，在集团总部搭建统一的资金管理平台，实现对整个集团内资金业务的处理，包括账户的管理、资金的归集、资金预算控制、资金对外付款、内部结算、协议管理、利息计算、内部调剂、授信管理、贷款管理等。

7.5.3　资金池与总分账户联动模式

虽然收支两条线管理模式有很多的优点，但是仍存在一些问题。第一，集团只归集二级单位的资金，不能及时了解和控制二级以下单位的资金是否已全部归集；第二，未能从收支源头对资金流向进行监控，集团不掌握下属企业资金的具体来源和去向。

为了适应不断发展变化的需求，我国企业集团积极探索新的模式，其中一些企业集团已着手尝试并获得了中国人民银行的支持。2010年11月中国人民银行批复了《中石油集团现金管理方案》（银复［2010］号），在政策层面为企业集团实施总分账户联动管理奠定了基础。企业集团要实施这个模式，还需要与合作银行签署《司库现金管理服务协议》及《司库银企互联服务合作协议》，明确账户架构及管理方式，制定应急预案防范风险，明确安全运行责任，落实总分账户联动方案落地实施的法律责任。

总分账户联动模式的核心设计理念主要有以下几点①：

---

① 资料来源：中石油司库体系建设课题组成果。

● 充分发挥财务公司职能，统一资金归集渠道。原有收支两条线管理模式下，集团总部通过财务公司和外部银行共同进行资金归集，外部银行同时参与了企业的资金归集与结算工作；在总分账户联动模式下，强化了财务公司在资金归集过程中的作用，由原来的通过外部银行与财务公司共同进行的多渠道资金归集变为只通过财务公司的单一渠道资金归集。

总分账户联动模式充分利用财务公司的职能，统一资金归集渠道，强化资金归集主动权，将外部银行只作为对外收付款的结算通道；资金全部集中到财务公司，为形成集团统一资金池奠定了基础。

● 资金结算打破行政层级概念，实现账户结构扁平化。在收支两条线管理模式下，企业按照分（子）公司的隶属法人结构在银行开设账户，从整个集团看，分（子）公司层级有多少，账户的层级就有多少，账户结构非常复杂；在总分账户联动模式下，集团总部根据战略管理需要选择合作银行，在财务公司开设总账户，各个层级的分（子）公司不需要按照行政层级，而是根据业务的需要和资金结算的便利性，在签约银行范围内自主选择开户银行，上下级企业也可以在不同银行开户，各级企业账户资金直接实时划转到财务公司总账户（如图 7—15 所示）。

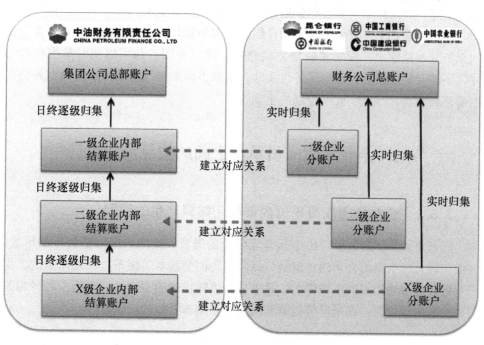

图 7—15　总分账户联动模式

在总分账户联动模式下，结算账户的开设突破了行政层级的概念，即使组织结构是七层，在不改变组织结构的前提下，账户结构也可以变为两层，即财务公司总账户与分（子）公司子账户，从而实现了账户结构扁平化。

● 统一收支账户，实现资金实时归集。原有的收支两条线模式下，企业在银行开立的账户是余额管理模式，需要收、支账户分设；而总分账户联动模式下对账户按发生额管理，通过限定账户的支付额度，一个账户可以同时控制收和支，变为收、支统一账户，大大减少了企业在银行的账户数量。

总分账户联动模式下，资金由收支两条线模式下的日终归集改为实时归集，提高了资金归集的效率和信息及时性，便于集团准确掌控资金池头寸，降低备付头寸，从而保持最佳现金持有量。

● 减轻集团总部和下属企业管理负担，提高管理效率。总分账户联动模式下，由于账户管理集中到财务公司，集团和二级单位只需要管理财务公司的一个账户，不需要开立并管理大量的用于归集资金而没有实际结算意义的账户，大大减少了账户数量，减轻了管理负担；分（子）公司根据实际结算需要在银行开立账户，突破了分（子）公司所处地域的限制，满足了分（子）公司业务快速发展过程中的开户需求；各级企业查询本企业财务公司账户信息，即可间接获取银行账户信息，只需抓取财务公司数据包，即可满足核算要求。

在这种模式下，资金由原来的日终归集改为实时归集、由逐级归集变为直接划至资金池总账户，缩短了资金划转路径，并且集团总部可以实时掌握整体头寸，不需要提前预估，减少了备付头寸；信息由原来银行逐级归集改为财务公司内部逐级归集，掌握了效率控制的主动权。

7.6 企业集团成员单位之间的结算流程设计

7.6.1 企业集团成员单位内部封闭结算产生的动因

随着企业集团的发展，出于提升竞争力的需要，集团内部价值链不断形成。一般来讲，一个集团公司的价值链可以归纳为四个基本的链条：一是由采购、生产和销售等活动构成的工作流；二是由实物流转构成的实物流；三是由各种相关信息构成的信息流；四是价值链联盟间由资金结算导致的资金流。

【案例7—3】　　　　　　　　**中石油集团的内部结算**　　　▶▶▶▶▶

中国石油天然气集团公司是以油气业务、工程技术服务、石油工程建设、石

油装备制造、金融服务、新能源开发等为主营业务的综合性国际能源公司，拥有
14 个油气田、24 个炼化公司、38 个销售公司及管道、科研和进出口贸易等公
司，其集团内部交易供应链、资金结算价值链如图 7—16 所示。

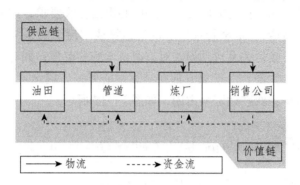

图 7—16　中石油集团的内部供应链及价值链

集团价值链的创造及价值增值都与内部结算的方式、效率直接相关。目前主
要的内部结算方式有成员单位之间的异地托收承付、信用证和汇兑结算等委托收
款方式，而这些结算方式共同的特点是结算过程不仅涉及不同地区的成员单位，
而且涉及成员单位的开户银行等金融机构。

由于价值链上的成员单位分布范围广泛、数量庞大，相互间的关联交易频
繁，而内部成员单位所在的开户银行资金汇划频繁、资金划拨路径长、资金周转
速度慢、内部欠款十分严重，因此大量内部三角债形成的资金沉淀在结算过程中
无法发挥效率，被拖欠的分（子）公司资金回笼慢、生产经营困难，对集团的整
体利益构成了严重威胁。例如，中石油集团内部跨地域的供应链（物流）交易量
和价值链的内部资金结算量逐年增大，从 2008 年 1—6 月的运行情况来看，仅半
年时间中石油集团与股份公司之间的关联交易总量达 1 110 亿元。但由于资金结
算不顺畅，形成了大量的沉淀资金，严重影响了企业资金的有效运行。特别是当
经济危机来临之际，被拖欠的子公司面临巨大的外部筹资压力，这无疑使得经营
状况不佳的企业雪上加霜。这些上游分（子）公司的经营困境乃至破产威胁，对
整个企业集团的供需稳定、连续营运产生了巨大的负面影响。

因此，在进行资金和金融资源管理模式创新时必须设计企业集团成员单位之
间的内部封闭结算流程，使企业集团内部成员单位——分（子）公司之间的资金
结算更加快捷，实现成员单位价值创造的实时反映、资金结算的高效率，降低资
金成本，防范流动性风险。

下面我们对关键问题和流程的设计进行讨论。

7.6.2 内部封闭结算流程的设计思路

在集团成员单位内部发生交易时，由交易的任何一方通过网络向资金管理中心提出结算要求（如：供货方向资金管理中心提出托收要求，或采购方向资金管理中心提出付款申请）；资金管理中心确认结算要求后，由系统自动生成划账结转单，并根据业务收付关系自动调整对应账户增减的单据；同时，驱动动态会计平台自动生成会计凭证。由于双方都在结算中心开户，资金可以网上实时结转，通过内部结算减少企业在途资金占用。如图7—17所示。

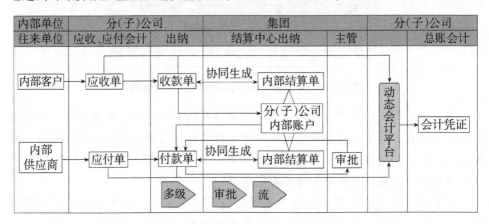

图7—17　集团内部成员单位的结算流程设计

7.6.3 付款方与收款方发起结算请求的具体流程

1. 内部付款方发起结算请求的具体流程

当付款方发起内部付款业务时，付款单位出纳填写"付款单"，生成"委托付款书"，系统自动传递到资金管理中心（如结算中心），结算中心进行内部转账的会计处理，生成付款单位的"结算凭证"和收款成员单位的"到账通知单"，收款成员单位根据"到账通知单"生成"收款结算单"。

2. 内部收款方发起结算请求的具体流程

当收款方发起时，委托内部收款业务可能需要付款单位的承付，也可能不需要付款单位的承付，取决于集团的结算管理办法。

一般来讲，集团内部成员单位之间的内部转账业务，经付款成员单位确认（或不需付款成员单位确认）后在结算中心内执行收付成员单位的转账即可。

成员单位登录结算中心录入内部转账"委托收款书"，办理集团内成员单位之间的交易结算。成员单位的收款单据生成结算中心的"委托收款书"，对集团内其他成员单位的收款业务将生成内部转账的"委托收款书"。

一旦结算中心转账办理完毕，则成员单位收款单据状态为收款完毕；成员单位与结算中心可同时进行核算处理。

内部转账需承付的业务需付款成员单位登录结算中心进行承付处理。承付的类型分为全额承付、部分拒付、全额拒付。承付后，结算中心可对付款成员单位的承付进行确认或否决。超过承付期，或者结算中心认为付款成员单位的拒付不合理时可执行强制承付。强制承付即强制全额承付。强制承付时必须录入强制承付原因，强制承付操作不能取代"核查"处理。结算中心还可对成员单位的承付处理作废，作废拒付后需付款成员单位重新执行承付。

随着"走出去"战略的实施，企业集团不仅要管控好流动性，而且要管控资金或者金融资源管理过程中面临的风险。

第 8 章 / Chapter Eight
企业集团金融资源的风险管控策略

People

Technology

Process

　　中国企业集团经营规模的快速扩大、产业链条的延伸、金融资源的不断增多，对企业集团的风险管控提出了更高的要求。特别是各国的利率、货币汇率及全球大宗商品价格进入新一轮的调整期，变化的频率和幅度不断加大，使企业集团因利率风险、汇率风险、信用风险以及财务风险增大而面临新的风险管理的挑战。目前很多企业集团的 CEO 与 CFO 团队越来越关注风险管理，并将风险管理作为企业集团资金管理或者司库管理的重要内容。

　　本章主要学习和掌握：

- 制定企业集团金融资源风险管控的整体规划
- 明晰金融资源的风险管控
- 研究利率、汇率、信用风险量化模型
- 通过风险识别、风险评估、风险控制与缓释有效控制风险

8.1　金融资源的风险管控整体规划

【案例 8—1】　　　　　**我国涉外企业金融风险增大**　　　▶▶▶▶▶▶▶

　　近年来中石油集团海外业务规模快速增长，截至 2011 年，中石油集团建成中亚（俄罗斯）、中东、非洲、南美及亚太五大油气合作区，海外油气作业产量超过 1 亿吨、权益产量达 5 170 万吨，与此同时，在中东、中亚、美洲等地区获得数个大型、特大型油气开发项目，原油和成品油国际贸易收入突破 1 000 亿美元。油气开发带动了工程技术服务、工程建设、装备制造和贸易等业务在海外的迅速增长，已有上千支工程技术服务队伍进入 52 个国家和地区作业，技术服务和物资装备出口业务年收入保持在 100 亿美元以上。随着国际市场参与程度的提高，以外币结算和交易的业务越来越多，外汇结算已涉及 50 多个币种且金额巨大，而且很多币种属于软货币，管理难度很大。因此，利率与汇率的波动，以及一些中石油集团项目所在国（如委内瑞拉、苏丹、哈萨克斯坦等）金融系统不稳定而带来的汇率波动，会给整个集团带来数额巨大的风险敞口，对企业的利率风险和汇率风险管理都提出了更高的要求。

　　自 2005 年 7 月 21 日起，我国取消了人民币盯住美元的固定汇率政策，开始实行以供求为基础、参考一篮子货币①的浮动汇率制度。这意味着我国涉外企业在更多地参与到国际经济事务中的同时，也面临着巨大的汇率风险。如 2006 年中期，在已发布该年半年报的 1 176 家上市公司中，有 655 家公告存在汇兑损益，其中，产品大量出口的家电企业如格力、美的等汇兑损失均超过 1 000 万元②，汇率的大幅波动牵动着相关上市公司的神经。Wind 资讯数据显示，1 676 家上市公司发布的 2012 年年报中，有 1 050 家公告存在汇兑损失，损失总额高达 24.72 亿元，近六成的企业面临汇率风险。

8.1.1　理解风险管控理念

　　当企业面临市场开放、法规解禁、产品创新时，会导致变化波动程度提高，

---

　　①　一篮子货币，是指某一个国家根据贸易与投资密切程度（往来贸易比重），选择数种主要货币，不同货币设定不同权重后组成一篮子货币，设定浮动范围，该国货币汇率就根据这一篮子货币在既定范围内浮动。

　　②　参见喻猛国：《巨额汇兑损失　我国外汇期货产品出台急需提速》，载《证券时报》，2006-11-10。

经营的风险性增加，对此加以管理的过程即风险管理（risk management）。良好的风险管理有助于降低决策错误之几率、避免损失之可能、相对提高企业本身之附加价值。风险管理作为企业的一种管理活动，起源于 20 世纪 50 年代的美国。当时美国的一些大公司发生了重大损失，公司高层决策者开始认识到风险管理的重要性。1953 年 8 月 12 日通用汽车公司在密歇根州的一个汽车变速箱厂因火灾损失 5 000 万美元，成为美国历史上损失最为惨重的 15 起重大火灾之一。这场大火与 50 年代其他一些偶发事件一起，推动了美国风险管理活动的兴起。后来，随着经济、社会和技术的迅速发展，人类开始面临越来越多、越来越大的风险。科学技术的进步在给人类带来巨大利益的同时，也给社会带来了前所未有的风险，因此，人们越来越重视风险管理，1955 年斯奈德（Snider）首次提出了"风险管理"的概念，现代企业风险管理理论则奠基于《企业风险管理》（*Risk Management in the Business Enterprise*）（Mehr and Hedges，1963）与《风险管理与保险》（*Risk Management and Insurance*）（Williams and Heins，1964）。威廉和海因斯（William and Heins）认为，"风险管理是通过对风险识别、计量和控制，从而用成本最小的方法使风险造成的损失降至最低的管理方法"，风险管理不仅仅是方法、技术和管理过程，而且是一种管理科学理论。在美国的商学院里率先出现了一门涉及如何对企业的人员、财产、责任、财务资源等进行保护的新型管理学科——风险管理。目前，风险管理已经发展成企业管理中一个具有相对独立职能的管理领域，从支持企业经营和发展目标达成的角度看，风险管理和企业的经营管理、战略管理一样具有十分重要的意义。对于企业集团而言，风险的种类很多，学术界尚无统一的说法。金融界依据《巴塞尔协议》常把风险分为市场风险、信用风险、操作风险三类。国资委在《中央企业全面风险管理》中把风险分为：战略风险、市场风险、运营风险、财务风险、法律风险。

事实上，在中国企业集团的发展过程中，CFO 团队一直在积极探索风险管理，很多企业集团在内部控制、运营风险、财务风险和法律风险方面都制定了比较实用的管控策略，但是，从金融资源管控的视角看，市场风险、信用风险、操作风险的管控还有待完善，从企业集团司库体系建设来看，风险管控是司库管理的重要内容。

下面主要讨论市场风险管控和信用风险管控。

1. 市场风险管控

市场风险包括利率风险、汇率风险、股票风险、商品风险等。其中前两种风险对企业集团产生了越来越显著的影响，因为许多企业缺乏相应的管控策略。

从 20 世纪 70 年代后期到 90 年代，金融市场风险（如汇率风险、利率风险）层出不穷，成为摆在企业集团面前的现实问题。布雷顿森林体系崩溃之后带来的汇率波动开始影响企业的已实现利润、预期的未来收入和持有的金融资产价值；大宗商品特别是原油价格的上涨大幅增加了企业的生产成本；高通胀、利率波动以及频繁的货币和信贷危机也给企业经营带来了前所未有的不确定性。

近年来，金融危机使利率风险加大。国际货币市场上外汇利率变化莫测，据统计，美联储从 2007 年 9 月 18 日到 2008 年 12 月 16 日短短一年多时间里，就进行了十次利率调整，这波降息狂潮，将联邦基金目标利率从 5.25％一路压至 0。[①] 伴随着国内利率市场化改革，人民币的利率波动也日渐加大，以金融机构人民币一年期存贷款基准利率来说，从 2008 年 10 月 23 日分别触底至 2.25％、5.31％以来的三年间累计升息 5 次，攀至 3.5％、6.56％，之后才有两次不对称降息。[②]

与此同时，汇率风险也在加大。自 2005 年人民币汇率制度改革以来，汇率波动日趋剧烈。以 2011 年 8 月 10 日为例，人民币受隔夜美元遭遇抛售的影响，汇率中间价一夜间大幅飙升 168 个基点，而汇改以来，人民币对美元中间价累计升值已超过 30％。[③] 同全球经济一样，中国经济也正面临一个深刻的调整周期，作为经济载体的中国企业集团不可能置身事外，独善其身。国际国内形势使中国企业集团面临着不同于以往的金融市场风险，CFO 团队在集团风险管理委员会的指导下，从集团总部到分（子）公司应达成风险管理的战略共识，并加强汇率、利率风险管控。

2. 信用风险管控

信用风险主要是指由于借款人或交易对手无法部分或全部履约而造成经济损失的风险。从企业集团金融资源管理角度看，信用风险包括企业集团内部客户产生的信用风险、企业集团外部客户产生的信用风险、内部信贷产生的信用风险以及金融市场交易对手产生的信用风险等。

在信用经济背景下，企业作为市场经济的主体，在不断地利用其他单位的信用的同时，也不停地向客户提供信用。信用的提供必然导致应收账款的增加，它在占用企业大量资金而本身并不直接创造利润的同时，也加大了企业发生坏账从

---

① 资料来源：美联储官方网站，http://www.federalreserve.gov/releases/h15/data.html.

② 资料来源：中国人民银行官方网站，http://www.pbc.gov.cn/publish/zhengcehuobisi/621/index.html.

③ 资料来源：中国人民银行官方网站，http://www.pbc.gov.cn/publish。

而绩效受损的风险。国家统计局发布的数据显示，截至 2011 年 10 月末，全国规模以上工业企业的应收账款总额达到 7.13 万亿元，同比增长 20.7%。2011 年全年，我国逾期账款平均超过 60 天的企业占 34%，企业的坏账率高达 1%～2%，且呈逐年增长之势，相比之下，发达国家企业坏账率通常为 0.25%～0.5%。另外，我国商业诚信环境较差，主要体现在合同履约率低。据调查，目前我国每年签订约 40 亿份合同，履约率只有 50%。从统计数字来看，应收账款总量较大，且增长速度较快，这说明，企业应收账款的风险很大。从企业集团内部来看，成员单位之间不断形成和完善上下游内部市场链，同样产生内部信用风险。

与此同时，国际金融危机的影响还在扩散，系统性和结构性风险仍比较突出。部分国家主权债务风险增加，全球通货膨胀压力加大，世界经济复苏前景存在很大的不确定性，金融系统的信用风险还在不断增加。此轮金融危机下，美国 2009 年共有 140 家银行破产，2010 年银行破产数目增至 157 家，为 20 年来最高水平，2011 年这一数字虽有所回落，但依然有 92 家银行宣布破产。对于发展中的中国企业集团来讲，正与国内外的商业银行开展越来越多的金融业务，主要包括信贷业务、存款业务、票据业务、电子银行业务、理财业务、信托业务、融资租赁业务、投资业务、保险经纪业务、衍生品业务及国际业务等。因此，在包括资金在内的金融资源的运作过程及投融资业务合作中也面临着交易对手违约的风险。CFO 团队应就风险管理达成战略共识，切实加强信用风险管控。

8.1.2　明确 IT 环境中风险管控的目标

金融资源的风险管理是司库管理的重要内容。在就风险管理达成战略共识的基础上，企业集团总部与分（子）公司协同管控金融资源管理中的市场风险（利率和汇率风险）、信用风险，在集团层面建立风险治理结构健全、风险战略清晰、内控制度完善、风险管理流程明确、风险管理信息系统有效运行的金融资源风险管理科学体系，为实现集团价值最大化提供支撑。一般来讲，企业集团会根据自身的管控需求，制定具体的管控目标。

1．利率风险管理目标

利率风险管理目标是减少和消除金融市场利率变动的不确定性给集团公司造成损失的可能性。集团公司统一管理利率风险，动态跟踪各种债务项下相关币种的利率走势，合理调配集团公司金融资产负债结构；科学利用模型量化分析集团公司整体利率风险，及时组织融资主体采取提前还款、再融资及利用利率风险对冲工具等方式合理规避利率风险。

2. 汇率风险管理目标

汇率风险管理目标是减少汇率波动对所属企业现金流的不确定影响，控制汇率波动对所属企业经营活动可能产生的不利影响。集团公司汇率风险管理实行"统一管理，分级负责"的管理模式。集团公司总部统一制定汇率风险管理政策，对所属企业实施监督和指导。所属一级企业按照全过程管理原则，组织本企业及下属企业的汇率风险管理活动。

3. 信用风险管理目标

信用风险管理目标是管理借款人或交易对手的信用状况，减少其可能无法履行责任而遭受损失的风险。一方面建设客户信用体系，从源头降低信用风险；另一方面进行资产组合管理，运用金融衍生产品进行风险管理。

4. 操作风险管理目标

操作风险管理目标是减少由于内部程序、人员及系统的不完善、失误或外部事件所造成的直接或间接损失。集团司库建立操作风险管理机制，集团总部与所属企业通过合理设置岗位、流程、权限等，利用信息化手段，对司库业务的事前、事中、事后进行全过程监控，管控操作风险。

8.1.3　规划风险管控的 IT 平台与资源配置

在司库风险管理过程中，风险识别、风险评估、风险控制与缓释都离不开强有力的风险管理信息系统的支持，因此，需要利用先进的互联网技术、云计算技术等构建包括风险识别信息收集、风险计量模型与评估、情景分析、压力测试、风险展现、分析和报告等功能模块的风险管理子系统，使其成为司库信息系统的重要组成部分。同时，风险管理具有技术性强、管理难度大、控制等级高的管理特征，因此，必须建立严格的事前、事中、事后控制流程，安排相应的风险控制人员，在风险管理子系统的支持下进行风险管理，提高风险管理的科学性和有效性。

IT 环境中资金资源风险管控的软件架构通常需要配置：

● 定义与映射组件：为了保证企业集团总部与分（子）公司纵向价值链风险管控质量，需要选择具有定义和映射组件概念的若干模块，这是风险识别、风险计量、风险分析与缓释的基础。例如，定义全集团交易对手档案、风险控制警戒线、风险黑名单等，并通过映射组件映射到不同层级的分（子）公司，实现信息的共享。

● 信息收集组件：信息收集组件主要是为利率风险、汇率风险、信用风险收集信息的组件。包括交易对手的财务状况信息、违约信息、标普等机构的交易对手评级信息、国际金融市场的利率汇率信息等，通过信息收集组件跨越时空，实时收集信息，为风险控制提供支持。

● 分析评价组件：分析评价组件主要包括利率风险计量与评估模型、汇率风险 VaR 计量与评估模型、情景分析与压力测试，以及风险展示与缓释等组件，支持风险评估、控制和缓释过程。

将这些组件有机地组合构建出金融资源风险管控的软件架构。图 8—1 为企业集团金融资源风险管控软件架构的示意图。

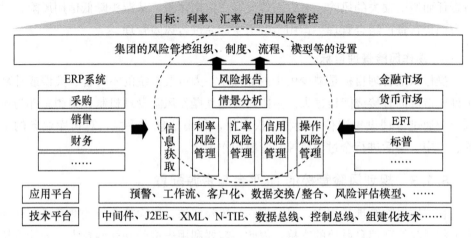

图 8—1　企业集团金融资源风险管控软件架构示意图

下面将对利率风险、信用风险的关键策略进行讨论。

8.2　风险管理过程

企业集团不同时期面临的风险各有不同，同一风险诱因及其在各业务领域的具体体现也不尽相同。但究其本质，各类风险管理的逻辑与过程是一致的。如图 8—2 所示，各类风险的管控都要遵循风险识别、风险评估、风险控制与缓释这样一个循环过程。企业集团通过如此往复的不断修正、迭代的过程，实现风险管理水平的循环上升。

图 8—2　企业集团风险管理过程

8.2.1　风险识别

风险识别（risk identification）是用感知、判断或归类的方式对现实的和潜在的风险性质进行鉴别的过程，也是收集、获取、统计或者预测存在风险的业务数据的过程。风险识别是风险管理的第一步，也是风险管理的基础。只有在正确识别出自身所面临的风险的基础上，人们才能够主动选择恰当有效的方法进行处理。风险识别主要是针对既定风险类型，围绕风险管理目标，对可能影响企业集团目标的风险源、影响范围、事件原因和潜在的后果进行判断，收集相关信息。

1. 风险识别的方法

风险识别有几种常用的方法。

● 基准化分析法：关注并跟踪外部环境，将企业各项活动与相关的法律法规以及监管制度等进行对比、分析，识别出潜在的风险。

● 问卷调查法：依据企业目标，确定相应的风险因素，按照类别形成表格，用以向相关人员发放，获得有关公司风险的重要信息。

● 案例分析法：通过收集、整理公司及同行的历史资料，找出典型案例，发现可能存在的风险。

● 情景分析法：通过有关数字、图表、曲线，并借助想象、推测等方式，对未来可能出现的多种风险状况进行预测，从而识别出引起风险的关键因素及其影响程度。

● 现场观察法：通过工作流程梳理，深入观察相关工作岗位的主要工作内容，发现可能存在的风险。

● 财务报表分析法：通过对企业的资产负债表、利润表、现金流量表、财务报告等有关资料的分析来识别和发现与之相关的风险。

企业集团可以根据各种风险管控的需要选择和应用相应的识别方法。

2. 风险识别的原则

风险识别应该遵循以下原则。

● 综合考察的原则：企业集团面临的风险是一个复杂的系统，其中包括不同类型、不同性质、不同损失程度的风险。由于复杂风险系统的存在，使得某一种独立的分析方法难以对全部风险奏效，因此必须综合使用多种分析方法，以比较准确地识别风险。

● 全面周详的原则：为了对风险进行识别，应该全面系统地考察各种风险事件可能在哪些业务和关键环节中发生，了解风险因素及因风险的出现而导致的其他问题。损失发生的概率以及后果的严重程度，直接影响人们对损失危害的衡量，最终决定风险政策措施的选择和管理效果的优劣，因此，必须全面了解各种风险的存在和发生以及将引起的损失后果的详细情况，以便及时、清楚地为决策者提供比较完备的决策信息。

● 量力而行的原则：风险识别的目的就在于为风险管理提供前提和决策依据，以保证企业集团及其下属成员单位减少风险损失，因此，在人员、经费和能力有限的条件下，企业集团必须根据实际情况和自身的承受能力，选择效果最佳的方法来对风险进行识别。

8.2.2 风险评估

风险评估（risk assessment）与计量是应用专业的模型、方法与工具，对风险存在及其发生的可能性、风险损失的范围与程度进行监测与计量。国内外学者和企业集团风险管理团队长期以来不懈努力，研究出各种风险评估模型，用于监测与计量风险价值。企业集团司库下属的风险管理组织一方面根据风险类型，选择成熟的风险计量模型、方法和工具进行风险值的计算；另一方面结合企业集团风险管理的要求，设计风险定量评估模型和工具，并将定量模型与定性风险相结合，最大限度地保证风险评估的正确率。

1. 利率风险评估

利率风险评估工具很多，按其管理方式的不同，可以分为表内工具和表外工具。表内工具主要针对企业的总体资产负债表，综合运用利率敏感性资产及负债或久期进行利率风险管理，具体方法包括缺口头寸分析、久期模型、凸性、VaR模型等。表外工具是针对单项资产、负债项目或某一笔表外业务，运用衍生金融工具进行套期保值，主要包括远期利率协议（FRA）、利率期货合约、利率互换（利率掉期）以及利率期权。表 8—1 简要总结了风险的衡量指标与管理方法。

表 8—1　利率风险的衡量指标和管理方法

利率风险衡量指标	风险管理方法
在险价值（VaR） 在险收益（EaR） 在险现金流（CaR） 久期（Duration） 希腊值（Greeks）*	债务利率风险管理： ● VaR 值计算潜在利率成本 ● 采用贸易融资、远期利率协议、利率期货合约、利率掉期、利率上/下限期权等衍生品对冲 资产负债风险管理： ● 重定价缺口分析 ● 久期缺口分析 ● 成熟期缺口分析 ● 压力测试 ● 再融资或调整投资手段

　*希腊值（Greeks）应用于现代金融风险管理，度量衍生金融工具、投资组合等对于标的资产价格变动或模型参数变动的敏感程度，如 Delta 值、Gamma 值、Vega 值、Theta 值、Rho 值。

　　每一种风险的测量方法和工具都有局限性，衡量利率敞口的精度有所不同。企业集团根据其风险管理要求，适时选择和综合运用各种手段，辅之以风险管理信息系统，来监测与计量利率风险敞口。

　　2．汇率风险评估

　　汇率风险评估是企业根据相应的风险度量模型和方法，综合分析所获知的交易数据和汇率情况，并对风险头寸和风险损益值进行计算，把握这些汇率风险将达到多大程度，会造成多少损失。准确的评估是汇率风险控制与缓释方案的选择依据。

　　汇率风险是金融市场风险中的一种，可以借鉴金融市场风险评估的相关方法来进行。归纳起来，汇率风险评估方法可以分为两大类：直接法和间接法。直接法是指对因未预测到的汇率变化而引起的汇率风险进行直接评估的方法，如灵敏度分析、波动性分析、压力试验、极值理论、Copula 度量模型、信息熵和风险价值系列方法（如 VaR，CVaR，WCVaR）等更深层次的计量方法。间接法是对由于宏观经济变量发生作用，从而通过各种经济的传导机制最终使企业的价值发生的改变进行评估的方法。[1] 通常使用回归的方法来评估汇率波动与公司价值变动之间的关系，从而间接描述外汇风险，有资本市场法和现金流量法两类回归

---

　　[1]　这种未预期到的汇率变动所引起的公司价值的变化也叫外汇风险暴露。

方法。表8—2简要总结了汇率风险的衡量指标和评估方法。

表8—2 汇率风险的衡量指标和评估方法

汇率风险衡量指标	风险评估方法
在险价值（VaR） 交易性敞口 非交易性敞口	直接法： ● 风险价值系列方法（如 VaR, CVaR, WCVaR） ● 情景分析法（灵敏度分析、波动性分析、压力试验、极值理论、Copula 度量模型） 间接法： ● 资本市场法 ● 现金流量法

企业集团可以根据自身的管理需要选择风险指标和评估方法。

3. 信用风险评估

信用风险的量化评估的基本逻辑为：通过违约概率、违约损失率及信用风险敞口的测算，来评估某笔交易在交易对手无法履约的情况下可能的损失情况。在市场对于信用风险尚未形成足够清晰的认识之前，企业与金融机构主要通过 5C 要素评分计量模型对客户作信用风险分析和评估。它主要集中在借款人的道德品质（character）、还款能力（capacity）、资本实力（capital）、担保（collateral）和经营环境条件（condition）五个方面进行全面的定性分析，以判断借款人的还款意愿和还款能力。1974 年德国赫斯塔特银行和美国富兰克林国民银行的倒闭不仅促使银行监管的国际合作从理论认识上升到实践层面，而且导致了 1975 年巴塞尔银行监管委员会的成立，此时，信用风险的研究进入了发展期，针对银行信用风险的评估模型的研究不断推陈出新。随着现代风险管理环境的变化和风险管理技术的发展，传统的信用风险的定义已不能充分反映现代信用风险及其管理的性质和特点，主要原因是传统的信用风险主要来自商业银行的贷款发放业务。现代的信用风险管理要求企业集团根据业务类型、交易对手特点采用不同的信用风险评估模型对信用风险进行监测和计量。从信用风险评估模型来看，目前没有完全适应中国企业集团的成熟模型，但是借鉴先进企业的经验，以及美国反虚假财务报告委员会下属的发起人委员会（Committee of Sponsoring Organizations of The National Commission of Fraudulent Financial Reporting，COSO）1992 年发布的《内部控制整合框架》，信用风险管理基本遵循风险识别、风险计量与评估、监控和报告这样一个循环过程，通过企业集团自身的建模，通过长期大量数据的检验、修正、迭代，促进信用风险评估模型不断完善，并推动企业集团的信用风险管理从定性的粗放式管理向定量的科学化管理发展。信用风险的衡量指标和通用的模型与方法如表 8—3 所示。

表 8—3 信用风险的衡量指标和通用的模型与方法

信用风险衡量指标	通用的模型与方法
违约概率 违约损失率 信用风险敞口 信用风险在险价值*	● 评分计量模型（多维指标形成的模型） ● CAMEL 模型（美国金融机构统一评级制度（Uniform Financial Institutions Rating System）是由美国联邦金融机构检查委员会（FFIEC）于 1979 年 11 月颁布实施的。这套评级制度包括五个基本项目，即：资本充足率（capital adequacy）；资产质量（assets quality）；管理能力（management）；盈利性（earning）；流动性（liquidity）。通过以上五个方面的评价来衡量金融机构的资信等级。） ● 押品管理条款、敞口限额与交易重定价条款、净额结算条款等交易条款的使用 ● 定价违约风险债务的默顿模型（Merton Model）、结构式模型（Structural Model）与简化式模型（Reduced Model） ● 基于资本市场数据的 KMV 模型、Credit Metrics（CM）模型、Credit Risk＋（CR）模型、Credit Portfolio（CP）模型 ● 信用违约互换、总收益互换、信用价差远期/期权等信用衍生品的使用

* 亦是一种 VaR 值，衡量在给定的信用环境、市场环境下的未预期损失。

8.2.3 风险控制与缓释

根据风险评估过程确定的风险，在集团整体风险策略下确定业务单元可承受风险的能力，并进一步通过风险控制和缓释（risk control and reduction），来降低风险的损失频率或影响程度。风险控制可以采取事前、事中、事后控制相结合的措施，如表 8—4 所示。

表 8—4 风险控制的措施

监控环节	监控的具体措施
事前监控	● 集团集中管控组织、流程、制度、模型、信息系统 ● 分（子）公司采集准确的信息，恰当区分交易类型 ● 历史交易数据准确完整 ● 风险计量与评估模型构建科学合理，并有信息系统支撑
事中监控	● 分（子）公司严格按照制度和流程进行风险管理 ● 风险评级要按照风险计量模型计算，并根据权限调整 ● 依据风险评估模型的结果进行评估
事后监控	● 分析系统详细记录、风险事件追溯历史 ● 总结产生风险的原因并形成分析报告，以优化模型 ● 追究责任并完善流程、制度、模型、信息系统

8.3 利率风险管理

卡伦·A·霍契（Karen A. Horecher，2006）认为：利率风险是利率变化对金融企业盈利能力或资产价值造成不利影响的概率。[①] 具体来讲，利率风险是指由于利率水平波动引起企业的资产或负债以及表外头寸的市场价值发生变化，导致其市场价值和所有者权益发生损失的可能性。利率波动通过改变利率敏感性资产的收益水平和利率敏感性负债的成本水平，对企业的收益和成本产生影响，同时由于资产—负债的期限结构不匹配，从而形成利率风险，其通常表现为两个后果：一个是资产负债上的净利息收入（利息收入－利息支出）下降；另一个是公司的市值下降。金融性企业的利率风险主要表现为缺口风险、基准风险、收益率曲线风险以及隐含期权风险等。

在利率市场化之前，由于利率基本上由中央银行控制，因此，企业集团很少感受到利率风险。然而，随着我国利率市场化的推进，企业集团也逐渐感受到利率风险。对企业集团下属的生产型企业来讲，利率风险相对简单，但是对于企业集团下属的金融性企业来讲，缺口风险管理的需求不断增加，并成为影响企业集团司库管理的内容之一。

8.3.1 利率风险识别

除了传统的生产经营业务对融资的需求带来利率风险以外，集团司库领域的利率风险还可能来源于以下两个方面：

1. 海外融资

近年来，企业集团海外业务迅速发展，有大量的海外业务融资需求，而国际市场上的利率变动情况复杂，不确定性很大，带来了利率风险。识别这类利率风险所需统计或预测的数据为：集团公司和所属企业海外项目在金融市场上筹措的资金及相应利率水平，可按照风险主体、币种、类型、期限、交易对手等维度获取信息，如表 8—5 所示。

表 8—5   企业集团海外业务融资风险维度

维度	一级子维度	二级子维度
风险主体	海外项目	（具体项目名称）

[①] 参见卡伦·A·霍契：《财务风险管理最佳实务》，北京，经济科学出版社，2006。

续前表

维度	一级子维度	二级子维度
币种	本币	人民币
	外币	美元、欧元、英镑、港元等
类型	流动资金借款（短期）、项目借款（长期）、项目融资	—
期限	3 个月以内、3～6 月、6～12 月、1～2 年、2～3 年、3～5 年、5～10 年、10 年以上	—
交易对手	金融机构等	—

2．内部金融企业

今天，集团内部金融企业规模发展迅速，而其从事的金融业务受存贷款利差的影响很大。国内人民币利率逐步市场化，存贷款利差缩小、利率变动加快，都给企业带来了利率风险，企业融资或投资的一些金融产品也会受到利率变化的直接或间接影响。

根据《企业集团财务公司管理办法》第 28 条和第 29 条及其他条款的规定，其业务汇总如表 8—6 所示：

表 8—6　　　　　　　　　　　　　财务公司的业务一览表

	业务	业务说明	利益相关者	备注
资产类	现金资产	库存现金、中央银行存款、存放同业款项	中央银行、外部金融机构	第 28 条第 10 款
	贷款	票据贴现、贷款	成员单位、外部单位	第 28 条第 6、第 9 款和第 29 条第 5 款
	证券投资	股权投资、有价证券投资	外部金融机构	第 29 条第 3、第 4 款
	租赁和信托	融资租赁、委托贷款/投资	成员单位、外部单位	第 29 条第 5、第 9 款
负债类	存款	存款	成员单位	第 28 条第 8 款
	短期借款	同业拆入款项	外部金融机构	第 28 条第 10 款
	长期借款	发行金融债券	外部金融机构	第 29 条第 1 款
中间类	担保	信用鉴证、承兑、担保	成员单位	第 28 条第 1、第 4、第 6 款
	结算	结算、清算及方案设计	成员单位、外部单位	第 28 条第 2、第 7 款
	代理	保险代理及其他代理	成员单位	第 28 条第 1、第 3 款
	咨询顾问	咨询、财务和融资顾问	成员单位	第 28 条第 1 款

识别这类利率风险所需统计或预测的数据为：相关企业的利率敏感型资产和负债，以及集团或分（子）公司所进行的相关业务，具体维度如表 8—7 所示。

表 8—7　　　　　　　　　　　　内部金融企业风险维度

维度	一级子维度
风险主体	集团下属的财务公司、信托公司、租赁公司等金融企业
利率敏感性资产	—
利率敏感性负债	—
金融产品	融资（发行债券等）
	投资（投资债券等）

8.3.2　利率风险评估——基于久期缺口模型

随着我国利率市场化的推进，在利率波动的环境中，利率敏感性资产和利率敏感性负债会带来利率敞口风险。缺口风险是指由于银行资产与负债的结构不匹配，存在资产负债数量上或期限上的缺口，在利率波动时引起银行收益的变动。期限上的缺口将导致重新定价风险，重新定价风险是利率风险的最基本形式之一，又称期限错配风险。它起因于银行资产、负债之间的到期日（针对固定利率产品）和重新定价（针对浮动利率产品）时间的差异性。当这种不匹配变得比较显著时，金融性企业的净利息收入和经济价值将会暴露于利率的变动之下。这或者使金融机构资产在变现时产生资产损失，或者导致金融机构的自有资本（股本）净值发生变化，使股东的财富受损。久期缺口模型（Duration）被学者认为是评估缺口风险的有力工具和模型，它是通过对金融性企业的综合资产和负债的缺口进行调整的方式，来控制和管理在利率波动中由总体资产负债配置不当给金融机构带来的风险。下面讨论应用久期缺口模型进行风险评估时的几个关键策略。

1. 利率风险管理目标的选择

企业集团涉及利率风险的单位包括集团总部、财务公司和其他金融企业。在我国，利率风险相关的信息汇总难度较大，决策调整机制尚未建立健全，企业集团目前对这部分内容正在进行研究和建设，未来要通过使用久期缺口模型实现对利率风险的管控。

一般将在较短期内到期或者需要重新确定利率的资产和负债分别称为利率敏感性资产和利率敏感性负债，将两者总称为利率敏感性资金。我们可以将公司敏感性资金的当前价值看成未来现金流折现之和，即 $V = \sum_t \frac{c_t}{(1+r)^t}$。它们的市值受利率变化的影响：当 r 上升时，V 下降；当 r 下降时，V 上升。

● 被动型管理：假设未来利率变动方向不可预期，选择一定的资产负债结构，使公司市值因利率变动导致的波动尽可能地小。

● 主动型管理：假设未来利率变动方向可预期，则积极利用利率的变动，构造有利于公司市值增加的资产负债结构。

2. 理解久期缺口模型评估机理

在利率风险管理实践中，可以选择多种计量工具，其中久期缺口模型工具是最常用的工具。久期是对资产或负债价值对利率敏感性的一种度量。如果掌握了某项金融资产（如债券）的久期，在市场利率发生变化时，就可以推算出公司持有的该项资产市值可能会受到多大的影响。

$$久期\ D \approx -\left[\dfrac{\dfrac{\Delta V}{V}}{\dfrac{\Delta r}{1+r}}\right]$$

式中，V 为资产市值；ΔV 为市值变动；r 为初始时市场利率；Δr 为市场利率变动。

利用久期缺口模型进行利率风险管理，是将企业集团的敏感性资金净额变动用资产负债久期缺口来表示，定义为：

$$D_p = D_A(y) - \mu D_L(y)$$

式中，D_p 为资产负债久期缺口；$D_A(y)$ 为敏感性资产久期；$D_L(y)$ 为敏感性负债久期；μ 为敏感性负债总额与敏感性资产总额之比，且 $\mu < 1$。当 D_p 为负值时，如果市场利率下降，资产和负债的价值都会增加，但是资产价值增加的幅度要小于负债价值增加的幅度，因此市场净值会下降；反之，如果市场利率上升，资产价值下降的幅度要小于负债价值下降的幅度，因此市场净值会增加。当 D_p 为正值时情况恰好相反。只要市场净值的久期缺口不为零，利率变动必然会导致市场净值的变动，从而使其面临利率风险，并且，久期缺口的绝对值越大，公司所承受的利率风险也越大。

3. 情景分析

假设未来利率变动方向不可预期，则通过调整资产负债结构，构造市场净值的久期零缺口，使资金净值对利率变动免疫。即，实现表8—8中情景1所表示的，无论利率的变动方向是怎样的，资产和负债的价值变动都呈同向，由于久期缺口为零，两者的价值变动幅度相同，因此资金净市值不受利率变动影响。

表8—8   久期缺口对金融机构净值的影响

情景	利率变动	久期缺口	资产价值变动	负债价值变动	资产较负债变动幅度	资金净市值变动
1	升	零	减	减	=	无
	降	零	增	增	=	无
2	升	正	减	减	>	减
	升	负	减	减	<	增
3	降	正	增	增	>	增
	降	负	增	增	<	减

　　假设未来利率变动方向可预期，则通过调整资产负债结构，利用利率的变动，构造有利于资金净市值增加的久期缺口。即，当预测如情景2所示——未来利率上升时，构造负久期缺口；当预测如情景3所示——未来利率下降时，构造正久期缺口。

4. IT环境中利率风险的评估与计量过程

　　由于利率风险的评估需要用到大量数据且计算过程复杂，因此，跨国企业集团通过建立基于互联网的司库管理信息系统，在研究获得了满足企业集团利率风险评估要求的模型后，将其嵌入司库信息系统的模型库，并且在利率风险组件的支持下，通过将金融性企业的敏感性资产和负债信息自动收集到数据库中，自动调用系统中的利率风险评估模型得出风险敞口（缺口），通过企业集团和成员单位的协同和合作，将定量和定性分析相结合得到风险评估结果（如图8—3所示）。

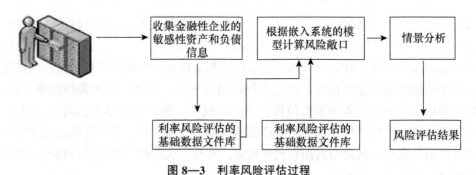

图8—3　利率风险评估过程

8.3.3　利率风险控制与缓释

具体包括：

1. 生产经营企业对利率风险实行以预防为主的管控

在司库管理体系下，如果企业集团的资金和债务实现集中管理，一般来讲企业集团下属的生产企业向财务公司借款，资金成本相对固定，市场利率变化对其生产经营不造成影响。此时实行以预防为主的风险管控，不需要采取特别的管控措施。

2. 金融企业对利率风险实行以规避为主的管控

当企业集团下属的生产企业向财务公司等金融企业借款时，从企业集团金融资源管理看，利率风险可被"避免"转移给财务公司等金融性企业承担，因为它们存在大量的敏感性资产和负债，利率波动将会带来风险。因此，企业集团下属的金融企业需要通过加强对国际国内经济、金融形势和利率走势的研究和分析，制定稳妥的融资和投资方案，在金融形势发生变化时及时采取相应的措施，规避利率风险。一般会设计一定的利率变化场景及经营业绩场景，模拟利率变动对当前及未来敏感性资产和负债的影响，以及利率风险对头寸价值的影响，从而确定一个组合久期基准作为利率风险管理目标，在实际利率变动过程中，通过调整战术组合久期，保证整体组合久期维持在基准范围之内。

3. 集团公司综合运用各种控制和缓释策略

企业集团的司库行使"内部央行"的角色，从整体金融资源配置的角度出发，基于集团整体战略目标，采取相应策略，包括确定合理的融资结构，控制债务总量，优化债务结构，合理安排银行负债与非银行负债、长期负债与短期负债、国内负债与国外负债的比例，适当锁定部分低利率借款，降低利息费用。例如集团统一对外筹措资金，办理综合授信，与国内外银行机构合作，以提高企业整体资信等级，获取更优惠的贷款利率，降低利息费用和相应的利率风险。

8.4　汇率风险管理

1973 年，布雷顿森林体系的瓦解打破了国际汇率固定制，自此之后，国际货币体系处于变动中，1976 年国际货币基金组织①通过的《牙买加协议》（Jamaica Agreement）决定"实行浮动汇率制度的改革"，使国际货币体系逐渐向浮动汇率制度演变。20 世纪 70 年代，随着浮动利率制度的实施、美元汇率变动频率和幅度加大，美国的学者开始就汇率变动对公司价值的影响展开研究。对于汇

---

① 国际货币基金组织（International Monetary Fund，IMF）是政府间国际金融组织。1945 年 12 月 27 日成立，1947 年 3 月 1 日开始运作，1947 年 11 月 15 日起成为联合国的一个专门机构，截至 2012 年底，有 188 个成员。

率变动为何影响公司价值，许多学者进行了理论分析。夏皮罗（1975）首先将公司价值和汇率变动的关系进行模型化研究，他指出，仅从会计角度定义"汇率风险敞口"不能完整揭示汇率风险。他的"两国模型"（two-country model）预测，本国货币贬值导致本国公司的价值上升，其国外竞争者的价值下降。同时，他在之后的研究中得出结论，出口额（国外市场需求）、国内竞争者、产品可替代性都是使汇率对公司价值造成影响的因素。Fisher & Dornbusch（1980）的汇率决定流量导向模型指出，货币运动和币值变化从宏观角度影响一国的贸易均衡以及真实产出，从微观角度也会对公司的国际竞争力、现金流、股权价值等产生影响。汇率风险是指企业集团在生产经营过程中，因汇率变化导致企业经营成果、现金流出现损失的可能。企业持有外币不一定有风险，本币、外币、时间三个风险要素共同构成汇率风险。承担汇率风险的外币资金通常称为"汇率风险敞口"或"风险头寸"。汇率风险分为三种类型，分别是会计折算风险、经济风险、交易风险。

● 会计折算风险：包括企业在对外汇资产与负债进行会计处理时，将外币转换成记账本位币，因汇率变动产生账面损失的可能，以及母公司合并海外所属企业报表时，因记账货币不同产生折算损失的可能。会计折算风险一般不直接影响现金流，但可能影响公司财务报表和信用等级，进而影响公司的筹资成本。

● 经济风险：汇率变化引起利率、商品或劳务价格、市场需求量等的变化，从而直接或间接影响企业的资产负债规模、进口采购成本、出口销售收入等，并由此产生损失的可能。

● 交易风险：企业在以外币计价的交易中，由于交易确定日和结算日的汇率不同，导致实际结算时本币收入减少或支出增加的可能。

通常，经济风险、交易风险和会计折算风险不是孤立存在的。经济风险主要是针对公司未来不确定现金流的风险；一旦公司签订了合同，未来有了确定的净外币流入和流出，所产生的汇率风险就是交易风险；会计折算风险产生于会计报表的不同的货币表述，会计报表体现了经营活动的结果，因此可以说折算风险是交易风险在经营成果中的体现。

人民币从 1994 年开始才实现国家汇率与国际外汇市场的汇率调剂并轨，但2005 年以前，由于人民币汇率单一盯住美元，波动区间很小，人民币对美元汇率基本上保持在 8.2～8.3 的水平。2005 年 7 月 21 日，中国人民银行宣布调整人民币汇率形成机制，正式启动人民币汇率改革（简称人民币汇改），之后三年，年升值幅度分别达到 3.4％、7.3％和 6.5％，中间价连续破八、破七，累计上涨近 20％。2008 年底开始，由于金融危机使得各国特殊汇率机制启动，人民币汇率保持相对稳定，直到 2010 年 6 月 19 日中国人民银行宣布进一步推进人民币汇率形成机制改革（也称人民币二次汇改）。这两次人民币汇率制度的重大改革都旨在使人民币汇率机制朝着"由市场供求决定的弹性的汇率机制"转变。在"以市场供求为基础，参考一篮子货币进行调节，对人民币汇率浮动进行动态管理和调节，保持人民币汇率在合理、均衡水平上的基本稳定"这一宏观政策的指导下，人民币不再单一盯住美元，人民币汇率的变动趋势呈现出复杂的结构性波动态势。人民币未来将如何变动、影响如何，一直是近年来经济和金融学者热议和研究的主题，也是中国企业集团金融资源管理的新问题。经济风险和交易风险影响集团公司现金流，是集团公司汇率风险管理的重点。

8.4.1　汇率风险识别

一般来讲，集团的汇率风险主要来源于海外业务，如海外投资与并购、原材料进口与产品出口、国际工程技术服务、海外融资业务等。

对于海外投资与并购业务，在投资或收购合同签订后，对价款交易币种或融资币种对人民币的汇率升值可能导致注资款或融资金额增加；对于原材料产成品进口或产品与物资装备出口业务，在贸易合同签订后，美元等计价结算货币升值可能导致支付的人民币增加，或美元、欧元等计价结算货币贬值导致收到的外币结汇金额减少；对于国际工程技术及服务业务，在合同签订后，收款取得的当地货币或美元等货币对人民币贬值，可能导致汇回国内的结汇金额减少；对于海外融资业务，以外币计价结算的海外融资活动，在债权债务未清偿前，汇率变动可能导致偿还金额变化。

虽然业务种类有差异，但从风险识别角度来讲，都需要对风险主体、币种进行确认，并汇总相应的风险敞口信息。

1. 确定风险识别的主体

一般来讲，企业集团是一个多层级的组织，与汇率相关的交易活动来自集团前端的业务单位。在"统一管理，分级负责"的分级管理模式下，集团统一制定汇率风险管理政策，对所属企业进行业务指导和过程监督。所属企业按照全过程管理原则，组织本企业及下属企业的汇率风险管理活动，分析汇率变化可能对企业产生的影响，合理选择规避汇率风险的工具和方法，在集团公司设定的汇率风险管理框架内，确定套期保值额度、交易品种、期限等，承担本企业及下属企业汇率风险管理责任。因此，风险识别的主体分为两级：集团总部风险管理中心与下属成员单位。

2. 确定风险识别的币种

随着海外业务的扩大，企业集团的货币对也会随之增加，有的企业集团会有50 种以上的货币对。因此，集团司库需要按照量力而行的原则，通过外币存量和交易量的大小来监控、缩减外汇风险敞口的识别范围，由此把一些币种作为重要的识别币种，将另一些作为次要识别币种。表8—9列出了部分一级和二级子维度。

表8—9

维度	一级子维度	二级子维度
币种	人民币、美元、欧元、英镑等	加元、日元等一类货币以外的货币

3. 风险敞口相关信息

Hoyt & Liebenberg（2008）研究了公司风险管理对公司价值的影响，发现公司价值与公司风险管理的实施呈正相关关系。总而言之，风险管理就是通过减缓风险给企业价值造成的损失，来增加企业的价值。Adler & Dumas（1984），Garner & Shapiro（1984）以及 Shapiro（1992）所定义的"汇率风险敞口"是指公司价值对汇率变动的敏感性，汇率变动对公司的竞争力和预期现金流产生影响，进而影响公司的市场价值。

赫克曼（Hekman）、弗勒德（Flood）等学者在 20 世纪 80 年代的研究中，从公司内部人或管理者的视角，通过获得公司营运现金流的数据，分析汇率变动对企业现金流的影响。他们认为，公司现金流是公司价值对汇率风险的涉险变量，采用现金流作为公司价值的代理变量，把公司现金流对汇率变动的敏感度定义为公司汇率风险敞口。这种方法被称作"现金流量法"（cash flow approach），其基本公式为：

$$\text{企业某一期间的某种货币汇率风险敞口} = \text{（该种货币的）存量金额} + \text{当期收入} - \text{当期支出}$$

对于企业集团而言，下属成员单位作为风险识别的主体之一，应该通过互联网定期将不同币种的现金流信息传递到集团司库，司库汇率风险管理人员定期汇总统计，得到集团整体的汇率风险敞口所需的相关信息，如图8—4所示。

货币（万元）		3个月	6个月	9个月	12个月	对应货币
美元	期初余额		0	0	0	人民币
	预计收入					
	预计支出					
	净敞口	0	0	0	0	
英镑	期初余额		0	0	0	美元
	预计收入					
	预计支出					
	净敞口	0	0	0	0	

图8—4　汇率风险敞口相关信息的收集

8.4.2　汇率风险评估——基于 VaR 模型

用于汇率风险评估的工具或模型非常多，其中 VaR 方法最为引人注目。它是由 Group of Thirty 于 1993 年提出的，用于衡量风险的在险价值（VaR），许多企业和法规制定者把这种方法当作全行业衡量风险的一种标准来看待。VaR 之所以具有吸引力，是因为它把全部资产组合风险概括为一个简单的数字，并以美元计量单位来表示风险管理的核心——潜在亏损。

1. VaR 的特点

第一，可以用来简单明了地表示市场风险的大小，单位是美元或其他货币，没有任何技术色彩，没有任何专业背景的投资者和管理者都可以通过 VaR 值对汇率风险进行评判。

第二，可以事前计算风险，不像以往的风险管理方法都是在事后衡量风险大小。

第三，不仅能计算单个货币对的风险，还能计算由多个货币对组成的组合风险。

2. VaR 模型的机理

VaR 是一种独立的风险技术，它试图将由于市场因素改变而带来的资产价值变化的敏感度与市场因素变化概率结合起来，即将"风险"抽象成对损失程度的衡量，回答"在可能的市场变化下，当前头寸可能会有多大损失"，即在一定概率水平（置信度）下，某一金融资产或资产组合价值在未来特定时期内的最大可能损失。例如，假如风险管理者计算每日 5% 的 VaR 值为 100 000 元，即在未来任何一天中，有 95% 的可能性市场价格变动的损失不超过 100 000 元。

VaR 的计算可以在不同的层面上进行，可以就单项资产计算，也可以计算企业集团的整体 VaR。

估计风险价值的概率分布需要两方面的信息，一是当前汇率风险敞口值；二是汇率变化的概率分布，其模型为：

$$VaR = |w_0\mu - w_0\mu \times e^{Z_\alpha \delta\sqrt{T}}|$$

其中，w_0 为敞口价值（当 w_0 为正时，Z_α 取"＋"号；当 w_0 为负时，取"－"号）；$1-\alpha$ 为置信水平；μ 为既定时间段汇率期望值；δ 为汇率波动方差；T 为给定时间（年）。

设在 T_0 时刻某外汇货币对的风险敞口值为 w_0，该货币对在未来的 T 时间段

内的汇率波动 r 服从均值和方差分别为 μ 和 δ 的正态分布，即 $r\sim N(\mu,\delta^2)$，测算在一定置信水平 $(1-\alpha)$ 下的 VaR 值。

3. IT 环境中应用 VaR 模型的基本流程

由于汇率风险的评估需要用到大量数据且计算过程复杂，因此，跨国企业集团通过建立基于互联网的司库管理信息系统，在研究得到满足企业集团汇率风险评估要求的模型后，将其嵌入司库信息系统的模型库，在数据获取组件的支持下获取国际金融市场的数据、企业汇率风险评估所需的各个分（子）公司现金流净敞口数据；在评估组件的支持下根据模型库的汇率风险评估模型自动计算出 VaR 值；在分析组件的支持下按照货币对、集团下属企业、企业集团等多维视图自动提供 VaR 值报告；在情景分子组件的支持下做"如果类似的危机事件发生或者汇率波动，会带来什么样的后果"等情景分析，动态揭示汇率波动对企业集团的影响（如图 8—5 所示）。

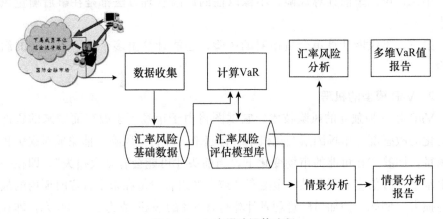

图 8—5　汇率风险评估流程

8.4.3　汇率风险控制与缓释

在对汇率风险加以识别和评估之后，企业集团可以采取管理方法对汇率风险进行管控，主要有商业方法和金融方法两类。

商业方法包括"选择有利的合同货币"、"签订保值条款"、"匹配外币债权债务"以及"发挥整体优势"等，具体内容如图 8—6 所示。

金融方法包括"外汇金融工具套期保值"、"企业内部外汇资金池管理"、"借款法"以及"贸易融资法"等，具体内容如图 8—7 所示。

具体到不同的汇率风险类型，可以选择不同的管理方法，进行相应风险的控制与缓释。例如，会计折算风险以自然对冲为原则，尽可能地匹配资产和负债，

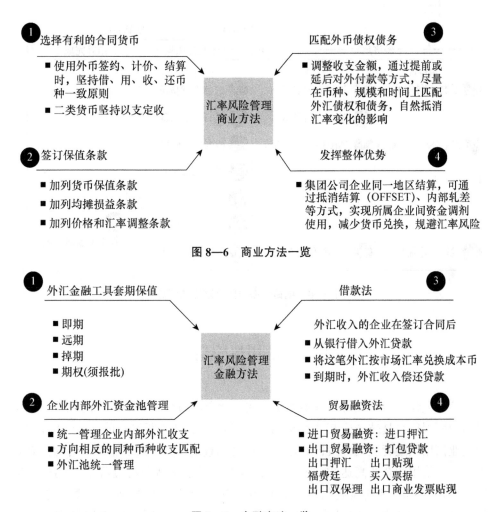

图 8—6 商业方法一览

图 8—7 金融方法一览

减少记账本位币对会计折算的影响，采用商业方法居多；经济风险涉及的外币业务现金流虽未完全确定，但根据公司的商业计划和历史状况，可以对现金流的金额和时间进行合理预期，综合运用商业方法和金融方法，规避汇率风险；交易风险来源于已确定的外币收入和支出，应严格遵守有关报价汇率、成本汇率的协同管理，使用贸易融资工具或外汇交易工具规避汇率风险。

在整个生产经营过程中的各相关环节，从合同签订到结算完成都要采取相应的汇率风险管理措施，实施全过程管理。图 8—8 以一般项目的过程为例，说明了汇率风险管理方法在不同阶段的运用。

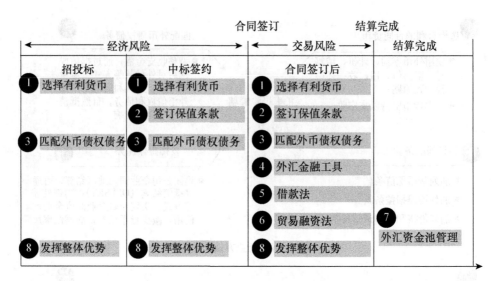

图8—8　项目汇率风险管理方法汇总

8.5　信用风险管理

　　信用风险是指因交易一方不能履行或不能全部履行责任而造成的风险，无法履约的原因往往是破产或其他严重的财务问题。由科法斯发布的 2011 年度《中国企业信用风险管理调查报告》显示，接受调查的 1 320 家企业中，给国内客户提供商业信用的企业高达 89.6%。商业信用在当今商品交易过程中得到广泛应用，然而，卖方提供商业信用后，买方无法如期支付货款将导致卖方承担损失，即企业将面临信用风险。菲尤因斯（Fewings）运用理论模型研究了商业信用可能导致的风险，认为企业间通过商业信用连接形成一条长长的马尔可夫支付链，任何企业出现危机都可能导致整个链条的断裂。[1] 霍沃思（Howorth）等通过实证分析发现，在营运资金存在缺口的企业中，逾期付款的现象很普遍。[2]

　　20 世纪 90 年代以来，不少学者就中国企业存在的信用风险问题进行了研究。樊纲认为，商业信用的使用引发了各种问题和副产品，例如相互拖欠货款、

---

　　[1]　David R. Fewings, Trade Credit as a Markovian Decision Process with an Infinite Planning Horizon, *Quarterly Journal of Business and Economics*，1992，(4).

　　[2]　Carole Howorth, Beat Reber, Habitual late payment of trade credit: an empirical examination of UK small firms, *Managerial and Decision Economics*，2003，24 (6/7).

三角债、坏账等。① 由于中国企业信用制度不完善，商业信用的发展一度陷入低谷，90 年代的企业三角债务危机就是例证。支付拖欠显然是我国经济循环体中的一个"血栓"，是信用缺失的表现，我国一些产业已形成了对债务支付拖欠的高度依赖性。张杰等人在 2011 年对非国有工业企业数据进行分析后发现，中国本土企业间的货款被拖欠，造成了企业现金流的短缺，影响了企业的固定资产投资决策和规模经济的实现，增加了企业的销售费用和财务费用（因为会迫使企业向民间金融机构融资），给企业生产率造成了负面影响。② 刘小鲁在 2012 年对中国工业企业微观数据进行检验后发现，我国的商业信用具有较显著的恶意拖欠特征与违约风险。③ 中国企业的信用风险问题长期存在，如何有效地管控信用风险，已经成为理论界和实务界关注的焦点。

8.5.1　信用风险识别

信用风险的识别主要包括对系统性风险和特定借款人或交易对手信用风险的识别与分析。对于系统性风险，主要是通过风险管理部门对宏观经济形势的研究、对金融市场情况的分析及对行业的预期进行识别与分析；对于特定借款人或交易对手信用风险，主要是通过业务部门对客户或交易对手的财务状况、贷款用途、还款来源等信息的了解，以及风险管理部门提供的客户或交易对手的信用评级进行识别。

一般而言，信用风险识别有六种方法，如表 8—10 所示：

表 8—10　　　　　　　　　　信用风险识别的六种方法

方法	说明
问卷调查法	通过向客户、供应商、内部员工、外部专家发放调查问卷，分析整理可能存在的信用风险
专家评估法	通过组织公司内部和外部的专家组成评审小组，对可能存在的信用风险进行评价、打分
外部公开信息购买法	购买国际信用评级机构的信用评级信息
案例分析法	通过收集、整理公司及同行的历史资料，找出典型案例，发现可能存在的信用风险

---

① 参见樊纲：《企业间债务与宏观经济波动（上）》，载《经济研究》，1996（3）。

② 参见张杰、冯俊新：《中国企业间货款拖欠的影响因素及其经济后果》，载《经济理论与经济管理》，2011（7）。

③ 参见刘小鲁：《我国商业信用的资源再配置效应与强制性特征——基于工业企业数据的实证检验》，载《中国人民大学学报》，2012（1）。

续前表

方法	说明
现场观察法	通过工作流程梳理，深入观察相关工作岗位的主要工作内容，发现可能存在的信用风险
SWOT 分析法	从优势、机会、劣势、威胁四个方面进行分析

8.5.2 信用风险评估——基于 ABI 模型

1. 信用风险评估模型构建的基础

信用评级的根本目的在于揭示受评对象违约风险的大小，是对评级对象信用风险的评价。西方发达国家学者、企业和咨询机构研究并应用的模型大体上可分为两类：传统信用风险模型——评分计量模型，如 5C 模型、Z 计分模型等[①]；现代信用风险模型，如 KMV 公司的信用监测（Credit Monitor）模型、J. P. 摩根的信用计量（Credit Metrics）模型、瑞士信贷的信用风险（Credit Risk）模型和麦肯锡的信贷组合（Credit Portfolio View）模型等。现代信用风险模型的构建基于违约频率、违约收回比例、信用等级转换概率等，这些参数估计的基础是发达国家几十年甚至上百年有关信用资产和信用评级的历史数据库。传统模型是基于国外的信用风险现状，筛选出评价指标，并通过样本数据进行统计分析，来验证建立的评分计量模型。这些计量模型是基于其他的数据和信用环境构建的，对我国企业集团的信用评估与计量来讲只能作为参考而不能直接应用，但其构建思路和方法是可以借鉴的。中国信用评级起步较晚，近年来，为了有效防范信用风险，中国的评级机构、金融性企业和非金融性企业在借鉴与应用国外信用风险模型的基础上，建立了适合中国经济环境和企业信用环境的信用评级模型，以评估信用风险。

2. ABI 客户信用风险评估模型构建思路

不同企业集团的信用风险评估模型存在差异，即使是同一企业集团，不同业务（如评估交易客户、国外合作银行、企业集团财务公司的内部贷款成员单位）的信用风险模型也不尽相同。但是传统的评分计量模型的构建技术路线和思路是基本一致的，如图 8—9 所示。

下面我们以 ABI 客户信用风险评估模型[②]为例阐述模型构建的技术路线和思路。

[①] 阿特曼在 1968 年提出 Z 计分模型，选择 5 个财务比率，运用多元线性判别分析，进行公司违约与否的预测。

[②] 笔者参与中石油集团客户信用风险评估模型的研究工作，并于 2014 年 6 月在《经济理论与经济管理》杂志上发表文章进行理论阐述。

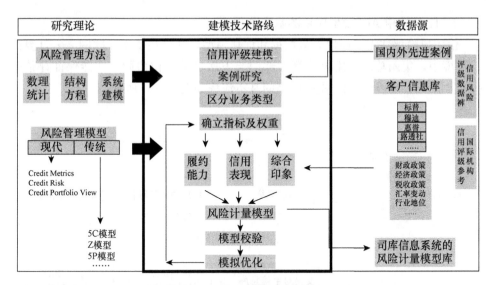

图 8—9　客户信用风险计量模型构建思路

首先，企业集团的风险管理者需要学习和借鉴风险管理和建模方法，研究和分析本企业和先进企业的风险管理案例，在区分业务类型的基础上，找出与各业务类型相关度最大的关键指标，并在专家的支持下确定各个指标的权重，由此得到包含履约能力、信用表现、综合印象的客户信用风险评估基本模型：

A 代表履约能力（ability），由于财务状况决定客户偿还债务的能力，因此它是由一系列财务指标组成的，如资产报酬率、流动比率、长期负债等。

B 代表信用表现（behavior），评估客户以往是否按合同付款的行为表现，从历史角度评价客户的偿债意愿。它是由一系列信用表现指标组成的，如平均收账期、平均逾期天数、回款效率指数、发票逾期比例。

I 代表综合印象（impression），负责销售的业务人员依据所掌握的客户动态信息，定性评估客户的偿债能力和偿债意愿。它是由一系列定性指标组成的，如企业所有制性质、股东背景、企业规模及所处行业的地位等。

履约能力（A）、信用表现（B）和综合印象（I）三个子模型共同构成信用评级模型。该模型的输入数据是交易活动中的三类指标数据，输出是与企业集团发生交易活动的客户信用评级（AAA/AA/A/BBB 等）。

其次，ABI 信用评级模型的指标选择是否合理，也是每个企业集团都面临的问题。因而，需要采集本企业集团大量的历史数据，应用统计学的方法对指标进行实证检验，找出与本企业集团信用风险评级最相关的指标集，即最能反映企业集团信用风险的指标集，再次优化模型。经过不断的优化，形成最终的信用风险评估模型。

3. IT 环境中 ABI 模型应用的基本流程

信用风险评估需要应用大量数据和评估模型，并且在基于互联网、云计算的 IT 环境中，集团总部信用风险管理部门与下属成员单位协同，才能保证评估效率和质量。IT 环境中 ABI 模型应用的基本流程如图 8—10 所示。

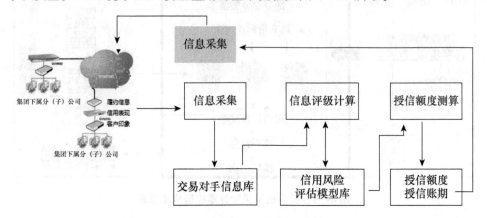

图 8—10　IT 环境中 ABI 模型应用的基本流程

企业集团下属成员单位是各种赊销或预付业务的发源地，其业务人员先收集客户的信用信息，包括客户履约信息（财务信息）、信用表现信息（来自历史交易）、客户印象信息，各个成员单位通过网络应用信息采集组件将信息保存在司库的交易对手信息库中，为客户信用评级授信做准备。

信用信息收集后，集团总部信用风险管理部门应用系统中内嵌的 ABI 信用模型，根据客户信用信息自动对客户进行信用评价打分，根据客户信用评价总得分情况确定客户信用等级，分为"AA 级、A 级、BB 级、B 级、C 级、D 级"等，分别代表"风险极小、风险小、风险属于平均水平、风险高于平均水平、风险大、风险很大"的信用评级。根据评级结果，确定当前信用政策下对应的信用等级系数，进行信用额度计算。信用额度也称授信额度，可以运用"目标交易量"或"营运资产法"确定，前者是根据以往客户的订货量和订货周期确定信用额度的方法，目标交易法与销售密切相关；后者依赖财务报表数据，通过流动比率、速动比率、短期净资产债务比率、净资产债务比率来计算评估值，并找出对应的经验值，计算基准信用额度并进行修正，最后确定客户的信用额度。

下属成员单位的业务人员根据系统提供的信用评级和信用额度，结合具体的赊销业务，向上级提交《授信建议书》申请，并通过公司信控岗和上级公司信控委员会审核，最终给出客户授信额度和授信账期。

业务人员可以通过信用风险管理系统随时查询客户授信额度详细信息，包括滚动额度、单笔业务额度、临时额度。输入客户在系统内的统一编码，能迅速调出客户的财务信息、历史交易信息等基础信息，以及其信用等级评级结果、授信额度、授信账期等信息，并方便地查询到客户的额度使用情况，包括已使用额度和当前可用额度等。

同时，通过系统中的预警设置组件，实现自动预警功能，即根据客户类型、产品类型、预警级别等预警条件设置组合条件，可以根据业务发生的情况选择适合的条件、比较符和比较值，完成一组预警条件（如图 8—11 所示）。

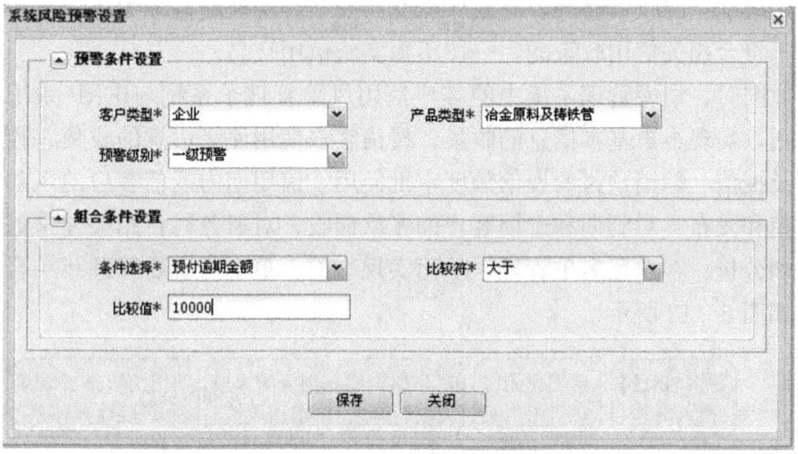

图 8—11　系统风险预警设置图

信用评级模型的相关参数和系数、风险预警条件等不是一成不变的，集团司库的信用风险管理部门根据不同阶段的市场行情制定统一的信用政策，在调整信用政策的同时及时调整相应的信用评级模型的相关参数和系数，随着时间的推移不断检验，使得信用风险评估模型和评估过程更加有效。

8.5.3　信用风险控制与缓释

生产经营环节的信用风险主要的体现载体是往来账款，对于所属企业与系统外客户发生的赊销、预付交易，企业集团一般采用"集中管理、分级决策、重点监控"的管理方式，实现客户资源统一管理、评价和授信标准统一、流程制度统一、考核标准统一；通过客户授信额度分级审批、风险预警分级审批、企业分别进行账款催收等实现分级决策；通过对于集团客户、一对多客户、逾期客户、总授信额度排名靠前的下属单位等进行监控实现重点监控。根据系统的预先设置，当赊销预付账款到期前一段时间，由系统自动生成付款提示函，向业务人员提示客户到期日及赊销款额，同时起到对账作用。在赊销预付账款到期日，基层财务人员核实赊销款是否到账或业务员核实预付款的货物是否到货，除非有账款争议，否则系统会自动生成催收函，供业务人员使用。当赊销预付账款逾期一定时间时，会向客户发起催收等级较高的催收函。

集团司库下的信用风险管理部门制定基本客户信用策略，组织建立客户信息数据库及客户信用评价模型，并对所属企业的客户信用管理工作建立考核评价机制，定期考评；所属企业按照集团公司的基本信用政策，结合经营实际，制定本单位信用政策。信用政策的制定应统筹考虑资金成本，按客户分类确定信用期限、信用级别、回收策略等，有效保障交易安全，实现利益最大化。客户信用评价结果不符合相关信用政策的，一律不得实施信用交易。

与此同时，司库管理系统中的客户信用风险管理子系统与 ERP 系统有效集成和应用，实现客户基本信息的收集、授信客户信用评级信息的收集、授信客户的评级及授信、赊销预付的授信额度审批使用、信用期内授信客户的风险预警信息的监控和发布、对到期和逾期客户的账款催收、对财务科目相关往来账款信息的集中和分析、客户黑名单管理，从而实现事前、事中与事后管理相结合的动态控制（如图 8—12 所示）。

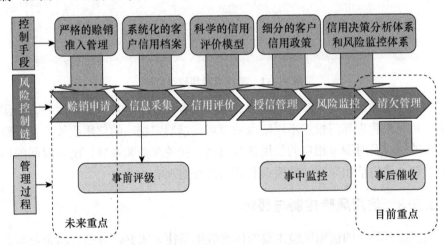

图 8—12　客户信用风险控制与缓释流程图

信用管理是一个动态的过程，其动态性主要体现在：对客户风险进行日常监控，同时根据管理效果对模型/政策进行适时调整。为了避免坏账发生所带来的巨额损失，除对客户进行有效科学的信用评估外，同时建立客户信用风险预警体系，对客户的各项风险信号随时进行动态监控与分析评估，并采取及时有效的应对措施，使企业信用风险最小化。危险预警信号的发布来源包括：系统自动预警、业务人员风险预警、公司信控部门风险预警以及总部信控部门风险预警。预警信号分为系统预警和人为预警。将逾期风险预警与履约能力风险预警相结合，确定蓝色、黄色、橙色、红色四级风险警报，并做出应对决策。

8.6　操作风险管理

操作风险是金融业务领域最古老的风险之一，"从做生意开始就产生了操作风险"[①]。虽然人们在金融活动中对这类风险并不陌生，但要给操作风险下一个准确的定义并不容易。目前，业界普遍使用的定义是由巴塞尔委员会提出的。[②]《巴塞尔新资本协议》归纳了导致操作损失的四类操作风险的最终来源，并给出如下定义："由于内部程序、人员、系统不完善或者失误，以及因为外部事件造成损失的风险。"即操作风险是指由于内部程序、人员和系统的不完备或失效，或由于外部事件造成损失的风险，同时也会考虑国家风险与法律风险的相关问题。

8.6.1　操作风险识别

就司库领域而言，操作风险管理来源于司库业务内的各个相关人员、流程、系统与环境，需要通过系统的分类与识别体系实现整个业务层面的操作风险的识别不重复、不遗漏。通过风险与控制自我评估及风险地图等工具，收集总体操作风险与控制现状的信息。主要包括两类：

● 日常业务运作过程中的相关流程、信息系统、岗位设置等可能引起损失的风险。

● 日常工作中因人员及突发事件可能引起损失的风险。

企业集团司库风险管理部门和所属各级企业要分别建立相应的操作风险管理机制，对企业面临的各类操作风险结合司库系统进行监控和管理。

8.6.2　操作风险评估

操作风险的评估关注两个维度：一是其发生的可能性，即损失频率（loss frequency）；二是其发生后的实际结果，即损失强度（loss severity）。从操作风险损失的发生特征来看，损失强度与损失频率之间往往存在反向的联系。特别严重（高损失强度）的操作风险事件通常是极为稀少的（低损失频率），而损失金额较少（低损失强度）的事件往往大量发生，出现频率很高（高损失频率）。

[①]　Aerts，Luc，A framework for management operational risk，The internal auditor，Volume 58，Issue 4，2001，53-59.

[②]　参见 BCBS（2001b），《巴塞尔新资本协议》的表述与此相同。

根据以上操作风险损失事件发生的特点，通常将操作风险划分为两类，即高频率低损失（high-frequency/low-severity）的操作风险和低频率高损失（low-frequency/high-severity）的操作风险。前者是指经常发生，但风险暴露水平较低、损失相对轻微的事件，比如日常结算错误、信用卡违规透支等；而后者是很少发生、一旦发生将造成严重损失的事件，比如内部人员违法交易、自然灾害等。这一分类能够促使企业集团重点关注那些具有重要影响的风险区域。

操作风险几乎无处不在，因此恰当的风险策略不是识别所有的操作风险，而是关注那些对公司价值有较大影响的最重要的风险。高频率低损失的操作风险也可称为"常态"操作风险，损失事件通常每周发生一次甚至更频繁。这往往是一些与日常经营活动相关的风险或者人为失误，结算风险、小额遗失资金或外部失窃及其他交易中的人为失误等都属于此类。对一个完善的内部审计系统而言，这种高频率低损失事件的数据是比较容易获取的。因此，在建立和实施有效的风险管理系统之后，能为此类事件的建模和风险预算提供可靠的基础。

企业集团根据其操作风险管理要求，选择和综合运用各种工具，辅之以风险管理信息系统，来监测与计量操作风险。表8—11列出了操作风险的衡量指标及评估模型、方法与工具。

表8—11 操作风险的评估模型、方法与工具

操作风险指标	评估模型、方法与工具
风险发生频率 风险影响	● 损失数据库 ● 风险地图（Risk Map） ● 关键风险指标模型（KRI） ● 风险与控制自我评估模型（RCSA）

8.6.3 操作风险控制与缓释

参照金融机构操作风险管理架构，成熟的司库领域的操作风险管理架构一般通过设立三道防线的方式，分层次进行风险管理的执行与监控。如图8—13所示，每道防线都履行不同的操作风险管理职能：

● 第一道防线负责日常监测和管理。

● 第二道防线负责集中统一管理。

● 第三道防线负责对第一和第二道防线的尽职情况进行监督，对操作风险管理的有效性进行客观评价并报告董事会。

企业集团司库建立全程化、透视化、自动化机制，对事前、事中、事后进行全过程监控，实现对所属各层级资金动向的穿透式监控，对敏感性支出自动预

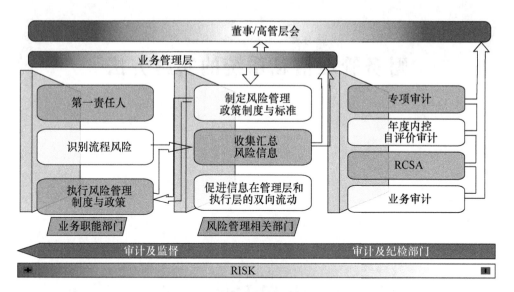

图 8—13　操作风险管理的三道防线

警。具体措施包括:

- 按照集团公司的相关规章制度进行日常业务操作。
- 将日常工作流程、不相容岗位职责在系统中固化、控制。
- 收集制度、流程、岗位职责的使用意见,定期修正。
- 根据公司业务发展,定期梳理相关业务制度、流程、岗位职责。

第9章 / Chapter Nine

财务管理信息系统的实施方法

CFO在理解财务管理的IT环境，掌握基于价值链的流程再造理论，研究和设计了企业财务业务一体化、企业集团财务管控策略、财务信息质量管控策略、金融资源管控策略、与金融资源相关的利率汇率和信用风险等管控策略的基础上，需要与CIO团队、财务软件提供商合作，构建和实施财务管理信息系统，使得各种管控策略真正落地。

本章主要学习和掌握：

- 实施财务管理信息系统是一项系统工程
- 分析财务管理需求的方法与制定实施战术的思路
- 招标的过程
- 项目管理与验收

9.1　信息系统实施概述

　　IBM 几年前发布的研究报告《新锐 CIO：策动商业变革的最佳伙伴》指出：全球化和商品化正从根本上重塑商业环境，技术逐渐成为竞争优势的决定因素，CIO 也成为这种转变的中枢。麻省理工大学斯隆商学院研究发现，具备 "IT 智慧" 的企业拥有更优秀的财务业绩，具体表现在成本、利润、创新和市值等方面。尽管人们逐渐认识到将业务与 IT 结合的价值，然而对全球 170 位 CIO 的调查表明，只有 16％ 的 CIO 认为企业充分利用了技术对于实现企业变革的潜力。IBM 对全球 765 位 CEO 的一项调查发现，大多数企业在业务和技术整合方面遇到障碍，以至于影响了客户满意度、企业响应速度以及灵活性。消除这一障碍至关重要，因为技术变革的速度和范围是前所未有的，并且会对所有商业领域产生战略性的影响。图 9—1 说明积极实施整合的企业更加关注收益，它们获得的收益超过整合度较低的企业。

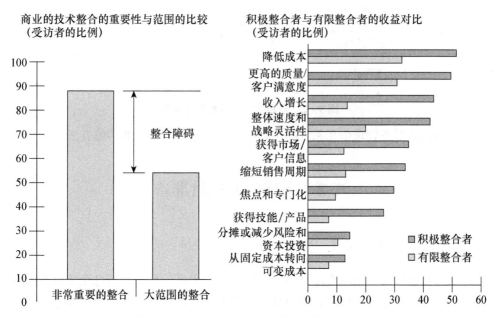

图 9—1　积极整合者与有限整合者收益对比

　　财务管理信息系统是一种信息系统，因此，财务管理信息系统的实施也需要实施方法的指导。云环境下信息系统的实施是指对企业管理与控制目标和需求进行认真分析，对业务流程进行标准化重组，建立项目实施小组，在一把手的指挥下，按照先进的实施方法一步步将管理目标、管理思想、管理方法、企业流程、企业员工等与管理软件有机融合起来，最终建立一个可以运行的系统。

一般来讲，信息系统的实施方法是：将项目管理实施周期划分为项目准备、项目管理、项目验收等主要阶段，在各个阶段采用特定的控制机制和管理方法，如图9—2所示。

图9—2 项目实施过程和生命周期

本章结合财务管理信息系统的实施过程，讨论与其相关的实施方法。

9.2 实施前的项目准备

9.2.1 需求分析

财务管理信息系统的实施是一项艰巨的系统工程，是企业信息化建设的重要内容。企业是否进行管理信息化建设，完全取决于企业在全球市场环境下的竞争需求。如果没有这种需求，没有竞争压力，就会缺少进行管理信息化建设的动力。因此，需要进行宏观和微观需求分析。

1. 宏观需求分析

财务管理信息系统的实施存在一个认识和时机的问题，这就是我们所说的宏观需求分析。可以说，宏观需求分析主要解决企业战略目标的制定问题。首先需要分析该不该、有没有条件、什么时候进行管理信息化建设，资金和人力是否准备到位、预期效益如何等问题。同时，要分析企业在全球一体化竞争中的位置，将企业的竞争状况与主要竞争对手逐项对比，确定企业产品和技术的发展趋势、对手的策略是什么，确定我们希望通过管理信息化解决的问题。同时，要分析高层领导是否有改革开拓的决心、不断进取和对项目勇于承担责任的精神，这也直接影响着管理信息化的成败。如果管理层认为有必要进行管理信息化，则要制定战略目标。战略目标就是企业建立财务管理信息系统所期望达到的目标，该目标应与企业发展战略目标保持一致。

2. 微观需求分析

微观需求分析主要是解决企业实施战术的制定问题。要制定合理的实施战术，必须认真细致地分析企业存在的问题，对问题进行诊断，并提出新的需求。一般来讲，企业应该成立需求分析小组，对企业现存的问题进行充分调研，总结和分析企业集团财务管理的需求、流程优化的需求、组织结构调整的需求、模式等具体需求。

9.2.2　制定实施战术

在需求分析的基础上，企业应该制定具体的实施战术，为财务管理信息系统的实施提供基础资料。实施战术就是企业为了实现战略目标而制定的具体规划，主要包括项目目标和范围、流程再造和梳理、分步实施的具体内容、项目实施成功的评价方法、实施周期估算等。如果企业在进行需求分析和撰写项目规划方案书阶段有一定的难度，可以聘请咨询公司、大专院校的研究机构，共同完成相关工作。

9.2.3　招　标

企业制定了战略目标和实施战术后，就需要考虑财务管理信息系统的软件资源获取问题。软件资源的获取一般有两种方式：一种是企业向内部招标，即由企业信息部门根据管理与控制的要求，自行研制和开发软件，并将其作为财务管理信息系统的软件资源；另一种是企业向外部招标，从软件提供商那里获取软件资源。目前，越来越多的企业采用第二种方式，下面就第二种招标方式进行讨论。一般来讲，企业根据其管理和控制需求设计招标书，并向有关单位发放招标书；投标单位根据招标书的要求进行投标，经过评标后，选择软件资源的提供商；之后，成立项目组进入实施阶段。不同企业在管理与控制方面的需求不同，招标书的内容也不尽相同。下面我们给出典型招标书的基本格式和内容。

财务管理信息系统

招
标
书

××集团公司
2013 年 1 月

目录

第一章　招标邀请

各软件公司：

根据××集团公司企业信息化发展总体规划的要求，结合××集团公司财务管理信息系统应用的实际情况，××集团公司决定对××集团公司财务管理信息系统进行选型和实施，我们认为贵单位基本符合投标条件，特向贵单位发出投标邀请函。

××集团公司财务信息化工作组对××集团公司财务管理信息系统项目进行招标邀请，系统提供商购买一套招标文件需支付人民币××元整，不管中标与否，此款一律不退还。不购买招标文件的系统提供商，不具有投标资格。

一、招标编号：××××

二、招标内容：财务管理信息系统

三、招标方：××集团公司

四、招标组织部门：××集团公司财务信息化工作组

五、发标时间：2013年2月24日

六、发标地点：北京市三里河路××号××集团大厦

七、投标截止时间：2013年3月19日

八、投标地点：北京市三里河路××号××集团大厦

九、投标形式：投标单位必须在此时间内将投标文件直接送达投标地点，逾期的投标文件将被拒绝

十、中标通知形式：以书面函件方式，发布中标通知

联系地址：北京市三里河路××号××集团大厦

联系人：张文

电话：××××

邮政地址：××××

邮编：××××

第二章　投标须知

一、投标费用

投标方需承担与本投标有关的自身所发生的所有费用，包括标书准备、提交以及其他相关费用。无论投标结果如何，招标方不承担、分担任何相关的类似费用。

投标方在招标方规定的日期内到招标方领取招标书。

二、投标书要求

投标方在投标之前必须认真阅读本招标书的说明、图表、条件及规范等所有内容，投标方因未能遵循此要求而造成的对本招标书要求投标方提供的任何资料、信息、数据的遗漏，或任何非针对招标书要求项目的报价均须自担风险，并承担可能导致其标书被招标废弃的后果。

投标文件必须满足招标文件的全部要求，任何缺项将可能导致投标书被拒绝。

如投标方拟提供的方案与招标书要求不完全一致，或具有招标书中未提及的其他方案，投标方应在投标书中作出详细说明并提供详尽的技术资料，以便招标方对其作出评价和选择。

三、投标书组成

1. 投标书
2. 详细的设计方案和对财务管理信息系统的总体实施计划
3. 项目质量、服务承诺条款
4. 投标报价表

四、有关说明

主要包括：投标价格、授权书、投标方资格证明资料、投标书形式、开标、无效投标、评标、保密、授标及签约等方面的具体说明。

第三章　项目概要

一、背景描述
1. ××集团公司简介
2. ××集团公司财务管理系统现状

二、项目范围
本项目涉及的对象包括××集团公司及其下属核心企业/骨干企业。
本项目时间从××年×月起至××年×月止，共历时×年的时间完成财务管理信息系统。

三、项目设计原则
系统应采用国际先进的开发环境和工具，确保在国内具有领先的技术水平；结合实际业务需求，建设具有高性能、低成本的系统。具体来讲，应该遵循以下原则：
系统性原则
实用性原则
扩展性原则
可靠性原则
安全性原则
集成性原则

四、项目设计技术要求
所有产品及文档必须符合国家标准与相应的国标标准。
IT环境的升级和优化，从基于C/S机构的财务信息系统运行环境升级到基于互联网、云计算等新技术支持的云环境。
投标人需在投标文件中详细描述其产品的运行、应用所需的软件、硬件以及网络环境。包括：
招标人产品所需的最低网络环境；
所需的各类软件的品牌、版本、报价及其他要求；
所需的各类服务器、终端以及各类设备的性能、最低配置需求等。

第四章 项目需求

一、总体应用目标

能够及时、准确、全面地得到整个××集团公司的财务信息，实现事前预警、事中控制、事后分析评价相结合，由结果控制转变为过程监控。从总体应用角度提出应用目标，主要包括：

为企业提供一个完整的财务管理信息化管理平台，统一集团会计制度，使集团内的各个企业以及企业的各个部门都在统一的财务管理平台上实现集中管理和控制，打通各个信息孤岛。

实现集团财务的集中管理，加强集团公司财务监控职能，满足集团公司总部对其下属公司实时的财务管理与监控要求。

实现全面预算管理，包括各种经营计划及资金预算、费用预算等。合理编制预算，通过对下属各业务单位项目执行情况的跟踪、核算与管理，实现对预算执行情况跟踪控制，有效控制部门、项目费用，降低成本。利用信息系统细化业务核算与业务考核，核算到每一批、考核到每个人。

满足公司资金的内部调配、资金预测等管理需要，合理控制资金的流量与流速，有效控制资金风险。

提高财务信息质量，防范和减少财务决策风险，提高集团财务监控能力，提高资金运作效益。

利用功能强大的分析、查询体系，提高企业的应变能力。可以进行横向的多角度查询及纵向的跨年度查询，全面满足不同使用人员的需要；同时系统支持溯源查询，可以根据经济业务发生后反映到账面的结果追溯到最原始的单据，对各级公司进行最直接、最有效的控制。

二、企业集团总部应用目标

从集团总部领导角度提出的目标主要包括：

集团总部领导依据权限能够随时调阅或查询整个集团资金状况及其分布统计报表，审批资金使用计划。

集团总部领导依据权限能够及时了解整个系统经营状况，包括收入、项目成本、应收应付、运营费用等多方面的情况，便于经营决策。

集团总部领导依据权限能够及时了解整个系统预算执行状况，分析预算差异产生的原因，及时采取纠正措施。

集团总部领导依据权限能够跨单位及时查询各个单位的财务数据，最直接、最快捷地监控下属企业。

集团总部领导依据权限能够得到多角度的财务分析数据，如按地区、企业规模、企业性质等角度。集团总部财务领导依据权限能够及时得到真实、有效的财务数据，得到多角度汇总统计的报表数据。

集团总部领导可以及时收到企业经营中的重大事件的预警信息，便于经营决策。

三、集团下属成员应用目标

根据二级单位的控制要求给出应用目标（略）。

四、具体需求

优化 IT 环境，在新的云环境中，增加新的子系统，并在实施过程中将企业集团 CFO 团队设计的各种管控策略嵌入信息系统。

1. 财务业务一体化管控策略：通过财务信息系统与 ERP 的无缝集成得以有效落实。

2. 财务信息质量管控策略：通过财务核算共享服务子系统的实施，将财务集中的核心转向共享服务并进一步强化财务信息质量的管控。

3. 资金集中管控策略：通过资金集中管理子系统的实施，将资金风险管理转变为集中管理，并对资金进行有效管控；同时在实施资金集中管控策略时，要兼顾金融资源管理的基础工作，为下一阶段资金集中管理转向金融资源管理打下良好基础。

4. 信用风险管控策略：通过信用风险管理子系统的实施，以及与 ERP 系统的集成，实现对信用风险的管控。

第五章　附件

投标书

致：××集团公司

根据贵方招标文件的要求，正式授权下述签字人：

姓名：　　　　　　　　单位：　　　　　　　　职务：
电话：　　　　　　　　E-mail：

代表投标方提交下述文件：
应用方案
技术方案
实施计划与内容
用户培训计划（包括基本操作维护、日常业务处理、维护等方面）
售后服务方案等

××年×月×日

9.3 项目管理

项目管理是一项独特的具有一定风险的任务，这项任务应该按照一定的时间期限，以一定数量的费用在预期的实施范围内完成，并实现项目的预期整体目标，满足各方面既定的需求。项目管理的目标是合理配置项目所需资源，并保证在规定的时间内保质完成任务。项目管理应包括项目实施计划的制定、实施项目组织的建立、项目控制机制的建立等方面的内容。

9.3.1 制定项目实施计划

一个项目的成功实施需要一个有条不紊的实施过程，而此过程需要以项目实施计划为指导。一般来讲，由项目组项目经理编制项目实施计划，并在项目实施过程中及时更新与维护。项目实施计划包括：确定详细的项目实施范围、项目实施的主要阶段、有关活动和详细任务的时间进度及预算；为每一项活动分配所需人力资源，并保证他们有足够的时间按进度完成项目；定义递交的工作成果，强化项目实施过程中的控制机制。项目实施计划不仅可作为项目组成员工作安排、绩效考核的依据，而且可以作为指导、监控实施进度和实施质量的依据。

9.3.2 建立实施项目组织

财务管理信息系统的建立是一项非常复杂的系统工程，需要成立实施项目组织，在项目经理负责制的前提下实施。

项目组织是通过协议、合同等组建的，同时配合各种机制、资源、组织制度加以完善。项目组织建立的基本原则是因事设人，通过不同的实施阶段、实施活动内容配置相关参与人员。项目组织的形式是多种多样的，但应由软件资源提供单位和企业自身的管理及应用人员共同参与，并保证项目组织由以下基本人员构成：企业项目负责人、软件资源提供单位项目总监、软件资源提供单位项目经理、管理咨询专家、业务咨询专家、技术咨询专家、企业项目经理、系统管理技术组长及组员、企业系统应用组长及组员等。典型的实施项目组织结构如图9—3所示。

企业项目负责人：对本项目全权负责，该角色一般由企业一把手担任。

软件资源提供单位项目总监：负责与项目建设单位的总体协调及实施工作安排。

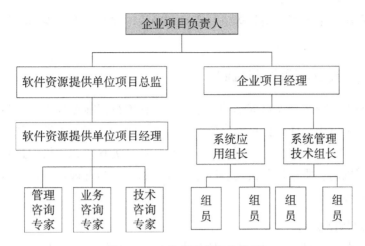

图9—3 实施项目组织结构图

软件资源提供单位项目经理：负责项目的建设过程，掌握项目实施进度，提交相关实施报告及成果。

管理咨询专家：提供项目的管理咨询。项目的实施是将管理思想、管理方法与信息技术融合的过程，因此，在实施过程中，管理咨询专家应该提供管理改革方面的建议，借助管理优势控制项目风险。一般来讲，应聘请具有丰富的行业经验、参与过同类项目实施的人员担任管理咨询专家。

业务咨询专家：负责财务管理信息系统中相关业务调研、需求分析；负责各模块的培训及系统初始化工作，按计划完成各项实施任务，提交项目状态报告；负责业务流程优化建议；设置系统测试方案，并协助项目组进行各模块测试、集成测试；提交系统应用手册；及时反馈实施过程中的问题。

技术咨询专家：负责数据库及软件资源的配置、安装、调试；对企业相关系统管理技术人员进行培训，提交项目状态报告；提交技术应用手册；提交系统安装报告等。

企业项目经理：负责与软件资源提供单位的协调，管理和监控项目的实施过程，并对项目的实施成败承担直接责任。

系统应用组长：从系统应用角度进行把关，与软件资源提供单位的业务咨询专家、管理咨询专家合作，负责企业财务管理信息系统相关资料的提交审批、流程的优化与改造方案的审批、控制方法的选择、模式的确立，并指导组员参与项目的具体实施等。

系统管理技术组长：从技术上对项目进行把关，与软件资源提供单位的技术咨询专家合作，完成数据库及软件资源的配置、安装、调试；对项目状态报告、技术应用手册、系统安装报告等进行审批和确认，并指导组员参与项目的具体实施等。

9.3.3 建立项目控制机制

有效的项目控制是项目成功的基本保证。在项目实施过程中，项目的控制应贯穿项目的全过程，即包括项目实施前的控制、实施过程中的控制和实施完成后的控制。同时，项目在控制过程中要有一系列控制机制把脉项目的进程，主要包括进度控制机制、质量控制机制、问题跟踪机制、文档管理机制、报告机制、风险控制机制等。

1. 进度控制机制

项目有严格的时间期限要求，控制进度是为了控制时间和节约时间。项目经理应按周检查工作进度，并向项目总监提交进度报告，在报告中简要阐明已完成的工作、工作质量评价、人员评价、工作进展情况、工作中存在的问题以及解决办法。对用户方出现的问题要记录在案。

2. 质量控制机制

质量管理是项目管理的重要方面之一，在整个项目的实施过程中，良好的项目质量管理体系是项目成功的保障，质量控制机制可以最大限度地避免实施过程中出现的总体偏差，保证项目朝着预定目标方向发展。项目质量管理的关键是建立和执行适当的衡量标准。一般来讲，项目组依据项目计划、项目的整体目标和实施策略及方法来制定项目的衡量标准，其主要标准具体体现在以下几个方面：

- 企业管理层的满意度；
- 项目组、最终用户的满意度；
- 质量要求及时间估计和成本预算。

该标准是项目实施过程中质量检验的重要依据。通常情况下，该衡量标准在项目实施过程中保持不变。同时，项目组定期通过衡量标准对项目的进展状况进行评估，使项目决策者能够迅速、有效地对项目的实际进展情况、实施状况作出客观、公正的判断，从而及时采取各项必要的措施。如果出现了偏差，则采取相应的纠正措施，如调整项目实施计划、调整资源的分配方式等，及时将项目的实施工作引到正常轨道上来。

3. 问题跟踪机制

项目组成员在遇到实施问题时，应首先建立书面问题记录，并有随后的跟踪记录，采取各种措施使问题得到解决以后，形成解决结果记录，以便实施完毕有据可查。问题的跟踪应落实到相关的项目组成员，由具体的项目组成员协调资源，及时使问题得到解决，从而保证项目的顺利进行。

4. 文档管理机制

项目组应该建立专门的项目文档，包括项目升级方案、计划、阶段成果确认表、派工单、问题处理记录、会谈记录、项目变动记录、培训记录等所有与项目有关的文档。对这些文档进行有效的管理，以项目文档跟踪整个项目实施过程。

5. 报告机制

项目组成员应首先在小组内部讨论如何解决问题并记录在案，对解决问题的效果也要记录在案。如不能解决，应按照项目组织结构图所列，逐级、及时向项目组长、项目经理乃至项目领导层汇报，所有重要问题都应有书面材料。

6. 风险控制机制

项目实施过程中可能产生各种风险，因此，风险控制是贯穿项目实施全过程的重要内容。对于一个项目进行风险管理，首先需要对项目本身有深刻的认识和理解，以识别项目潜在的各种风险。然后对各种风险采取专门措施进行管理和控制，从而最大限度地降低风险、控制风险。

9.3.4 明确项目实施步骤

根据项目的目标、范围和计划，在不同阶段明确项目实施的具体步骤，并严格按照项目实施步骤进行项目建设。表 9—1 给出了某企业项目实施的步骤。

表 9—1　　　　　　　　　　　某企业项目实施步骤

阶段	阶段主要任务	所需工作日	投入人数	合计人天
1	项目准备			
	指派项目经理并成立项目组	0.5	5	2.5
	项目启动会	0.5	5	2.5
	制定并确认项目实施主计划	3	1	3
	需求调研准备和培训准备	3	2	6
2	项目建设			
	系统安装和系统管理员培训	1	1	1
	项目组成员培训	5	2	10
	需求调研	20	3	60
	需求整理、分析	5	3	15
	制定应用方案和数据准备方案	15	3	45

续前表

阶段	阶段主要任务	所需工作日	投入人数	合计人天
	系统测试（模块测试和集成测试）	20	2	40
	实施解决方案	3	3	9
	制作客户化标准操作手册	10	2	20
	辅助客户建立内部控制体系	3	1	3
	在两个单位进行项目试点	…	…	…
	正式建立账套	1	1	1
	系统授权	1	1	1
	客户化配置	3	2	6
	静态数据转换和移植	5	2	10
	系统切换准备工作检查	2	2	4
	最终用户培训	10	3	30
	动态数据录入	3	1	3
	权限规划和分配	2	3	6
	辅助客户建立客户内部控制体系	3	5	15
	系统切换	3	5	15
	系统现场维护	1	10	10
3	项目验收			
	项目总结	5	2	10
	项目验收	1	5	5
	⋮	⋮	⋮	⋮
4	转入正常运行与持续支持	1	1	1

9.4　项目验收

为保证项目质量，还必须经历一个重要环节——项目验收。一般来说，验收阶段应提交如下主要报告：

- 系统安装与运行测试报告；
- 系统客户化配置状况报告；
- 业务需求分析及实施匹配评估报告；
- 系统切换工作报告；
- 培训结果评估报告。

项目验收的程序为：由项目经理或特别指定的质量控制顾问对交付成果进行审核，再提交给企业项目经理、企业项目负责人审批。审批通过后，召开项目验收大会，对项目进行验收并批准投入正常运行。该阶段的工作是项目实施阶段的里程碑。

财务管理信息化案例分析

　　近年来，中国一批企业、企业集团已将信息技术与财务管理创新有机融合，如中建集团、上海梅山集团、国泰君安、中兴通信等。本章从研究成功案例、借鉴成功经验、应用信息技术、推动管理进步的视角出发，对大量典型案例进行深入、细致的解析，通过案例分析，进一步阐述财务管理信息化的理论应用。

　　本章主要学习和掌握：

- 业务流程再造与财务业务一体化建设
- 基于集团战略的财务集中管理体系建设
- 多元化企业集团集中核算与控制解决方案设计
- 财务管理的深度变革
- 资金集中管理解决方案设计
- 资金管理

- 金融资源管控
- 内部资本市场运行机制与经济后果分析
- 汇率风险评估

10.1　业务流程再造与财务业务一体化建设
——联想公司网上报销流程再造案例分析①

10.1.1　传统财务报销业务的困惑

　　财务管理是现代企业管理的核心，因为它最能体现现代企业管理对于精准、有效的要求，企业运作过程中所有环节的人财物变化都可以通过财务绩效体现出来。但要想达到这样的要求，必须具备三个条件：首先企业运作的所有环节必须是与财务紧密联系的；其次，企业运作的所有过程状态都必须实时反映到财务上；最后，财务结果必须尽快反馈给企业各级管理者，使其能够迅速作出反应。

　　1996、1997 两年，联想业务急剧扩张，高峰时期，单据要用麻袋送到财务部，财务部每年都要增加 50% 的人手，每天都加班加点。随着企业的扩张，大企业的财务管理到底该如何做，成为联想必须解决的现实难题。IT 技术发展日新月异，联想来自外部的竞争压力也在增大，如何在与国内外企业的竞争中不在管理上失分，也是联想迫切需要解决的问题。对于财务部门来说，必须首先让自己从繁重的重复劳动中解放出来，将财务的基础工作全面转向互联网。

　　图 10—1 清晰地反映了联想传统财务报销业务的困惑。

　　在联想的发展过程中，财务人员和业务人员都对报销这一财务基础业务感到十分苦恼。具体表现为：

- 报销/借款流程复杂。联想集团业务众多，为满足企业内部控制和信息反映的需要，业务人员需要知道公司所有的财务制度，填写不同类型的单据，不同的费用有不同的流程。最后，需要员工知道所有领导的位置，以便完成审批。

- 审批结算过程缓慢。员工需要花费大量时间用于签批，领导的工作随时可能被打断。联想异地分支机构众多，领导出差频繁，经常因为签批问题耽误业务的执行。纸质单据传递到财务部门后，财务部门面临手工记账和付款的巨大压力，处理过程耗费大量时间。

- 单据填写不规范。对纸质单据的填写无法进行相应的填写控制，财务部门

---

　　①　根据联想集团财务管理信息化演讲资料改编。

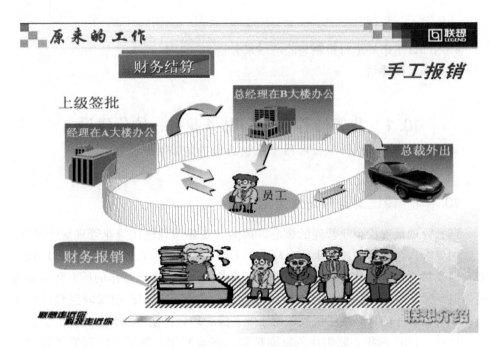

图 10—1　联想传统的财务报销流程示意图

无法对业务活动的经济性质作出判断。单据填写不规范，直接影响了会计信息的质量，也给企业内部控制留下了巨大隐患。

● 数据无法用于管理。企业的报销支付数据记录着企业的业务运作过程，大量数据采用纸面方式传递，仅在财务部门通过记账凭证手工录入会计系统，使得数据的使用范围受到极大限制。这就导致无力对数据进行相应分析、对企业经营业务过程进行反映，也无相应数据对费用控制政策提供有力支持。

为解决上述问题，要将财务人员从简单的报账、记账、算账的角色转变为财务管理的角色，从"事后诸葛亮"转变为相应政策制定的牵头者。设计和建立网上报销系统是解决问题的重要策略。联想认为，网上报销系统不仅仅是简单的会计电算化概念，而是将电子商务的理念运用于财务业务的一项创新工程：借助信息技术优化流程，设计相应的准则标准、控制准则，并将其嵌入网上报销系统，该系统要实现对内与 ERP 接口，对外与银行接口，充分利用现有的内外资源，最大限度地实现信息共享，从而达到提高效率、规避风险的目的。通过网上报销系统的实施，可以使办公理念和企业形象更贴近互联网时代。

10.1.2　网上报销的流程与控制过程

2001 年，联想实现了网上报销，具体过程如下。

● 利用信息技术进行流程优化，如图 10—2 所示。

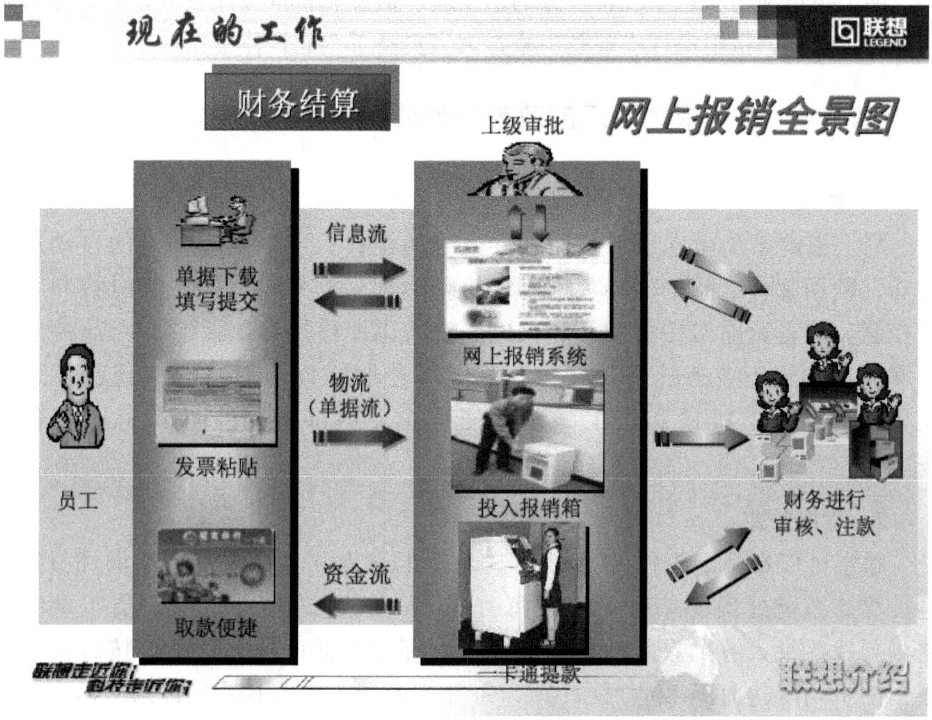

图 10—2　联想的网上报销流程示意图

● 将流程（单据审批流程、资金结算流程）、控制标准（如各部门的差旅费预算、各类人员出差的住宿标准等）、控制准则（如根据费用类型和权限进行流程控制）设置在系统中。

● 员工报销时，进入内部网络填好费用支出项目、金额和原因，系统自动发送邮件提交各级经理审批；审批完成后，员工只要将报销单据投入办公室的财务报销单据箱即可。

● 财务人员在收到网上的电子报销单和原始单据后进入报销处理程序，此时财务实现实时控制：系统自动从数据库中获取预算标准，对部门费用是否超预算进行实时控制；系统自动从数据库中获取人员报销标准（交通工具报销标准、人员住宿报销标准等），对人员出差的合理性进行实时控制。

● 当报销单经审核通过后，自动进行结算，并将款项直接注入员工银行卡。

● 审核通过的报销单自动转换成记账凭证，实现财务业务一体化，报销业务无须财务部门编制记账凭证，所有单据都来自业务前端，不需要财务部门二次录入。

网上报销利用信息系统将财务的票据流、信息流和资金流分开，将业务和财务人员从烦琐的报销流程中解脱出来，大大提高了企业整体工作效率。

10.1.3 网上报销系统的效果与效益

1. 效果

网上报销系统建立了与企业邮件系统的接口，可以实现邮件的自动通知功能，利用邮件之间的流转大大降低企业内部运营成本；实现实时控制与自动控制，使得企业费用控制和相关的制度得以严格执行，杜绝了内部控制中的漏洞；与银行业务挂接，使得企业内部异地资金调动得以实现，各地分支机构通过网上报销和网上银行，使得企业内部资金管理紧密地结合在一起。

2. 直接效益

联想可以在网上报销的费用共 10 种，以 5 000 名员工、每人每月报销两笔计算，系统处理的单据量平均每月在 10 000 笔左右。过去，员工填完单据，要找签批人签批，然后到财务前台，等待单据审核并结算。按每人每次报销的平均等待时间 30 分钟计算，每月可节省 5 000 小时左右，这样可以使员工把更多的精力投入到本职工作中。财务人员的工作量减少了 30%，劳动生产率提高了 2%，由于网上报销的实现，财务人员的工作更有针对性，相同的工作相对集中。财务前台人员减少，有更多的财务人员可以做分析性工作，提高了工作积极性。

3. 间接效益

网上报销系统极大地拉近了财务人员和员工之间的距离，作为财务部门面向员工的门户，它在很大程度上提升了财务部门在企业中的形象；网上报销系统使得财务工作从审核到入账、再到付款的整个流程均透明地展示在员工面前，财务部门对单据所做的任何调整和审核修改均可以即时地反馈到员工那里，这种透明的流程和业务处理模式，使得员工不再担心自己是否可以及时收到报销款，也不必反复琢磨为什么报销金额和最后的支付金额存在差异；网上报销系统的推行改变了传统的单据越级审批、财务被动复核等不合理现象，通过其内部的预设流程，使得单据处理流程正规化，审核会计也不再需要将精力过多地放在流程检查上，从而进一步完善了其内部控制。

10.2　基于集团战略的财务集中管理体系建设
——中国长江三峡工程开发总公司案例分析①

10.2.1　基于集团战略的财务集中管理体系建设的背景

中国长江三峡工程开发总公司（以下简称三峡总公司）成立于 1993 年 9 月。三峡总公司是三峡工程的项目法人，全面负责工程建设的组织实施和资金筹集、使用、偿还以及工程建成后的经营管理。三峡工程是具有防洪、发电、航运等综合利用效益的水利枢纽工程。2003 年，国务院批准三峡总公司重组建制方案，三峡总公司作为主发起人，设立中国长江电力股份有限公司（以下简称长江电力），以葛洲坝电站发电资产为基础，改制上市募集资金 100 亿元。同时，授权三峡总公司滚动开发长江上游金沙江河段溪洛渡、向家坝、乌东德、白鹤滩四座巨型梯级电站，规划总装机容量 3 850 万千瓦，相当于两个三峡工程。2005 年公司资产总额 1 500 亿元，主营业务收入 150 亿元，税后净利润 33 亿元；2009 年三峡工程竣工后，公司投入运营的装机容量超过 2 000 万千瓦，年发电量将近 1 000 亿千瓦时；2020 年基本完成金沙江下游四座梯级电站开发，投产运营的装机容量将超过 6 000 万千瓦，年发电量将超过 3 000 亿千瓦时。

三峡总公司以"建设三峡，开发长江"为使命。2003 年，三峡工程首批机组投产发电，长江电力改制上市，金沙江溪洛渡、向家坝梯级电站开始施工准备，标志着三峡总公司开始由项目法人向公司法人转变，由单一项目建设管理向流域滚动开发的多项目建设与运营管理转变。为了更好地实现这两个转变，三峡总公司聘请国务院发展研究中心就金沙江梯级电站开发管理体制、三峡总公司集团化管理架构和公司中长期发展战略目标进行了专题研究。

三峡总公司的发展目标是为社会提供清洁能源、与生态环境和谐统一，成为在发挥长江流域综合效益中起主导作用的大型企业集团。为此，公司提出全面构建集团化管理架构的目标，重点加强工程建设业务的项目管理和所投资企业的产权管理，逐步构建决策高效、制衡有效、运转协调、执行有力的集团化管理架构。

为满足三峡总公司战略转变的需要，根据公司集团化管理架构，三峡总公司选择了"资金集中收付，会计分级核算，全面预算管理，数据综合分析"的集团

---

① 根据笔者实地研究及 2001 年中国长江三峡工程开发总公司报告改编。2009 年 9 月，中国长江三峡工程开发总公司更名为中国长江三峡集团公司。

公司财务集中管理模式。

10.2.2　基于集团战略的财务集中管理体系的规划

三峡总公司以长江流域水电资源开发为主业，为了适应流域滚动开发的业务战略和跨地域、多项目建设与运营并举的实际需要，坚持财务融资战略基于业务发展战略、财务管理体制适应集团化管理架构的原则，从实际出发，以资金集中管理为核心，以统一的财务信息系统为技术平台，以执行营建合一的《企业会计制度》和《企业会计准则》为切入点，构建集团公司财务管理体系，实现集团公司资金收付、会计核算、财务管理的集中统一，提高集团公司的资金运营效率和财务监管能力，防范财务风险。

三峡总公司财务集中管理体系由保障集中管理模式实施的组织体系、制度体系以及信息系统组成，其内容包括：

1. 资金集中统一管理

其目标是降低集团融资成本，提高资金使用效率。主要体现为两个方面：一是以公司发展战略为目标，适应公司业务发展的需要，实行集中统一的融资策略，制定集团中长期投融资规划，指导集团母、子公司的投融资行为，实现集团利益最大化。对于新开发的项目，在建设阶段不设立单独的法人实体，由集团母公司本部集中对外融资，利用集团信誉降低融资成本；对子公司的融资需求在集团层面统一协调，先在集团内通过内源融资解决，集团内不能满足的融资需求按照规划进行外部融资；在外部融资方式的选择上，充分利用母公司发行长期公司债券和上市公司资本市场股本融资两个融资平台，充分发挥各自的资信、品牌优势，提高融资效率，降低融资成本。二是成立集团内非银行金融机构——三峡财务公司，建立与外部银行支付系统对接、与内部会计核算系统连接的电子支付系统，集团母、子公司的资金流转全部通过财务公司，集中集团成员现金头寸，进行专业化理财，提高现金资产收益。

2. 会计分级核算

建立成本中心、利润中心、集团汇总合并的三级会计核算体系。集团母公司负责会计核算的汇总合并；各工程建设项目部、电厂和事业部负责核算其预算范围内的成本费用支出；各子公司本部负责收入确认、折旧计提、费用分摊、利润核算；对基本建设项目，在营建合一的《企业会计制度》和《企业会计准则》模式下，保留基建项目分项目核算的内部管理与报表体系，保证在建项目建设成本核算完整，为分项目、分阶段竣工决算奠定基础。

3. 全面预算管理

根据集团发展战略目标，通过预算管理，明确分年度各业务单元和经营实体的经营目标和管理目标，统筹安排资源配置；在集团层面成立预算管理委员会，分基本建设项目预算和生产经营公司预算两个口径下达预算指标；预算范围涵盖中长期资本预算、基本建设项目预算、年度经营预算、现金流量预算等内容；集团内关联交易执行统一的定价和收费标准，逐步推行统一的预算编制定额和标准；以预算目标为基础开展集团内部经营业绩考核，发挥预算的控制、激励和导向作用。

4. 数据综合分析

通过信息系统集成，建立统一的集团公司财务数据与业务数据相联系的数据交换平台，集团公司资产财务部汇总合并会计报表，定期集中分析公司预算执行情况，统一披露会计信息，加强对预算执行的综合分析，强化集团公司的财务监控职能，及时提出管理建议，提供决策支持。

建立集团公司财务集中管理架构是一项复杂的系统工程，是管理创新与信息技术融合的结果。在建设实施过程中，三峡总公司采取"统一规划，分步实施，逐步推广"的策略，自 2003 年起，经过几年的努力，初步建成了集团公司财务集中管理体系。

10.2.3　集成 IT 环境的构建：推行统一技术支撑平台支持财务集中管理

具体包括：

1. 明确财务管理信息系统建设的基础——实时集中策略

建立企业财务管理信息系统不是单纯的技术问题，而是以实现集团公司集中统一的财务管理体制为出发点，以应用集团内部统一的财务软件和建立计算机网络为支撑，以企业内部财务人员的集中管理为前提，运用信息技术手段实现财务的集中管理与资金监控，改报表制为并账制，通过系统集成实现全公司一本账、资金一个钱包。

2. 以总公司通信网络为基础，共享网络硬件成果

三峡总公司以位于宜昌西坝的总部大楼和位于三峡坝区的三峡建设管理中心为基本构成点，建立了以光纤传输为主的 1 000 兆以太网体系结构的企业网，两地均配有 1 000 兆以太网主干设备。宜昌总部与总公司北京管理总部实现城域网或局域网互联，由此向外辐射，与互联网互联，与金沙江项目（云南永善、四川成都、宜宾）、新能源风电项目（上海、浙江慈溪、江苏响水等）也采用了专线

网络连接，如图10—3所示。

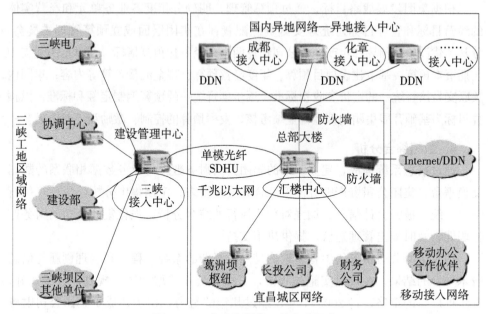

图10—3　企业集团统一的集成平台

3. 落实信息集成的技术方案，实现财务管理系统与业务系统信息数据集成

在财务管理信息化建设初期，整个集团公司存在多个业务应用系统，主要是：（1）工程建设业务管理采用三峡工程管理系统（TGPMS）。TGPMS是从加拿大引进的以合同管理为主线的工程建设ERP软件，是集编码结构、资金与成本、计划与进度、合同、工程设计、物资与设备等于一体的集成工程管理系统，该系统贯穿工程管理的始终，渗透到工程建设的每一个环节。（2）电力生产业务采用IFS的电力生产管理信息系统（EPMS）。EPMS是目前国际上比较先进的电力行业ERP管理软件，是以电厂作业工单为主线进行电力生产管理、成本控制的应用系统。（3）资金管理业务采用三峡财务公司自行开发的电子支付系统和结算系统（TGFCF）。TGFCF是集中资金拨付、电费归集、划转、结算管理以及实现资金电子划拨的资金管理系统。该系统在实现集团公司内部资金划转与结算的基础上，通过与各大商业银行的对接，实现异地划款同城结算。（4）会计核算与财务管理采用用友财务管理软件（UFSOFT）、远光软件、北航开发的TG-FCF系统等。

三峡总公司财务信息系统建设始终坚持"统一规划，统一标准，统一建设，统一管理"的原则，将财务信息系统建设与执行企业会计制度相结合，与会计核算流程、会计组织机构调整相结合，在会计核算环节实现业务系统与财务系统集成，在资金支付环节实现会计核算和资金支付系统集成，在集团管理层面实现财务系统与人力资源系统集成。经过两年的努力，一个内部横向连接原有各业务应用系统、具备财务管理与会计核算功能，纵向整合各下属全资、控股子公司的会计核算和财务管理系统，外部通过财务公司与中国建设银行、中国工商银行结算系统相连接的财务信息系统，在三峡总公司建成并全面实施，从而为三峡总公司构建财务集中管理体系提供了有效的技术支撑平台，如图 10—4 所示。

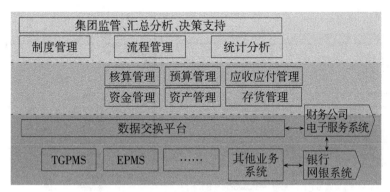

图 10—4　财务管理系统和业务系统数据集成

10.2.4　组织创新与软件资源的融合

具体包括：

1. 调整财务会计机构，落实财务集中管理的组织措施

2002 年，三峡总公司总经理办公会议批准调整财务机构、实行会计集中核算的工作方案。财务机构调整方案严格遵循集团财务管理职能与权限划分要求，适应企业会计制度实施的需要，突出内控职能与业务流程。2003 年，按照企业集团财务集中管理的要求，分步调整集团内部会计核算机构，完成了会计核算和财务管理流程的调整。

一是撤并部分二级、三级核算单位会计机构，分别成立金沙江溪洛渡电站建设会计核算中心、向家坝电站建设会计核算中心、三峡工程建设会计核算中心、总公司机关核算中心、北京核算中心等五个会计核算中心，实现基建业务和事业部集中核算。

二是通过电力产业的改制重组，分别组建了葛洲坝电厂成本核算中心、三峡电厂成本核算中心，按照产权关系初步形成了葛洲坝电厂损益、已收购三峡机组损益由长江电力股份公司核算，未收购的三峡机组由总公司核算的电力产业会计核算体系核算的格局。

三是总公司资产财务部按照"财务管理与会计核算分设，前台核算与后台稽核分开"的内控要求，根据资产产权管理、预算管理、资金管理、总账报表、会计核算和内部稽核的专业分工体系，重构内部组织机构和会计业务流程。

四是各下属公司按照财务集中管理的要求，落实资产产权管理、预算管理、资金管理、总账报表、内部稽核的专业分工体系，在各业务经营地区分别调整并设置会计核算机构，并将组织机构和人力资源信息与管理软件相融合，如图10—5所示。

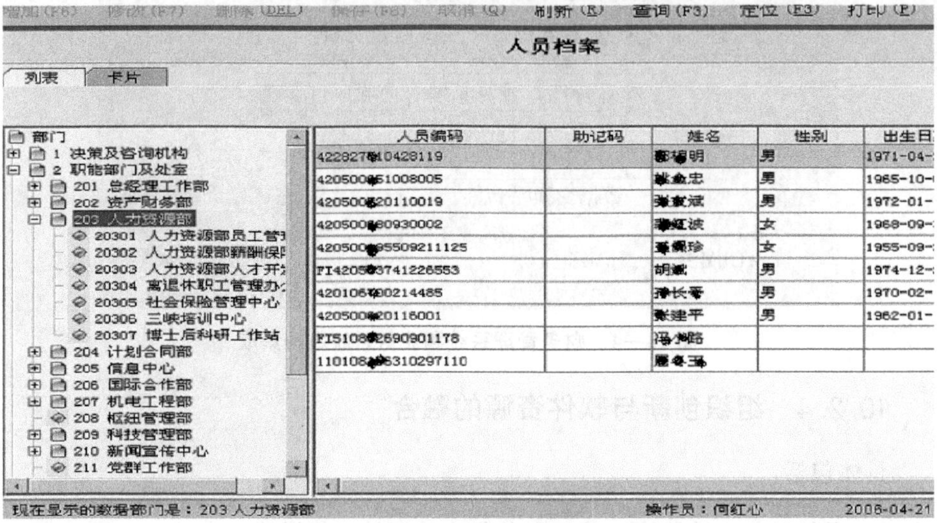

图10—5　人员档案

2. 设立资金管理组织，实现整个集团的资金集中管理

在资金管理方面，专门成立了财务公司作为集团内部非银行金融机构；集中各集团成员与会计核算中心的结算账户和资金头寸，统一承担电费收入的清算回收和工程价款结算支付，归口办理集团现金资产管理业务，有效整合集团内外金融资源，提高企业集团资金使用效率，实现集团利益的最大化。

10.2.5　制度创新与软件资源的融合

具体包括：

1. 执行统一的《企业会计制度》和《企业会计准则》，统一会计核算的"度量衡"标准

三峡总公司执行统一的《企业会计制度》和《企业会计准则》的主要目标是：以财政部颁布的《企业会计制度》和《企业会计准则》为指导，构建符合集

团公司业务特点和组织管理要求的会计核算体系，制定相关业务会计核算实施细则。主要内容为：

（1）取消原有生产经营单位和基本建设单位的行业会计制度，实现营建合一。

（2）统一集团公司的会计政策、会计科目、会计报表及会计信息披露标准；重新设计和调整会计核算工作流程，明确特殊专项业务的核算原则和方法。

（3）在结合企业的行业特点和业务实际制定会计核算实施办法的过程中，三峡总公司坚持在集团内统一会计科目与编码体系，统一制定固定资产分类目录与折旧政策，统一规定资产减值准备计提、资产损失确认的审核程序，统一关联交易核算方法与信息披露要求。

在此基础上，最终形成以"一个基本核算办法，五个专项核算办法，六个配套制度"为主体的会计制度框架，即以《三峡总公司会计核算办法——基本核算办法》为主体，以五个专项会计核算办法为辅助，以《三峡总公司关联交易会计处理暂行办法》、《三峡总公司合并会计报表暂行办法》、《三峡总公司资产损失确认制度》、《三峡总公司资产减值准备计提制度》、《三峡总公司固定资产目录》及《三峡总公司新旧会计制度衔接办法》为支撑的会计制度整体框架。具体如图10—6所示。

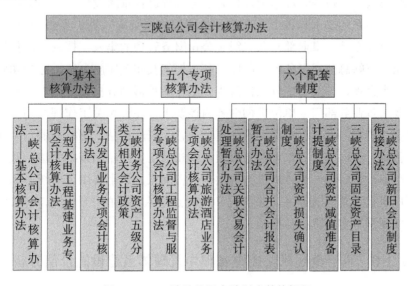

图 10—6　三峡总公司会计制度整体框架

2．将统一的制度和标准固化到集成的 IT 环境中

在制定了统一的制度和标准后，三峡总公司将其固化到 IT 环境中，供所有

成员单位共享，如图 10—7 所示。

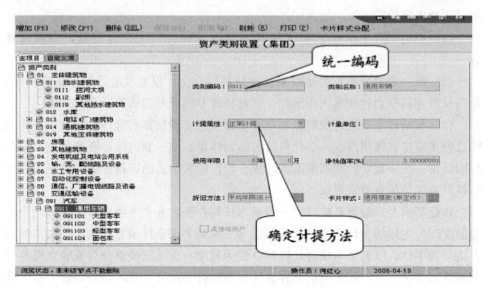

图 10—7　固化统一制度和标准

3．规范重大财务事项的决策机制，统筹设计流程和内控制度

三峡总公司对财务管理和会计核算业务流程进行重新设计，按照集团公司财务集中管理体系的要求和各个业务单元的组织体系架构，进一步明确集团总部、各工程项目建设部（事业部）及二级子公司财务管理的集权、授权与内控监督制度，提出《三峡总公司财务内控制度》基本框架及相关实施办法。总公司将业务分为若干类大项，各大项细分工作流程，工作流程再细分关键控制点，通过关键控制点要求各业务部门、单位贯彻财务内控要求，完善相关工作程序与标准。着重对投资、借贷、发债、担保、重大资产处置、资产评估、招标采购、财务清算及合并重组、收购兼并等重大财务事项明确相关工作程序和审批办法，重大财务决策与财务政策聘请专业咨询机构提供专业咨询意见，由集团公司统一研究，按决策程序审批。总部财务将这些流程和控制点嵌入集成的 IT 环境，与管理软件融合，实现网上实时审批与控制。

10.2.6　基于集团战略的财务集中管理体系建设的价值分析

其价值具体体现在：

1．降低了融资成本，改善了财务结构

一是连续滚动发行中长期企业债券，降低了融资成本，调整了债务结构，

锁定了利率风险。根据水电项目建设周期长、资本密集、运营期资金流量充足稳定的特点，1991 年以来，三峡总公司连续滚动发行了 7 期共 9 个品种的企业债券，筹集资金 220 亿元，债券最长期限达到 30 年。以三峡总公司作为发债主体统一对外发债，实质上就是充分利用集团母公司的资本实力优势和市场信誉直接融资，与银行贷款相比，企业债券融资利率平均降低了 1～1.5 个百分点。

二是抓住三峡电站首批机组投产发电的有利时机，组建"长江电力"并改制上市，构建与流域滚动开发的业务战略相适应的持续融资模式。三峡总公司以全资拥有的葛洲坝电站资产为基础，组建"长江电力"并上市募集资金 100 亿元，再由上市公司以募集的资金配以适当债务逐步收购三峡电站已投产的发电机组。2003—2005 年，三峡总公司通过出售部分发电资产，取得现金 285 亿元，用于偿还三峡工程债务，为滚动开发金沙江 4 座巨型梯级电站提供资金。

以基于业务发展战略的公司中长期财务融资规划为指导，三峡总公司自 1991 年以来逐步加大市场直接融资份额，根据市场环境和资金供需情况，适时以通过集团公司发行企业债券和通过上市公司发行股票两个基本渠道筹集资金，积累市场信誉。2002—2005 年，集团资产总额由 1 000 亿元增加到 1 500 亿元，负债总额仅增加 66 亿元，资产负债率由 52％降至 40％，加权平均融资利率由 5.65％降至 5.20％（在 2004—2006 年国内人民币利率两次加息，国外美元 6 个月 LIBOR 利率由 1％增加到 5.25％的宏观环境下），固定利率债务比例由 22％增至 40％，有力地改善了公司财务结构，为实现滚动开发的业务战略奠定了财务基础。

2. 提高了资金使用效率

集团成员结算账户和资金支付高度集中于财务公司和集团总部，提高了集团资金运转效率。依靠信息平台，集团总部不仅能实时掌握资金流向，而且能最大限度地减少资金的在途占用和备付占用，实现动态资金的充分利用。在湖北、北京等地的成员企业和工程项目建设部均实现了资金集中于集团宜昌总部，资金结算支付则通过网络在全国各地实时完成。集团财务信息系统、商业银行网银系统、财务公司电子支付系统的连接和有效集成，已经突破了传统的企业会计核算和银行支付界限，实现了资金高度集中、统一管理。2004 年和 2005 年，溪洛渡、向家坝电站建设所支出的 106.91 亿元资金分别由两个会计核算中心在云南、四川的工程项目现场审单制证，提出支付申请后通过网络在宜昌总部完成资金支付。葛洲坝电厂、三峡电厂 2004 年和 2005 年的 2 610.18 亿元电费回收与结算涉及华东、华中与南方三个电网 10 个省（直辖市），全部通过财务公司电子支付系统与各家银行清算，既保证了资金安全，又获得了时间价值。2004 年和 2005 年，集团公司仅通过资金集中收付、分级核算、集中头寸管理等手段，就分别获得了约 2.26 亿元、3.81 亿元的现金资产投资收益，占当年集团合并利润总额的 9.02％和 10.23％。

3. 促进了集团财会管理工作走向规范化、程序化、标准化

在统一的集团账套框架内，各会计核算中心（成本中心）核算的记账凭证和支付申请单实时传递到集团总部，由集团总部统一生成会计报表，形成"一套账"；各二级、三级子公司按照统一规范的账套模板，执行统一的会计政策、核算流程与管理内控制度；集团公司通过汇总合并与系统集成，实现会计核算"一本账"、资金收付"一个钱包"、信息系统"一个平台"的财务集中管理模式，提高了工作效率，使得会计信息准确实时，集团监控有效。三峡总公司上报财政部、国资委的企业快报及财务决算主要数据均由系统直接生成，年度会计报表编报工作连续三年获得国资委有关部门的肯定和财政部通报表扬。集团总部可以对所属各建设项目部（事业部）和二级、三级子公司会计信息进行快速分析集成，实现实时在线监控（对银行账户、物资存货、应收账款、预算支出等主要项目，可以随时进行监控）。统一的会计制度和财务信息系统，促进了集团财会管理工作规范化、程序化、标准化。在此基础上，集团公司初步形成了年初预算、中期执行分析和年末决算报告的财务分析例会制度。会计信息的透明与实时反馈为总公司决策和风险防范发挥了积极的支撑作用。

4. 促进了集团公司内部预算管理、绩效考核、工效挂钩清算联动机制的建立

集中管理的财务体系覆盖了三峡总公司总部、各会计核算中心和全部下属单位，为三峡总公司执行统一的《企业会计制度》和《企业会计准则》提供了有力保证，统一的财务信息系统为集团公司各业务部门和二级企业提供了及时、准确的会计信息，财务信息系统与人力资源薪酬管理系统集成以后，实现部分数据共享。2004 年和 2005 年末，三峡总公司运用两个系统对各所属单位年报审计、业绩考核指标完成的确认、工效挂钩清算三项工作同步进行，经过几年的考核，进一步体现了总公司的管控意图，充分反映了所属各公司的生产经营特点，引导各公司在集团战略的指导下发展。内部预算管理、绩效考核、工效挂钩清算联动机制的建立，深化了预算管理内涵，增强了预算约束，促进了公司业绩稳步增长。2003—2005 年，三峡总公司的总资产、销售收入和利润总额分别增长了 15.66％，251.101％和 225.31％。

10.3　多元化企业集团集中核算与控制方案设计

——中国电子信息产业集团公司案例分析①

10.3.1　中国电子信息产业集团公司简介

中国电子信息产业集团公司（CEC）组建于 1989 年，是中央直接管理的国有重要骨干企业。目前，CEC 旗下拥有 37 家二级企业和 16 家控股上市公司，员工总数逾 13 万人。2013 年，实现营业收入 19 381 亿元，利润总额 39.6 亿元，2013 年底，资产总额达 1 820 亿元，连续三年入选《财富》世界 500 强企业，注册资本金 58.8 亿元。CEC 是现属国资委管理的 53 家央企之一，是国有独资企业董事会试点单位。经过多年的发展，CEC 在集成电路设计和制造、计算机软硬件与系统集成、通信及数字家电产品、高新电子信息装备的研发和产业化等方面不断聚集人才、创新技术、开拓市场、壮大产业，在我国信息产业领域发挥着特有的作用和影响力。

● 主要业务及规模。CEC 是国内软件及系统集成服务的主要供应商。其成员公司于 2004 年被信息产业部评为独立软件开发企业第一名。CEC 可提供系统软件、支撑软件及应用软件，所属品牌众多，个体实力较强。业务涉及范围广，包括 IC、软件、PC、通信、广电、家电、高新工程以及内外贸易、建筑、金融、服务、物业等，主要为竞争激烈的行业。CEC 还通过其附属企业，重点为银行、金融、税务、保险、电信、交通和烟草等行业提供多种服务。

● 行业优势。CEC 旗下拥有上海华虹集团有限公司、中国华大集成电路设计有限责任公司、中软网络技术股份有限公司、夏新电子股份有限公司、深圳桑菲消费通信有限公司、深圳桑达电子集团有限公司、三星石化（集团）股份有限公司、中国电子进出口总公司，以及长城电脑、长城开发、南京熊猫、彩虹电子等一批知名企业。

● 打造 IC 航母。2005 年 8 月初，国资委发布了《关于中国电子信息产业集团公司等 6 户企业重组的通报》。通报指出，中国长城计算机集团公司并入中国电子信息产业集团公司，重组后中国长城计算机集团公司撤销。这是国资委在国有大型企业集团中打造"大船文化"的又一具体举措。长城并入 CEC 至少能体现纵向合并（产业的上下游）、横向合并（同业的竞争对手）、产品延伸合并、市

---

① 根据笔者实地研究资料改编。

场延伸合并四个方面所带来的好处。

● 行业竞争加剧，面临严峻考验。CEC 产业链长，覆盖面广，处于复杂的多元竞争环境中，在手机、PC 制造、家电等行业更是面临严峻考验。由于受到种种历史因素的制约，CEC 的运营成本不断提高，利润空间进一步缩小，已难以适应激烈的市场竞争。如何抓住有利时机，整合社会资源，通过优化资源配置、调整产业结构，形成有竞争力的产业链和产业群，提高抵御市场风险的能力，是 CEC 作出新的战略抉择需要解决的问题。

10.3.2 价值链分析：CEC 财务战略执行过程中的问题分析

2005 年之前，CEC 集团在发展壮大过程中在全国多个地区和城市建立了分（子）公司，当一个分（子）公司建立后，就形成一个为此分（子）公司服务的财务组织。一个个分（子）公司的财务组织独立进行财务核算和管理，从集团财务管理的角度看，就形成了一个个信息孤岛，如图 10—8 所示。

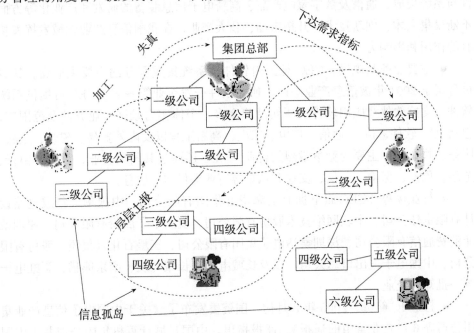

图 10—8　CEC 集团财务管理的信息孤岛

CEC 集团下属企业众多，覆盖多个行业，如手机、PC 制造、家电、金融等行业；链条长，集团与利益相关者（分（子）公司）之间的链条纵向延伸至 4～5 级，甚至更多。CEC 财务战略执行过程就是集团不同层级利益相关者的财务组织，在集团纵向链条上通过一个个价值活动使得信息在纵向链条上流动，并为投资人、债权人、经营者等信息使用者创造价值，从而构成了一条纵向价值链，更确切地讲，形成了一条只有信息活动的纵向虚拟价值链。然而，在企业集团财务管理的纵向价值链上，信息的沟通、传递又是在集团与成员单位的一个个信息孤岛之间进行的，再加上 CEC "先有儿子，后有老子" 的固有特征，使得财务战略在执行过程中出现了诸多问题。具体表现为：

1．CEC 集团与下属企业之间无法就战略达成共识和实现共享

集团财务管理不同于单一企业的财务管理，它是对集团的主要经营目标、经营方向、重大经营方针和实施步骤所作的长远、系统规划，其财务管理具有战略性。集团财务主管领导应该从战略角度思考，首先在集团层面制定统一的财务战略，即与集团战略相一致的财务制度、财务流程、控制机制和评价体系；分（子）公司在集团整体财务战略的框架下，体现 "集权" 和 "分权" 的相互融合，最大限度地发挥企业集团的边际效益优势、产业链组合优势、复制扩张优势。但是，当 CEC 集团以纸质红头文件将财务制度和政策下发给集团成员单位时，这些成员单位是否会在自身的财务管理过程中贯彻执行呢？子公司也是独立法人，具有自主经营、自负盈亏的法律主体地位，财务活动更多地是服务于本企业的管理活动，接受本企业监管部门的监督，从而会忽略集团整体的财务战略目标。从纵向虚拟价值链看，当集团和成员单位之间没有有效的信息共享平台时，很难保证集团总部下达的财务制度和政策在分（子）公司有效贯彻和执行。集团仅仅是统一的财务制度和政策的倡导者，无法与下属子公司就财务战略达成共识。

2．CEC 集团与利益相关者（分（子）公司）无法实现战略的协同与贯彻

集团与下属单位之间的链条纵向延伸至 4～5 级，甚至更多。各个分（子）公司是从事经济活动的主体，相应的财务部门收集本公司的各种经济业务信息，如从采购到付款活动的信息、从销售到收款活动的信息、投资活动信息、筹资活动信息等，并加工成为财务报告等；为了反映整个集团的财务状况和经营成果，纵向链条上的各个分（子）公司将相应的报表层层上传、汇总、合并，最后形成集团的财务报表，集团只能看到报表数据及其反映的表面现象。然而，纵向虚拟价值链上不同层级的分（子）公司是否按照集团统一的财务战略所规定的财务流程客观、正确地获取经济业务信息？是否按照集团统一的财务政策与制度来挑选、加工信息并保证信息的质量？能否提高报表层层上报、汇总、合并的效率和质量，并在财务战略的框架下有序、高效运作？CEC 集团无法有效地掌控这些价值活动的过程和具体内容，也就无法确保集团财务战略被各个层级利益相关者

有效贯彻。而这一切皆源于集团无法有效地保证最终获得的反映财务战略执行情况的信息的真实性、正确性和有效性。

3. CEC 集团缺乏有效的战略评价与激励体系

集团财务管理团队负有实现企业价值最大化的责任，需要向投资者解释经营成果和提高经营管理水平，向经营者展现不同的成员单位、行业板块、责任中心等的经营绩效、经营风险、财务状况、获利能力等，并通过多视角评价体系评价其绩效。但是，从虚拟价值链视角分析，在 CEC 集团与成员的信息孤岛环境中，面对集团庞大的组织结构和复杂的层级关系，面对自下而上层层收集汇总信息的状况，CEC 集团财务部门无法组合、分配、发布满足多视角分析要求的财务与非财务信息，使得集团很难从多视角客观地评价绩效，从而影响了集团成员单位和个人为集团创造价值的动力，集团也无法合理地配置资源，最终影响了竞争力的提升。

通过 CEC 的集团财务战略执行过程的价值链分析可以看出，三大问题的根源是信息治理的缺失，即信息不能有效集成，导致各种信息活动削弱了企业集团的财务战略执行力。

为此，CEC 购买了企业集团财务软件，并设计了财务集中核算与控制的解决方案，构建了集团统一的信息集成平台，将统一的管理制度、统一的监控体系、统一的绩效评价体系与管理软件有机融合。

10.3.3 优化价值链构建信息集成的 IT 环境

按照价值链理论，优化价值链就是要消除非增值活动。从以上 CEC 纵向价值链的分析可知，CEC 集团财务管理建立在信息孤岛组成的价值链上，集团总部将财务管理制度和政策层层下达、集团成员单位将财务信息层层上传、汇总等活动的协同性、及时性、有效性无法得到保证，导致价值链运作效率低下，运行成本增加，并制约集团对分（子）公司的财务控制力和执行力，这些活动就是非增值活动。因此，利用信息技术建立集团总部与分（子）公司的集成信息环境，是消除非增值活动的基础。

为此，CEC 根据集团财务管理与控制的需求，选择 B/S 技术构建集团总部与成员单位之间实时集中的信息集成的 IT 环境（包括管理软件、网络、数据库等），将集团财务管理的纵向价值链建立在信息集成的环境中。

整个集团财务管理的纵向虚拟价值链只有两个成员：集团总部和下属成员单位。传统价值链上的多层信息管理的组织关系不再存在，集团总部与下属成员单位的信息通过网络实现共享，纵向虚拟价值链大大缩短，如图 10—9 所示。

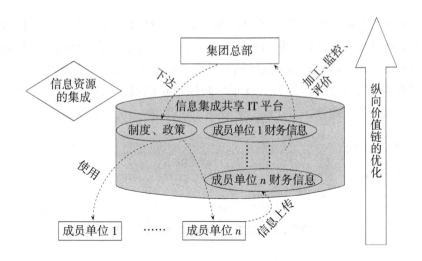

图 10—9　CEC 集团优化纵向虚拟价值链

多层级的价值链在 IT 环境下被优化，使信息传递的及时性、信息使用的有效性得到保证，为财务战略的共享和达成共识奠定了基础。

10.3.4　财务制度与软件资源的有机融合

为使集团的财务管理更具战略性，CEC 集团财务管理团队对全集团进行深入调研、归纳、总结、提炼，形成了集团统一的财务制度（如统一的会计科目、统一的客商管理体系、财务流程、控制机制等）。在此基础上，为了使统一的财务制度在全集团达成共识，得到共享及有效贯彻执行，财务制定与集团管理软件被有机融合。具体包括：

1. 通过定义组件将集团统一的财务制度和规定固化在共享数据库中

集团总部通过定义组件将统一的会计科目、统一的客商管理体系等保存在集成的 IT 环境中；对下属分（子）公司配置财务权限，即对不同层级的分（子）公司配置科目的修改权、筹资活动权、投资活动权、资产处置权、内部交易客户的分配权等，其目的是明确不同利益相关者在共享财务战略时的权利和义务，并将结果保存在共享数据库中，支持利益相关者达成战略共识、实现共享。

2. 通过映射组件把集团的统一制度和政策按照成员单位财务战略的差异性进行分解和映射

CEC 下属的分（子）公司有几百家，分别属于电子出口、制造、金融等不同行业，财务战略各有不同，会计科目体系也各不相同。例如，集团的会计科目体系能够涵盖集团所有经营业务，但就具体的分（子）公司而言，其会计科目体系只要涵盖本公司的经济业务即可；某企业会计科目仅仅是集团会计科目的子集，需要通过映射组件将子集科目体系映射到具体的分（子）公司。这样就在体现利益相关群体战略协同和一致的同时，确保集团财务战略在虚拟价值链上被各层级利益相关者有效贯彻执行，保证了集团成员的财务能够在统一的规则下运作，达成信息的一致性、可比性、有效性，如图 10—10 所示。

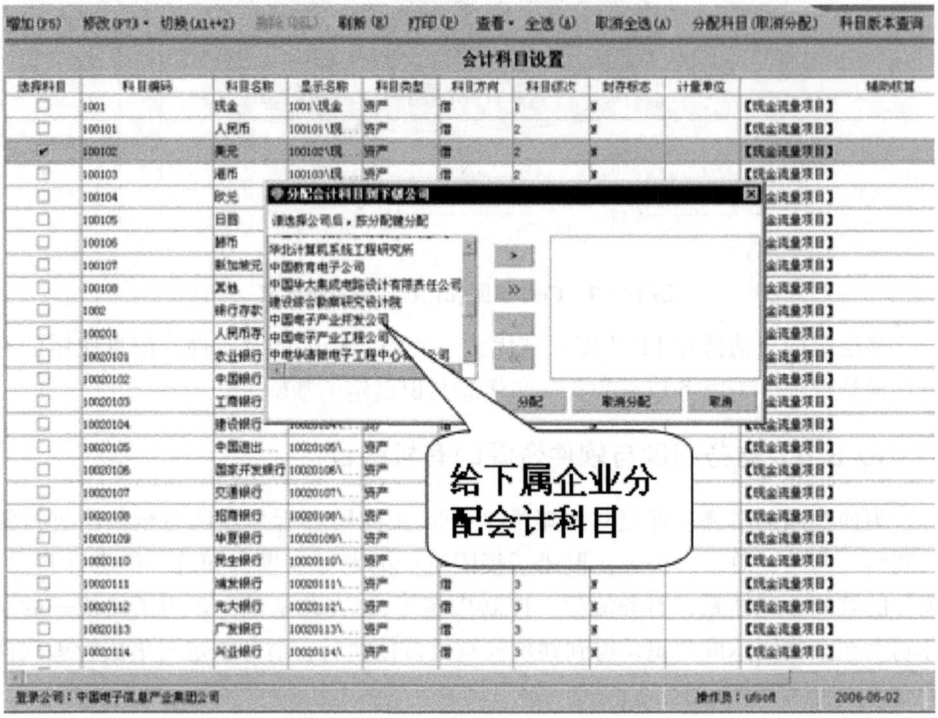

图 10—10　会计科目映射与分解

过去，企业集团"形聚神散"。集团仅仅是财务战略的倡导者，而下属企业才是制定者和使用者。现在，在信息集成的价值链上，集团变为财务战略的设计者和控制者，下属公司成为真正意义上的财务战略的执行者和使用者。此外，通过层层细化的权限管理，每一个岗位的人员只能在系统中操作自己权限范围内的经济业务内容，确保经营业务的规范、统一。通过应用战略映射组件等软件资源，CEC 集团实现了财务制度和政策的快速复制，从而保证了财务制度在集团扩张和发展壮大过程中的贯彻执行。

10.3.5　财务监控体系与软件资源的有机融合

CEC 必须改变自身"散而不精，大而不强"的产业格局。做精做实是实现可持续做强做大的前提和手段：唯有集中有限的资源才能做精，唯有提高资源的使用效率才能做实。然而，CEC 长期以来相对的"分权"管理，常让决策者体会到"千金散尽不复来"的切肤之痛。

过去，集团只能等待下属企业层层上报数据来了解各分（子）公司的财务战略执行情况，周期长、准确性差，为集团战略的实现埋下了隐患。与此同此，审计工作必须实地考察，费时费力，下属企业回旋余地大，导致集团监控能力弱。集团面对下属企业的款项申请无法作出准确的判断，造成资源配置不尽合理。

在优化价值链的过程中，CEC 制定了统一的财务监控体系，如资金账户监控、资产账户监控、重大异常事项的预警监控等，并与软件资源有机融合——通过信息收集与监控组件，实现集团对分（子）公司的实时监控，如图 10—11 所示。

图 10—11　在 IT 环境中通过网络实时监控分（子）公司财务信息

在信息收集与监控组件的支持下，价值链上不同层级的分（子）公司按照共享数据库中规定的财务流程，客观、正确地获取经济业务信息，并通过网络跨越时空地直接将信息传递到共享数据库中。无论分（子）公司在何处，财务战略执行信息都直接传递到总部的共享数据库中，不必将财务报表层层汇总、上报，大大提高了财务信息的准确性、正确性。集团总部可以通过网络实时监控下属公司资金的流量和流速，动态掌握其经济业务活动，确保财务能够真实地反映业务活动；审计工作可以通过网络实时"一查到底"，不给违规操作以机会，大大降低了财务造假的可能性。

统一的财务监控体系让CEC的财务战略得以贯彻落实，集成的信息系统使总部可以随时收集下属成员单位的信息，确保协同运作。

10.3.6 绩效评价体系与软件资源的有机融合

为了有效地评价战略执行情况，CEC制定了集团财务战略评价规则，依据财政部绩效考核的评价规则，从基本指标、修正指标和评议指标三个层次以及财务效益状况、资产营运状况、偿债能力状况、发展能力状况四个方面定义评价规则，并与软件资源分析与评价组件融合；一方面，分析与评价组件支持CEC的财务战略评价规则保存在集团的信息集成共享IT平台；另一方面，利用分析与评价组件自动从数据库中获取几百家成员单位的数据，按照统一的评价规则生成评价结果，如图10—12所示。

图10—12 IT环境生成的评价结果

　　过去，由于没有集成信息和自动生成评价结果的软件资源的支持，集团财务部门很难及时提供多视角的评价报告。现在，无论集团管理层从产品维度、区域维度，还是从经营板块维度（PC、手机、金融板块等）、法人治理维度评价报告，这种将评价规则与软件资源有机融合的策略都能够最大限度地提供评价报告，为激励利益相关者创造价值以及集团的发展奠定了基础。

　　CEC 财务战略执行效果的对比如表 10—1 所示。

表 10—1　　　　　　　　　　CEC 财务战略执行效果的对比

项目	优化前	优化后	解决问题	优化手段
财务体系、制度、政策	难以有效贯彻落实	具有可复制性，下属单位按权限取用，支持企业集团的扩张战略	财务战略定义与映射	IT 环境下多组件的灵活运用
信息收集	信息传递滞后，准确性差	信息真实、及时、准确	保障信息质量	
财务成本	人员多，存在大量重复性工作	缩减人员编制，数据一次录入，多次重复使用	降低财务成本	
审计手段	实地抽样，成本高	实现远程监控，降低审计成本	实时监控	
绩效评价	缺乏科学的评价、考核	建立科学的评价体系，自动出具考核报告	战略分析与评价	

10.3.7　财务管理系统的实施

　　在 CEC 项目启动后长达一年多的时间里，历经调研分析、实施方案、测试、上线、持续等多个环节，共上线 107 家下属公司，每个单位有 10 余人使用该系统，日常并发处理有 40～70 人，高峰时期可以达到 100 余人。在使用过程中，各项操作流畅，效率较高，系统运转情况良好。此外，由于 CEC 的下属单位超过 400 家，预计全部上线后，用户数量会增加 3 倍以上。

10.4　财务管理的深度变革
——财务共享服务案例分析

　　共享服务的建立不仅能够降低成本，而且可以提供一个标准的工作程序，避免地区和业务部门之间出现执行标准的偏差和内部管理的"黑洞"现象，使更多的管理数据在统一的标准下得以比较，这是公司管理层、董事会取信于股东的重大利好因素。目前，许多《财富》500 强跨国公司和国内大型集团公司都建立了共享服务模式。

对中国的理论界和实务界来讲，共享服务还比较陌生，构建财务共享服务模式的企业屈指可数，中兴通讯、国泰君安等一些企业开始了这方面的尝试和探索，我们相信会有更多的企业加入其中。下面讨论两个共享服务模式最佳实践的案例。

10.4.1 国泰君安的共享服务[①]

国泰君安证券股份有限公司（以下简称国泰君安）是由原国泰证券有限公司和原君安证券有限责任公司通过新设合并、增资扩股，于 1999 年 8 月 18 日组建的。目前注册资本 47 亿元，第一、第二、第三大股东分别为上海国有资产经营有限公司、中央汇金公司和深圳市投资管理公司。公司所属的 2 家子公司、5 家分公司、23 家区域营销总部及所辖的 113 家营业部分布于全国 28 个省（自治区、直辖市）及特别行政区，是目前国内规模最大、经营范围最宽、机构分布最广的证券公司之一。

国泰君安设有三级组织结构：公司总部、区域管理总部和营业部。在传统财务管理模式下，每个营运部都有财务组织——财务部。为了支持企业的管理创新和强式总部的管控需要，降低财务风险，国泰君安构建了财务共享服务中心模式，在财务组织上和职能上进行了深度改革。

1. 财务组织上的变革

国泰君安在总部创建财务共享中心，在区域设立财务共享中心的派出机构，取消了全国 110 多家营业部的财务部门，如图 10—13 所示。

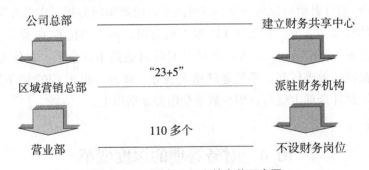

图 10—13　财务组织上的变革示意图

2. 财务职能上的变革

过去，国泰君安各个营业部独立性较强，对应的财务管理模式将大量的基础

性会计工作集中在营业部，包括审查、记账、支付、监督、报表及核对等；区域
管理总部负责预算控制、抽样监督、审批管理；总部则从制度、规模上进行控制，
负责制定规则（如图 10—14 所示）。这样，各个营业部就存在大量十分类似的基础
性会计作业，而这些作业都由营业部设立独立的财务岗位来完成。财务数据向总部
的传递存在时滞，无法保证各个营业部确实落实了总部制定的各项规则。

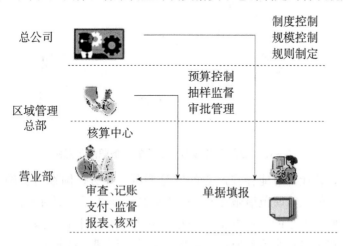

图 10—14 变革前各级财务部门的财务职能示意图

现在，将原来营业部的财务权转移到财务共享服务中心。总部将各个营业部
的财务权限（审查、记账、支付、监督、报表、核对等）集中到财务共享中心，
在区域管理总部设置派出机构，统一处理审查、记账、支付、监督、报表及核对
等基础性工作；取消原来各营业部的财务部门，营业部设专人只负责单据填报工
作，大大减少了财务人员岗位（如图 10—15 所示）。作为财务共享中心的前台，
各派出机构统一处理业务，提高了财务数据传递的及时性和准确性，使得位于总
部的财务共享中心的后台可以将更多的精力集中在财务分析和报告上，在制定财
务政策、编制预算时也有了更多的依据。

变革的价值十分明显，具体体现为：

● 统一制度与规则，确保公司财务战略的贯彻与执行。统一的核算体系通常
由两个重要的组成部分来支撑：一是统一的基础信息，包括会计科目、币种、期
间等；二是统一的核算规则。国泰君安有一定的信息化基础，因此各个营业部基
本可以实现统一的信息基础，在会计科目上保持一致。但是，总部的财务战略并
没有得到彻底的贯彻与落实，由于各营业部独立交易、独立清算，因此在核算规
则上存在一定差异。

● 强化公司内部控制，有效降低运营、管理、财务风险。近年来大量证券公

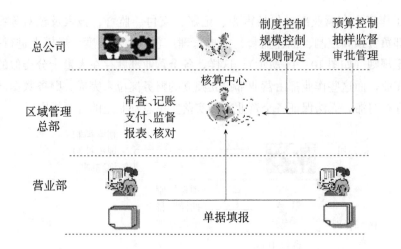

图 10—15 变革后各级财务部门的财务职能示意图

司的危机说明，营业部可能存在严重的监管漏洞。过去，国泰君安的 M 型组织结构使监管部门的风险防范措施在基层被屏蔽掉，形成了总部有人监管，而营业部无人监管或监管不足的不利局面。现在成立财务共享中心，国泰君安对费用、资本性支出、资金进行全流程监控，降低了运营、管理、财务风险。

● 创新式多维分析，奠定考核评价基础。绩效考评是公司战略发展闭环系统中的关键环节。只有建立完善的考核评价系统，才能清晰地识别战略目标执行得如何、缺陷在哪里，进而指导、改进下一周期的战略目标制定。而这一体系必须建立在数据集成的基础上，财务共享中心借助集成的 IT 环境提供的创新式多维分析手段，可以实时监测成员单位的收入情况、费用支出情况和资金流动情况，为形成科学、全面的绩效考核报告奠定了基础。

财务共享中心不仅推动了国泰君安在管理方面的创新，还通过信息技术大幅减少了财务人员的工作量，降低了成本。成本效益的具体数字量化表现如下：

"3/4"：过去 113 家营业部各自设立财务部门，现在仅在 23 个区域总部和 5 个分公司设立财务机构，取消的基层财务机构数量达 3/4。

"2/3"：过去，每个营业部的财务部每天要将 2/3 的精力花在经纪业务的交易清算和汇总报表上，现在则由财务共享中心进行集中处理，大大减少了营业部的工作量。

"6 万小时"：从另外一个角度来看，先做一个保守的估计，假设过去每个营业部至少有一名财务人员每天花两小时处理清算业务，那么一年花费的总工时为：2（小时）×22（交易日）×12（月）×113（营业部）＝59 664（小时）。

"180 万"：假设国泰君安一名普通财务人员每小时的薪酬成本为 30 元，则财务共享中心每年将为国泰君安节省薪酬支出 1 789 920 元（30×59 664）。

10.4.2　中兴通讯的共享服务[①]

中兴通讯成立于 1985 年。1997 年中兴通讯 A 股在深圳证券交易所上市，2004 年 12 月在香港上市。中兴通讯已成为中国电信市场最主要的设备提供商之一，并为全球 120 多个国家 500 多家运营商提供优质的、高性价比的产品与服务。在中兴通讯的发展过程中，形成了基于集团外派的分散式财务管理模式，如图 10—16 所示。

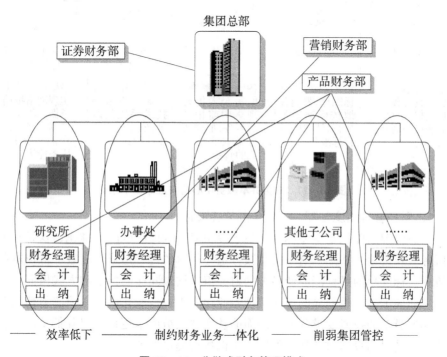

图 10—16　分散式财务管理模式

这种分散式的财务核算及管理模式在中兴通讯发展初期发挥了重要的作用。但随着规模的扩大以及业务模式的不断创新，分散式的财务核算和管理模式也面临巨大的挑战：分散的独立财务组织效率低下、成本高昂；缺乏业务支持和战略推进能力；集团缺乏对基层业务单位及子公司的监控能力。

面对亟待解决的关键问题，中兴通讯构建了财务共享服务模式，通过标准和

---

① 资料来源：笔者与中兴通讯的陈虎团队合作进行案例研究，获取了企业财务共享服务模式构建的第一手资料，在此基础上形成案例。

规范的建立、财务分散式管理模式到集中管理模式的转变、流程再造，以及信息技术的应用，实现了财务共享服务中心整体能力和效率的提升。财务共享服务中心的演进过程如图 10—17 所示。

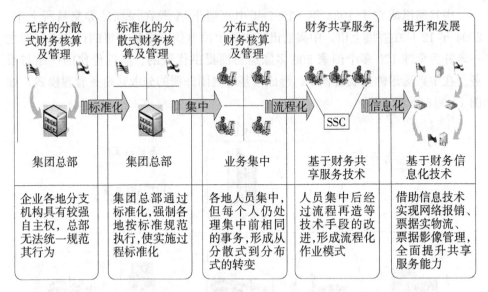

图 10—17　财务共享服务中心的演进过程示意图

1. 财务管理制度创新——财务制度标准化

财务管理制度创新主要体现在整个集团财务管理制度的标准化，这是财务共享服务模式构建的基础。财务共享服务最终的目的之一是建立高效、低成本的运作流程。标准化的过程能够使各地的财务组织按照同样的标准和方式做同一件事情，从而使本来各具差异的工作实现专业化分工。专业化的分工最终将使从事这项工作的员工的技能要求降低，因而能够实现人员成本更低，以降低集团财务管理成本，同时为集团财务战略的统一贯彻执行提供保证。

中兴通讯的财务管理制度的标准化实施过程为：第一，在集团层面制定标准业务规范，以经过充分评审的标准业务规范作为实施的文档基础；与此同时，对标准化作用和意义的宣传也是必不可少的，这能为后续的推进减少阻力，并形成标准化的氛围。第二，中兴通讯通过集中培训的方式使各地财务组织全面掌握新的标准，并正式执行。第三，持续监督执行情况是最终实现标准化的保障。

实施标准化后，尽管中兴通讯分散式的财务组织形式没有变化，但此时已经为财务组织变革提供了蜕变的潜质和基础。

2. 财务组织创新——财务人员的集中化

财务组织创新主要体现在财务组织从分散式到集中式的转变，这是财务共享服务模式成功的关键。财务共享服务是一种典型的集中式组织模式，它通过将服务端（共享服务中心）和客户端（企业集团成员单位）分离的方式，重新定位了集团和基层业务及子公司之间的业务界面和业务关系，并将从事标准化财务工作的财务人员从成员单位中分离出来，归属到财务共享服务中心，实现财务人员的集中化。集中式组织模式能够实现资源的有效共享，由一个服务端向多个客户端提供服务，所有客户端能够共享服务端资源。同时，通过合理配置一个服务端对应的客户端数量，能够最大限度地平衡资源。此外，通过服务端进行服务的封装，能够使财务的服务界面简单化，从而提升服务水平，提高业务效率，并为执行统一的财务战略提供支持。

为了降低成本以及提高整个集团财务战略的执行力，中兴通讯实现了从分散式财务组织向集中式财务组织的转变。2005 年底，中兴通讯对财务体系进行了组织变革，从原来基于整个集团按成员单位进行的财务部门构建，转变为基于业务类型的财务部门构建，并将基于业务类型的财务部门剥离出来，集中归属到财务共享服务中心。

中兴通讯在这次变革中面临人员、流程等多方面的压力。项目组在实施过程中改进管理，包括及时沟通、保持信息透明；分析人员状况，分类进行沟通；给予适当的承诺，鼓励积极响应者。在这些措施的共同作用下，集团顺利地完成了变革，并保证财务战略在整个集团成为共识，得到强有力的执行。

3. 流程创新——财务管理流程化

业务流程再造对企业业务流程进行根本性的再思考和彻底的重设计，以使成本、质量、服务和速度等现代关键业绩指标显著提高。财务共享服务中心建立的过程实质上就是财务流程再造的过程。通过流程再造，实现了财务管理向流程化和业务化分工的转变。在操作过程中，中兴通讯实施了包括费用报销流程、资金收付流程、应付流程在内的流程再造。

4. 技术创新——财务管理网络化

财务共享服务中心同样需要强大的信息系统来支持。它最重要的作用在于建立了一个 IT 平台，将财务共享服务中心制定的一切财务制度都固化在统一的数据库中，包括财务作业流程等都在信息系统中进行统一设定，成员单位不得随意修改，从而保证总部的战略得到有效贯彻和落实。将传统会计信息系统进行集成再造是信息系统演变的必然趋势，在对传统会计业务流程进行共享服务流程再造后，中兴通讯建立起了基于共享服务系统平台的集成的网络财务系统。

以网上报销模块、票据实物流、票据影像模块、过程绩效测评模块和综合管理模块为核心的共享服务系统平台，为中兴通讯财务共享服务的实施奠定了强大的信息系统基础。

财务共享服务的成功实施对提升中兴通讯的整体财务核算和财务管理水平起到了巨大的推进作用。经过两年的稳定和优化，共享服务的价值日益凸显。运作成本显著降低，如财务流程处理成本比实施共享服务前下降了 50%，每张单据的处理成本由 2005 年的 14.98 元下降到 2007 年的 7.34 元；服务质量及运作效率提升，实施共享服务后标准化的单据审核形成了一致的结果，财务呼叫中心建立，以统一的接口和界面面对员工提出的各类问题，服务质量和员工满意度得到提升，财务业务处理用时由 7 天缩短至 72 小时，平均业务处理能力也提高了 1 倍；财务业务一体化集团战略的推进得到落实，通过集中整合，基础财务业务从分散的各地财务组织集中到财务共享服务中心。各地财务组织中空出的人员编制用于补充其他岗位，他们直接从财务共享服务中心获得数据产品，并深入研究业务，提供经营过程的决策支持，推进集团一体化战略的实施；实现集团范围的财务监控，实施共享服务后，所有的业务处理对于集团而言是透明的，任何一笔业务均可以通过财务共享服务中心进行查阅，这最终为及时发现问题提供了有力的支持。

10.5 资金集中管理解决方案设计
——梅山公司案例分析①

10.5.1 上海梅山有限公司简介

宝钢集团上海梅山有限公司（以下简称梅山公司）始建于 1969 年 4 月，在 1998 年 11 月上海地区钢铁企业重组，成立上海宝钢集团后，成为上海宝钢集团下属的全资子公司，总部设在上海，生产基地位于江苏南京。拥有自备矿山、码头、铁路等丰富的发展资源，是集产业、贸易、科研于一体的多元化发展的国有特大型企业，是我国的大型钢铁生产商之一。

经过 40 多年的建设和发展，梅山公司现已成为集采矿、选矿、烧结、炼铁、炼钢、轧钢于一体且辅助配套齐全的年产上百万吨钢铁的大型钢铁联合企业，具备年产 300 万吨连铸板坯、300 万吨热轧板卷的综合生产能力，2005 年销售收入达 80 多亿元。梅山公司旗下有钢铁公司、矿业公司、企业发展公司、联合经济发展公司、工程技术公司和技术中心、培训中心等，在岗职工 18 000 多人。

在宝钢集团内部重组之后，梅山公司保留的下属成员单位多为三产企业，钢

---

① 笔者根据收集的资料整理。

铁主业在公司整体经营中的份额被压缩，由此造成梅山公司整体利润率降低，必须加强财务管理才能保证集团的正常经营和良性发展。资金的集中管理成为梅山公司加强财务管理、确保各成员单位持续经营的核心手段。

梅山公司成员单位多，管理链条长，各分支机构覆盖的地区纵横交错，在这种情况下，如何有效地监控集团内部成员的资金运作，成为梅山公司管理层面临的一大难题。2006 年公司开始规划、设计和实施资金集中管理方案，来解决关键难题。

10.5.2　资金集中管理的目标

具体包括：

1．资金实时监控

梅山公司的资金实时监控主要侧重于两个方面：第一，余额控制。即每天按收入、支出的进度控制，如果现金的收入和支出没有达到标准，结算中心会控制第二天乃至以后的拨入；如果收入目标没有完成，对外付款支出也会受到限制。第二，预算控制。结算中心每天根据各机构的资金预算下拨资金，同时按照支出的明细项目进行控制，防止挪用资金。成员单位的期末业绩考核与预算编制的准确性紧密相关，便于提高预算编制的准确性。

2．财务预算和资金计划联动

结算中心（集团财务部）将月度预算分解成旬预算，根据旬预算制定每日的资金计划，要求各成员单位必须提高预算的精确性，如果追加预算，将严格按照预算审批流程逐级批准。

梅山公司在银行设立总账户，各成员单位在银行设立收入和支出两个账户。每天上午，系统根据资金计划自动将资金从集团总账户下拨到成员单位的支出账户。每天银行清算业务结束后，将成员单位收入账户的资金上划到集团总账户，收入账户余额为零。如果支出账户的资金没有使用，则不能累计拨款，第二天早晨支出账户余额自动收回，再按资金计划重新下拨。银行对集团总账户与成员单位分账户之间的上收下拨业务不收取任何费用。

3．实行资金集中调配，降低资金使用成本

结算中心通过总账户与分账户之间的上划下拨在结算中心建立现金池，有效挖掘集团的沉淀资金，在集团内部各成员单位之间融通资金，满足经营发展的需求，降低集团的负债规模，减少资金的使用成本。

集团成员单位之间的内部交易通过结算中心内部转账完成，不产生资金的实际流动，真正做到账动钱不动，降低了资金的实际占用量，减少了跨行、跨地域

的结算费用。

4. 加速资金周转，发挥资源整合作用

由于资金计划实现了从月到旬、从旬到天的滚动计划，资金周转率提高，资金的使用效率提升，资金的整合作用和规模效益得到体现。

5. 对全集团资金进行统筹规划

对企业集团的资金管理采取统一规划、统一筹措、统一调度、统一结算、统一考核的管理方法，并采取收支两条线独立运作，实现对企业集团从资金筹措、投放和调配到资金收益产生全过程的掌控，以提高企业集团对资金的调控能力和使用效益。

10.5.3 集成的 IT 平台规划和软件资源规划

集成的 IT 平台规划与财务集中管理的 IT 平台规划类似，这里不再详细阐述。软件资源规划主要将全面预算模块、资金结算模型、报账中心模块、银企直联模型、动态会计平台等组合起来构建软件平台，其逻辑模型如图 10—18 所示。

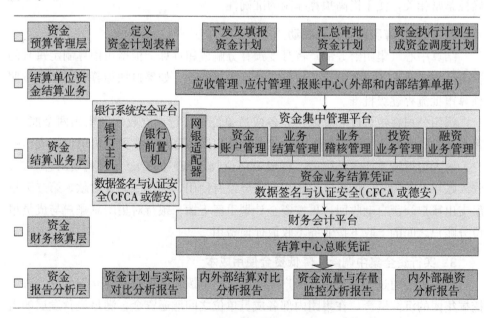

图 10—18　软件资源规划逻辑模型

说明：1. 业务流程方面，预算、资金业务结算、财务核算三算合一，外加资金报告分析。
2. 银行适配方面，对公（企业委托付款）和对私（个人报销）网银适配器分别应用。

270

10.5.4　资金组织和账户体系设计与软件资源融合，强化资金的集中管理

梅山公司的资金集中管理采用结算中心的管理模式，集团管理的重点在于对整体资金流量的控制、对集团资金的统筹调度，各分公司仍然有较大的经营权和决策权。

在资金管理中，首先确定预算、结算、核算"三算合一"的资金管理规划蓝图。通过预算实现对企业日常收付结算业务的管理，通过结算业务的执行促进企业的财务核算工作，以核算数据构成预算执行分析的基础，指导下期预算的编制工作。企业管理中的三项核心工作相辅相成，共同构成企业的管理平台。

1. 资金管理的组织体系

结合梅山公司的需要，规划筹建两级结算中心来具体执行集团的资金管理需要，其资金管理组织体系如图 10—19 所示。

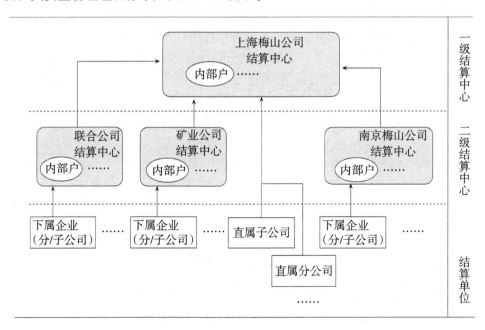

图 10—19　资金管理组织体系

说明：1. 设置三个二级结算中心，分别服务联合、矿业、南京梅山公司三个子公司。

2. 设置为结算单位的公司原则上为集团或结算中心所服务的子公司下的直属单位，下属单位管理的分公司不作为结算单位。

3. 各个结算中心归集管辖范围内单位的资金，原则上一级结算中心不归集分结算中心的资金。

梅山公司采用二级结算中心的组织形式。总部设立一级结算中心，具体工作

由梅山公司资金科负责，统一管理下级结算中心的工作，同时管理本部机关、本部直属的非独立法人分公司、部分直属子公司。一级结算中心下设三个分结算中心：南京梅山、矿业、联合。南京梅山公司是梅山公司新成立的一家平台公司，被纳入原有的多家分（子）公司。针对该公司设立的结算中心，同样由梅山公司资金科负责管理。矿业公司、联合公司（驻地在上海）都是独立法人子公司，出于管理上的需要，也都设立了二级结算中心，由各自的资金管理部门负责管理。

2．资金管理的账户体系

账户结构是资金管理工作的基础，梅山公司账户结构规划如图 10—20 所示。

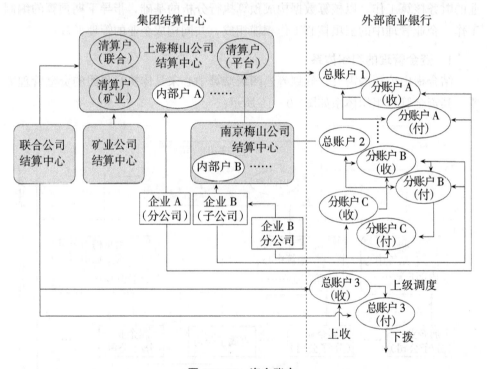

图 10—20　资金账户

集团在商业银行设立总账户，成员单位在外部商业银行设立收入、支出两个分账户，收入账户只能收款，收入的资金上划给集团总账户；支出账户只能对外付款，所需资金由上级总账户拨入。

集团在商业银行开立总账户，由结算中心使用，用于归集成员单位上划的银行账户资金。

成员单位在指定的一个结算中心开立两个内部账户（现金、票据），用于核算内部存款，办理集团内部结算业务。

南京梅山公司结算中心由于管理主体和上级结算中心相同，因此该结算中心的资金不需要再向上级结算中心归集，相应的银行账户只需设置一个总账户。

其他的二级结算中心（联合、矿业）在银行分别设立收入、支出两个总账户。收入账户用于归集下属成员单位的资金，支出账户用于下拨资金。支出户的资金由收入户拨入，调拨工作由上级结算中心进行控制。

二级结算中心在上级结算中心开立两个账户：一个清算户，用于完成跨结算中心往来的资金清算工作；一个票据户，用于处理票据业务。

10.5.5　强化资金预算管理，为资金控制与评价提供保证

全面预算管理是梅山整体信息平台的经营起点，针对企业经营活动的事前规划，通过制定资金预算对集团整体资金进行预测，根据各成员单位的经营需求对集团资金进行统筹规划，平衡资金的流入和流出。每日根据资金计划向成员单位下拨资金，在保证成员单位正常支付需求的基础上，对资金使用额度进行合理安排，提高资金的使用效率。

1．资金管理的预算组织体系

预算管理包括业务预算、财务预算等，资金预算工作仅针对资金业务，相应的预算组织体系与资金管理的组织体系保持一致，如图 10—21 所示。

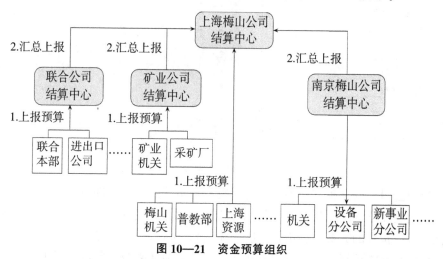

图 10—21　资金预算组织

说明：各公司需编制四张与资金相关的预算表：应收预收/应付预付预算表→资金执行预算表→现金流量预算表。上述预算表按月编制，预算审批后，根据审批的预算，按旬编制资金计划。

1．上报预算：各结算单位编制资金相关预算表上报所隶属的结算中心，每月 27 日业务预算审批通过后编制上报。

2．汇总上报：下级结算中心汇总后上报一级结算中心。资金申请计划也需汇总上报一级结算中心，二级结算中心的资金调拨也由一级结算中心执行（二级结算中心的收入户调拨至二级结算中心的支出户）。

梅山公司资金预算的控制，通过制定资金执行预算表的控制方案，基于报账中心单据进行，仅需对支出类项目进行控制。控制方案由一级结算中心统一制定，之后直接下发给各个结算单位，包括下级结算中心所管辖的结算单位。在梅山公司多级结算中心管理模式中，二级结算中心的资金申请计划不需要上报一级结算中心。

2. 资金预算管理及生成资金调度计划

过去：资金预算与执行计划分离，无法实现预算对资金计划的制约；依靠手工方式编制资金执行计划，资金执行计划无法有效控制资金流。

现在：通过集成的 IT 环境，实现了资金预算与资金计划的有效衔接，可以根据资金执行计划调动和控制资金流，如图 10—22 所示。

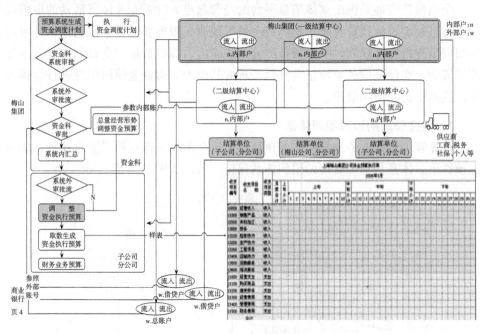

图 10—22　预算管理

梅山公司的资金预算管理，主要采取零基预算的模式，即每笔预算项目的制定根据企业经营状况和目前资金状况重新论证预算的额度。资金预算由损益预算转化形成（预算的分解过程不在系统中体现），包括四部分内容：

● 应收预收预算表：通过主营业务收入、其他业务收入等收入类业务预算汇总生成该预算表，包含当前的应收、预收预算数，反映企业的当期债权。当期预计的实际收款数由资金预算表汇总。

● 应付预付预算表：类似应收预收预算表，反映企业的当前债务。

● 现金流量预算表：现金流量表统计项目的预算。

● 资金执行预算表：基于收支项目作实际收支预算，该收支项目基于现金流量表的统计项目进行细化。

3. 资金预算的控制策略

● 优先保证内部结算，内部结算超预算扣减外部现金结算的预算额度，上月度内部结算超预算扣减下月外部现金预算。

● 上旬未用完现金预算，累积到本旬使用，跨月不累积。

● 上旬未用完票据预算，累积到本旬使用，跨月不累积。

上述控制方式通过制定常用控制方案实现，要求资金预算表每日定时取实际执行数，预算的控制通过动态计算预算的控制百分比实现。

这种控制系统能够较快地编制资金滚动预算，并将制定的资金预算控制方案嵌入控制系统，由程序自动控制，可以使预算执行具有刚性；能够利用系统生成的实时信息，及时分析预算执行的结果和差异，找出原因，以便减少风险，同时又使资金预算具有一定的灵活性，发挥最大的资金使用效率。

为了提高梅山公司各成员单位预算编制的准确度，结合公司内部相关管理制度，系统设置了严格的预算调整审批程序，不仅要调整预算值，还要调整资金申请计划对应的数字，预算执行结果的准确性和调整次数直接与该分公司的业绩考核挂钩。相关调整流程和调整方式如图 10—23 和图 10—24 所示。

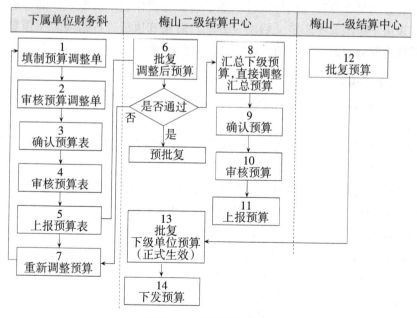

图 10—23　预算调整（1）

说明：预算的调整确认工作尽量在系统外完成确认，系统内执行记录工作。

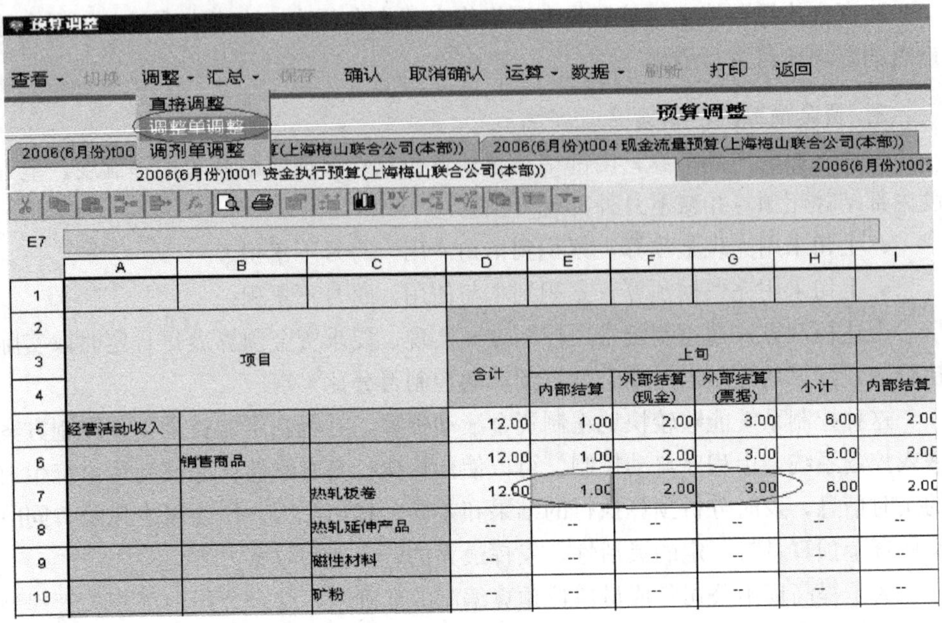

图 10—24　预算调整（2）

预算调整后，若涉及外部资金需求的调整，企业还需要对资金申请计划进行调整。

预算分析是在预算取执行数后，基于预算分析样表，实现预算的分析需要。分析样表由一级结算中心定义后统一分配。对预算执行分析结果需作预警提醒，设定系统定时取数时间，每旬结束后，作预警提醒。

4. 资金下拨业务流程

过去：各成员单位独立对外结算，总部无法对经营活动进行有效的事中监督和控制。

现在：通过资金计划下拨资金，规范了结算流程，可以严格控制成员单位的资金流向和流量，如图 10—25 所示。

在商业银行系统内，结算中心根据资金计划将款项从结算中心总账户下拨到结算单位的分账户，以满足结算单位对外支付的需求。

结算单位进行如下会计处理：

借：银行存款——商业银行

贷：银行存款——结算中心存款

结算中心进行如下会计处理：

借：结算单位存款——A 公司

贷：银行存款

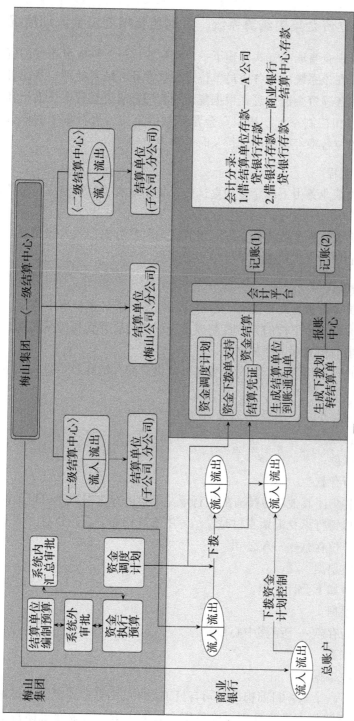

图 10—25　资金下拨流程

业务范围说明：

1. 资金下拨业务：资金科根据资金调度计划，在资金结算模块生成资金下拨单，支付划拨后生成结算凭证，通过结算凭证生成结算单到账单。
2. 账户金额变化：结算单位外部账户余额增加，内部账户余额减少，结算中心外部账户余额减少，三者额度相等。

277

10.5.6　建立资金集中结算系统，及时监督控制资金流动情况

梅山公司通过银企直联的方式构建了一个跨商业银行、跨成员单位的资金集中结算信息系统。在该系统中，各成员单位进行日常业务结算处理，集团各级管理者可以实时掌握各项资金的信息，根据集团的管理要求设定资本性支出和经营性支出的审批流程和控制额度，按照资金预算对资金使用进行事中的监督、控制，进而对成员单位各项经营活动进行及时的掌控。

1. 收款业务流程

过去：资金收款业务由下属企业独立运作，集团无法及时掌握成员单位的收款情况。

现在：通过系统实现了收支两条线，将收款与付款分离，收入账户只能用于收款，通过资金上划的方式调拨到结算中心总账户。

2. 付款业务流程

过去：各成员单位独立对外结算，总部无法对支付业务进行事中监控。

现在：集团通过资金下拨的方式控制成员单位的付款额度和付款周期，实现了对支付业务的事前预测和事中控制。

结算单位在收到下拨资金后支付给集团外的供应商，结算单位进行如下会计处理：

借：原材料
　　贷：应付账款
借：应付账款
　　贷：银行存款

当结算中心将集团其他单位持有的银行承兑汇票内部背书给需要付款的结算单位，结算单位以银行承兑汇票支付时，结算中心进行如下会计处理：

借：结算单位存款——A公司
　　贷：应收票据

结算单位进行如下会计处理：

借：应收票据
　　贷：银行存款——结算中心存款
借：应付账款
　　贷：应收票据

● 付款业务——个人：目前梅山公司与员工之间的结算业务全部通过网银系统利用职工的银行储蓄卡进行处理。除员工个人的工资、奖金通过储蓄卡支付

外，员工的费用报销也直接支付到员工的储蓄卡，集团已取消了现金结算业务。

● 付款业务——社保：集团所有成员单位的社会保险费用（四险一金）采用"对外付款集中支付"的方式，由集团发起完成各企业成员单位缴纳社保、税费、公积金等业务支出项目。对外付款集中支付的工作主要分为两步：第一步，通过内部转账完成费用核算；第二步，由集团通过总账户对外付款。

10.5.7　通过资金归集挖掘沉淀资金，提高资金的使用效益

每日营业结束，梅山公司通过自动上划的方式将各成员单位分账户中的结余资金上划到结算中心总账户，归集各账户的分散资金，在集团内各单位之间进行资金融通，降低外部贷款额度，减少资金使用成本。

通过结算中心的内部结算体系，对内部交易产生的结算业务进行处理，不出现资金的实际调拨，做到"账动钱不动"，减少内部交易中不必要的资金占用，从而提高资金的使用效益。

1．资金上划业务流程

过去：资金分散在各成员单位的账户中，无法发挥资金存量的规模效益，集团总部无法有效使用闲置资金。

现在：借助商业银行的结算系统，将成员单位的资金进行归集，便于集团有效使用沉淀资金。

在商业银行系统内，根据集团签署的协议，结算单位分账户的资金自动上划到结算中心的总账户。

结算单位进行如下会计处理：

借：银行存款——结算中心存款
　　贷：银行存款——商业银行

结算中心进行如下会计处理：

借：银行存款
　　贷：结算单位存款——A 公司

2．集团内部转账

内部转账业务包括付款方发起业务、收款方发起业务。下面以付款方发起为例进行讨论。

过去：内部交易产生的资金结算通过银行系统进行处理，需要进行资金的实际支付，增加了资金占用额度。

现在：内部交易通过结算中心的结算系统进行处理，内部存款账户的余额发生变化，不进行资金的实际调拨，可以减少内部交易产生的不必要的资金流动。

当付款方发起内部付款业务时：

● 同一结算中心下属各成员单位的内部转账。

流程：付款单位通过报账中心填写"付款单"，生成"委托付款书"，系统自动传递到结算中心，结算中心进行内部转账的会计处理，生成付款单位的"结算凭证"和收款结算单位的"到账通知单"，收款结算单位根据"到账通知单"生成"收款结算单"。

会计处理如下。

付款单位：

借：应付账款

　　贷：银行存款——结算中心存款

结算中心：

借：结算单位存款——A 公司

　　贷：结算单位存款——B 公司

收款单位：

借：银行存款——结算中心存款

　　贷：应收账款

● 不同结算中心下属各成员单位的内部转账。

流程：付款单位通过报账中心填写"付款单"，生成"委托付款书"，系统自动传递到分结算中心，分结算中心生成"清算单"传递到总结算中心，总结算中心在各分结算中心之间进行清算处理，并生成"清算单"传递到各分结算中心，收款结算中心生成"结算凭证"和收款结算单位的"到账通知单"，收款结算单位根据"到账通知单"生成"收款结算单"。

会计处理如下。

付款单位：

借：应付账款

　　贷：银行存款——A 结算中心存款

付款分结算中心：

借：结算单位存款——A 公司

　　贷：银行存款——总结算中心

总结算中心：

借：结算单位存款——A 分结算中心

　　贷：结算单位存款——B 分结算中心

收款分结算中心：

借：银行存款——总结算中心

　　贷：结算单位存款——B 公司

收款单位：

借：银行存款——B 结算中心存款

　　贷：应收账款

● 结算中心间的清算业务。结算中心间内部转账程序如图 10—26 所示。

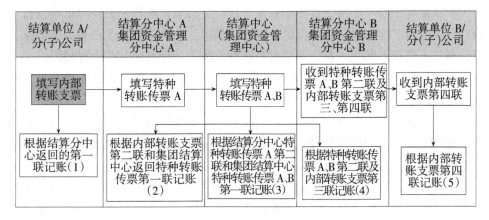

图 10—26　内部转账程序

在多级结算中心的模式下，不同结算中心下属单位之间的内部交易带来结算中心之间的清算业务，分结算中心在总结算中心设立"清算备付金"，分结算中心之间的内部转账引起"清算备付金"余额的变动，由总结算中心进行会计处理。

总结算中心的会计处理：

借：结算单位存款——A 分结算中心

　　贷：结算单位存款——B 分结算中心

分结算中心在收到总结算中心的内部结算凭证时，根据业务类型进行会计处理。

付款分结算中心的会计处理：

借：结算单位存款——A 公司

　　贷：银行存款——总结算中心

收款分结算中心的会计处理：

借：银行存款——总结算中心

　　贷：结算单位存款——B 公司

3. 结算中心内部资金调度

在"自动划款零余额管理"思想的指导下，总部资金管理部门随时掌握集团的资金占用情况和周转速度，统一安排和调度资金流动，满足业务经营对资金的需求，提高资金的使用效率，降低资金成本。

资金调度业务主要有：结算中心对管辖的结算单位或分结算中心账户资金进行上收；向结算单位支出账户下拨资金；对管辖的子公司性质的结算单位进行资金调度，从子公司的收入账户拨至支出账户；一级结算中心对二级结算中心进行资金调度，从二级结算中心的收入账户拨至支出账户（仅矿业、联合两个结算中心涉及）；子公司对其下级分公司进行资金上收；子公司对其下级分公司进行资金下拨；等等。

一级结算中心对二级结算中心通常不作资金归集，在特别需要时也可进行上收，此类上收工作与对结算单位的处理方式相同。结算中心对子公司类型的结算单位通常不作资金归集，特别需要时可进行上收，处理方式与此流程相同。

一级结算中心对二级结算中心（联合、矿业结算中心）的资金通常不作归集，但是二级结算中心的资金使用由一级结算中心控制。具体来讲，二级结算中心分收入、支出开立两个银行账户，收入户用于归集下级单位的资金，支出户用于下拨资金，支出户所需资金从收入户调拨，该调拨工作需由上级结算中心进行控制。业务规划同样通过审批流的功能实现。

对应子公司性质的结算单位，结算中心原则上不归集其资金。出于管理上的需要，从子公司的收入账户到支出账户的调度工作，应当受结算中心的控制。通常情况下，此类调度一天仅操作一次，如图 10—27 所示。

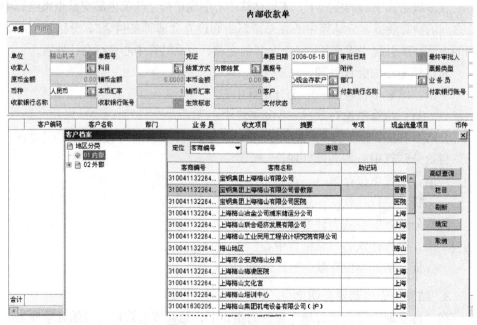

图 10—27　内部调度示意图

10.5.8　实时查询、分析各项资金信息，为各级管理者的经营决策提供依据

过去：依靠层层上报汇总的方式了解、分析资金状况，由于信息传递过程中的失真和时间滞后，无法实时掌控集团整体资金运作情况。

现在：可以通过网络系统实时查询、分析集团资金流量、流向和存量情况，为资金调度和控制提供支持。

资金集中管理解决方案的规划和资金集中管理信息系统的建立改变了传统的信息传递方式，集团各级管理者可以通过网络从系统中实时、准确地取得各项资金的管理信息，资金信息的真实性、及时性、完整性得到保证，管理者可以在此基础上进行多角度、多层面的汇总分析，为企业的经营决策提供依据。

10.6　资金管理
——中国兵器装备集团公司案例分析①

10.6.1　中国兵器装备集团公司简介

中国兵器装备集团公司（以下简称兵装集团）成立于 1999 年 7 月，是中央直接管理的国有重要骨干企业，是国防科技工业的核心力量，是我国最具活力的军民结合特大型军工集团之一。集团公司现拥有长安、天威、嘉陵、建设等 50多家企业和研发机构。集团公司年销售收入超过 2 000 亿元，主要绩效数据列国防科技工业第一位，跻身世界企业 500 强，列第 238 位。目前，集团公司拥有特种产品、车辆、新能源、装备制造四大产业板块。汽车稳居国内第一阵营，拥有9 大生产基地、23 个整车厂和 27 家企业，并在马来西亚、越南、伊朗、乌克兰等国家建有海外基地，年产能达到 260 万辆（台）以上，是生产基地分布最广的中国汽车企业集团。摩托车产业拥有嘉陵、建设、大阳、轻骑等知名品牌，年产销规模近 600 万辆，是全球最大的摩托车集团。大型变压器市场占有率达到 10%以上，超高压变压器技术国际领先。新能源产业拥有风能和太阳能产业链，形成了风、光、电三位一体的核心竞争优势。

---

①　资料来源：笔者参与国家 863 项目（2012AA040904）"面向离散型集团企业集约化经营管理平台研发与应用"，与浪潮集团、中国兵器装备集团一起进行案例的收集、提炼与撰写。

10.6.2　资金与金融资源管理背景与需求

兵装集团的信息化建设取得了显著成效，目前集团已经完成了全面预算管理、财务系统信息化建设。集团全面推行预算管理，实现了预算报表管理、预算编制与审批、销售预测、标准化产品目录的信息化管理，发挥了预算的管理效能。集团加强财务系统的建设，实现了统一财务核算平台，建立了完善的账务管理体系、通畅的报表汇总和合并体系。同时实现会计核算系统与全面计划系统的集成，实现闭环的全面计划管理，为集团的其他信息化建设树立了良好的标杆并积累了丰富的经验。然而，资金管理是企业管理的重要内容，特别是在会计核算和全面预算提供了良好的管理平台之后，如何在国家的法律法规框架下，在全集团进行资金的合理配置，降低资金成本，提高资金效率，成为集团管理升级的迫切需求。

财务公司的成立及业务的正常开展，为将事后、事中控制前移到事前控制奠定了良好的基础，促使集团加强资金管理，推进司库管理（金融资源管理）建设。长安汽车集团是兵装集团下属的重要成员，其业务具有特殊性。下面主要以兵装集团及其成员单位长安汽车集团的统一管理为例，阐述创新策略。

10.6.3　明确内部资本市场的主体

为了实现全集团各个成员的资金统一配置和管理，形成有效的内部资本市场，即通过集团资金管理组织，在国家的法律法规框架下，实现整个集团的资金调拨、内部拆借，以及对外统一支付等，集团提出从资金管理向金融资源管理转变，即转向司库管理，并根据集团现阶段管理需要在集团司库管理下建立两个中心：

● 金融资金服务中心。集团在司库管理理念下积极筹备金融资金服务中心，承担内部资本市场的金融服务业务，如集团成员单位的账户开立、结算、贷款、汽车金融等业务。由于我国对企业从事金融服务业务有很多限制，只有成立财务公司才能从事这些服务，因此，集团积极筹备组建财务公司，经过几年的努力，经中国人民银行审批，财务公司成立（独立法人），为内部资本市场的金融资金服务提供了保证。财务公司下还可以设立结算中心（在集团的不同层级），满足下属成员单位与集团资金统筹管理的需要。

● 资金管理中心。为了提高整个资本市场的运行效率，集团成立了资金管理中心（管理组织），主要开展业务预算、跟踪、监控、记账和评价、投资、筹资等业务，一方面监控金融业务的合理性，另一方面正确反映、计量、计算和及时报告金融业务，并从事投融资业务。

兵装集团的二级集团——长安汽车集团是管理创新的样板单位，为了实现资金集约化管理，财务公司下设长安汽车内部结算中心（如图 10—28 所示）。

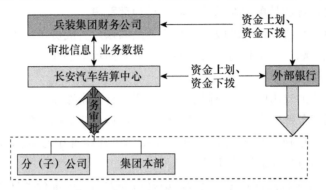

图 10—28　长安汽车集团资金管理组织架构图

说明：长安汽车结算中心与成员单位之间的箭头，表示业务的申请审批流程信息；长安汽车结算中心与兵装集团财务公司之间的箭头，表示业务指令的提交和信息反馈；长安汽车结算中心与银行之间的箭头，表示业务指令的提交和信息反馈；兵装集团财务公司与银行之间的箭头，表示业务指令的提交和信息反馈；银行与成员单位之间的箭头，表示银行为成员单位提供的上划、下拨结果的外部信息反馈。

根据企业集团资金管理的需求，现阶段采用收支两条线的资金结算机制，该模式框架如图 10—29 所示。

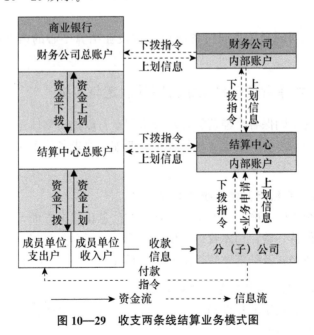

图 10—29　收支两条线结算业务模式图

在这种模式中，集团结算中心与协办银行就收支两条线管理的账户签订整体网络管理协议；结算中心、协办银行、成员单位三方签订结算授权协议。

● 结算中心在商业银行开设总账户，成员单位在协办银行开设收入账户和支出账户；同时，各成员单位在结算中心开设内部账户。

● 成员单位在协办银行的收入账户为零余额账户。成员单位收到的款项进入其在银行的收入账户，每日通过协办银行上划至结算中心在银行的总账户，结算中心入账并通知成员单位入账。

● 成员单位的支出账户实行限额管理，用于日常小额业务支出，留存额度由长安汽车集团财务部确定，并通过结算中心、银行、成员单位签订的三方协议进行管理；当支出账户余额不足时，只要成员单位在结算中心的内部账户余额足够，就可以由财务公司总账户主动补足。

● 集团对成员单位的工资、税费、原材料等大额支出进行计划管理，每个月度成员单位需要向集团申报资金使用计划，集团进行审批管理，审批通过的计划发送给结算中心，由结算中心根据计划在账户用款的前一日，将资金从财务公司总账户下拨到成员单位在银行的支出账户上。

● 成员单位需要付款时，如果是非计划内支出或者超额支出，成员单位需要先提出付款申请，由集团财务部审批通过后，向结算中心发出支付指令，结算中心从银行总账户划拨款项到成员单位在银行的支出账户，再由成员单位从支出账户中进行付款。

成员单位之间的划转只通过各成员单位设在结算中心的内部账户进行处理即可。

10.6.4　司库管理信息系统方案的制定与实施

兵装集团为了确保各个经营管理环节协同运营以提高整体运营效率，需要使资金管理体系与预算、供应链、核算体系相匹配，要求各信息系统"标准规范统一、流程协同、信息共享"。

1. 司库管理系统与其他系统的集成策略

为了实现全集团金融资金的集中管理，在信息化建设方面，必须与集团整体的信息化规划保持一致，司库管理的信息系统（包括财务公司、集团资金管控中心）与集团整体经营及外部监管系统间的关系如图10—30所示。

2. 司库管理信息系统的整体架构规划

司库管理信息系统的建设确立了分级分权、有效协同的目标，整体内部业务架构如图10—31所示。

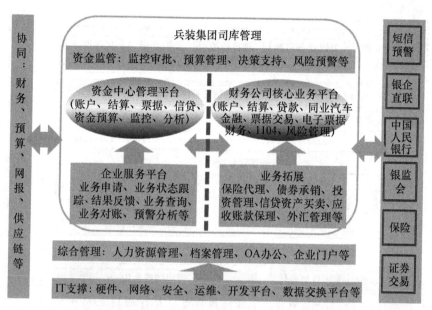

图 10—30　司库管理的信息化系统与集团整体经营及外部监管系统间的关系

信息系统的实施是一个系统工程，需要一定时间完成。

3. 子集团的应用策略

长安汽车集团搭建了内外集成的资金管理 IT 平台，通过该平台统筹管理其 13 家成员单位（集团本部、9 分公司、3 家子公司）的资金，实现对成员单位资金的集中管理。

● 对成员单位的收款、付款、内部转账业务进行审批和入账处理，进行结算存款、定期存款、协定存款、通知存款等业务处理和计息管理。

● 对成员单位到结算中心办理的内部贷款和到银行办理的银行贷款进行审批管理、台账管理并进行计息管理。

● 对成员单位的抵押、质押、担保等进行审批管理。

● 对成员单位银行账户和内部账户的开户、变更、销户等进行审批管理，实现集团对账户的集中式管理。

● 通过账户的核对与监控，实现对收支账户的开设、存量、流量等进行审批、监控管理。

● 通过资金上划和下拨，实现对成员单位资金的集中管理，并控制成员单位的资金使用。

● 通过资金计划和计划调整的审批管理，控制各成员单位资金的头寸、流量与流向。

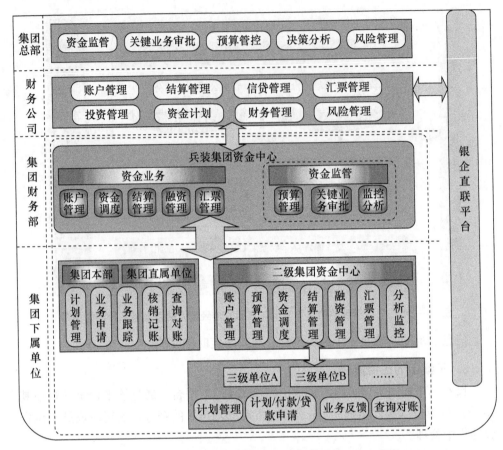

图10—31　中国兵器装备集团公司司库管理架构示意图

- 集团对资金进行统一监控，及时了解资金变动情况，确保集团公司和成员单位的资金安全。
- 集团及其各级单位通过对资金运营情况进行综合查询，为公司决策提供及时有效的支持。

10.6.5　应用价值分析

兵装集团通过整体司库的信息化建设，初步取得了如下预期效果：

- 集团公司对下级单位的资金情况进行整体监控，防范风险。
- 集团对二级、三级、四级单位进行资金统一配置，提升管理水平；过去外部贷款占90%，现在外部贷款降低到10%，集团统一向银行申请综合授信，通过内部资本市场的贷款上升到90%。
- 实现资金从分散式管理逐步转向集团集中管理，目前资金集中度达到

50%，加强对资源的整合利用使得企业贷款成本降低了 40%。

- 提高资金管理部门贯彻执行集团预算的能力，实现精细化管理。
- 提升集团资金管理与其他经营部门的协同服务效率；集团总部给成员单位付款的时间由过去的 3～5 天缩短到现在的 3～5 秒。
- 在集团范围内集成并统一对外支付平台，降低了银企直联风险。

10.7　金融资源管控
——中石油集团司库案例分析①

10.7.1　中国石油天然气集团公司简介

中国石油天然气集团公司（以下简称中石油）是国有重要骨干企业，是国家授权投资的机构和国家控股公司，是实行上下游、内外贸、产销一体化，跨地区、跨行业、跨国经营的综合性石油公司，主要业务包括油气业务、工程技术服务、石油工程建设、石油装备制造、金融服务、新能源开发等。集团公司"十二五"期间以科学发展为主题，以加快转变发展方式为主线，以确保和谐稳定为主旨，坚持资源、市场、国际化战略，统筹国内外两种资源、两个市场，充分发挥比较优势，不断增强国际竞争力和可持续发展能力，努力打造绿色、国际化、可持续的公司，力争基本建成综合性国际能源公司。中石油在世界 50 家大型石油公司中综合排名第 4 位，在世界 500 强中排名第 6 位。

10.7.2　财务管理面临的挑战

近年来中石油一直保持持续快速发展的态势，资产和负债规模巨大，资金收支流量巨大，使用币种繁多。与 2008 年相比，2012 年资产规模年均增长17.2%，负债规模年均增长 33%，其中有息负债年均增长 53.3%。到 2012 年末，中石油资产规模达 3.4 万亿元，负债总额达 1.5 万亿元，日均资金流量达200 亿元，涉及 40 多个币种。2013 年集团公司提出：到 2015 年，基本建成世界水平综合性国际能源公司；到 2020 年，全面建成世界水平综合性国际能源公司，国内外油气作业产量达到全国油气需求量的 60%，国内油气产量占全国总产量的 60%，海外油气作业产量占公司总产量的 60%，可预见的资产规模、负债规模将持续增大。

---

① 资料来源：笔者参与中石油司库体系建设项目，在库项目组领导的指导下，与司库项目组成员合作，在提炼、总结的基础上形成案例。

随着资源、市场状况的变化和国际化战略的不断推进，中石油原有的资金管理理念、管理范围、管理模式不能适应新形势的发展，面临部门职能一体化、上市与非上市整体协同等挑战，尚未明确金融业务多元化发展模式。集团公司迫切需要在继承的基础上，纵向上增强上下级企业间的管控，横向上增强不同业务板块的统筹；迫切需要建立完善的金融业务管控模式，保障集团公司的生产经营和价值创造，达到集团整体利益最大化，从而实现"做强做优、培育具有国际竞争力的世界一流企业"的目标。

1. 中石油国际化战略快速推进，要求快速融通足额资金

"十一五"期间，中央明确提出推动建设和谐世界，积极开展能源外交，制定了一系列鼓励企业"走出去"参与国际合作的方针政策，为开展国际能源资源互利合作提供了有利环境和良好机遇。同时，中石油以建设综合性国际能源公司为战略发展目标，加快了国际化的战略步伐。2008年金融危机发生后，中石油推行国际化战略迎来较好的发展时机，因为各大国外石油公司纷纷削减石油投资、出售转让资产。中石油为履行保障国家能源安全的重要责任，果断决策，进一步加大海外油气资产收购和投资力度，在更高层次、更广领域参与国际油气合作与竞争，增强国际竞争力和能源供应保障能力。

但同时，随着金融危机的不断加深，全球流动性持续趋紧，中石油面临着流动性不足、融资困难等资金短缺问题，迫切要求拓宽融资渠道，提高资金营运效率，提升风险管控能力，保障集团公司的海外收购和海外资产运营。

2. 中石油进行多元化业务布局，要求提升资产规模管控力度

中石油实行上下游、产供销、内外贸一体化经营，业务覆盖油气勘探开发与生产工程技术服务全产业链条，分布在国内和中亚、中东、非洲、美洲、亚太五大海外合作区，是国际上仅有的一家综合性跨国石油公司。近年来，国家鼓励产业资本和金融资本融合，中石油集团开始涉足金融领域，逐步建立了资质较为健全的实体性金融机构体系，以内部服务和支持主业为中心适度发展金融业务，并适当发展对外服务。

中油财务公司、昆仑银行、昆仑信托、昆仑租赁、中意人寿、中意财险等金融企业相继成立并开展业务，呈现出金融多元化趋势。2008—2012年，金融资产年均增长37.3%；到2012年末，金融资产已超万亿元，资产规模约占总资产的1/3，金融性投资、外部存贷业务对集团公司资本结构、总体财务风险等产生较大影响，金融企业杠杆率高于传统能源企业，金融资产对资产总量的影响越来越大，集团公司需要建立全新的机制监控金融资产规模，有效保持集团公司3A的信用等级，从而保障以较低成本融通资金，助力集团公司总体效益的提升。

3. 中石油转变发展方式，要求提升资产负债结构管理能力

中石油提出，要实现持续健康发展，必须强化创新驱动，加快转变发展方式，着力推进精细化管理，突出提升质量效益，将加强科学管理作为转变发展方式的重要途径。在金融资源管理上，需要基于集团整体最优，建立全面、动态、前瞻的综合平衡管理机制，兼顾短期目标与长期利益，规划金融资产和负债的总量和结构，统筹协调，动态调整，达到期限、利率、汇率、币种多维度平衡，实现集团整体最优。

资金是中石油主业发展的生命线，资金融通的时机、成本、期限、币种等均对主业发展产生重大影响。从中国资本市场的发展状况来看，股权融资渠道不畅通，融通空间和力度有限；直接债务融资受金融市场波动、发行窗口有限等因素影响，间接债务融资受商业银行自身资产配置影响，两种融资方式在融资的期限、品种与主业油气资产的匹配方面受到限制。金融企业在资金融通手段、时机、渠道等选择上具有优势，中石油应充分利用集团内部银行、信托、保险等金融机构融通资金的便利性和投资的专业性，基于风险与收益的平衡，统筹运用内外部资源，建立主动管理资产负债的机制，合理安排资本结构、资产结构和债务结构，充分保障中石油主业持续快速发展。

4. 外部市场环境复杂多变，要求提升管控金融风险的专业化能力

自金融危机发生以来，利率和汇率频繁剧烈波动，美元基础利率从 4.187 50% 下降至 0.717 50%；美元与人民币汇率几天的变动比以往几年的变动幅度都大，尤其是中石油项目所在国货币汇率巨幅震荡，汇率变动使原油期货价格曾飙升至 147.50 美元/桶，随即快速滑落，4 个月内下跌到最低 37 美元/桶。

中石油面临着多币种、汇率、利率变动等风险管理问题，以及资产收购后敏感地区结算、外汇资金管理等资金日常管理问题，需要进一步加强风险控制机制建设，再造业务流程，强化量化手段应用，提升专业化能力。

为切实保障公司的生产经营和价值创造，近年来集团公司将大司库体系建设列为集团公司重点工作。

10.7.3　司库体系构建

中石油大司库是对金融资源统筹管理的体系，其中，"金融资源"是指表内金融资产和金融负债、表外或有资产和或有负债以及信用评级、银行关系、客户关系等其他资源；"统筹"是指统一建立司库管理体制，统一管控上市企业和非上市企业，统一管控能源主业资金和金融企业业务，统一管控风险。结合现状与

战略目标，以立足集团公司特点、符合国际惯例、兼顾未来发展为原则，集团明确建立统筹管理金融资源、有效控制金融风险、保障生产经营需要的司库体系战略，并制定大司库体系建设蓝图。

1. 注重顶层设计，规划大司库体系建设蓝图

在管理内容上，司库包括资金流动性、债务融资、金融市场投资、司库风险管理等四个方面。在管理组织上，设立司库委员会，统筹协调上市、未上市及所属金融企业司库管理业务关系。在管理制度上，制定司库管理办法，统领制度体系建设，形成完善的司库管理制度体系。在管理模式上，建立全面风险管控体系，实施流动性风险、操作风险、汇率风险、利率风险、信用风险专业化管理；实施金融市场投资统筹管理，监控金融资产结构；债务融资统一规划，一级管理，分别实施；结算集中，现金集中，控制营运资金量，实施全面流动性管理。在信息技术上，搭建集中统一、高度集成、安全高效的大司库系统，实现司库管理集约化、专业化、一体化。

2. 成立项目组，稳步推进制度、流程和信息系统同步并行建设

鉴于司库体系建设的长期性、复杂性和艰巨性，集团公司成立由总会计师为组长的领导小组，下设出财务资产部、财务部、法律事务部、信息管理部、内控与风险管理部及财务公司、试点企业组成的工作团队，组织 4 家内部金融企业、5 家外部商业银行、12 家内外部软硬件公司，共计 500 余人参加项目建设，其组织架构图如图 10—32 所示。采用国际通行的 5W1H 项目管理方法，从制度设计、流程建设、系统开发三方面推动大司库体系建设。历时 4 年，先后完成了制度梳理与设计、流程设计、信息系统可行性研究、硬件及软件开发和系统推广等工作。

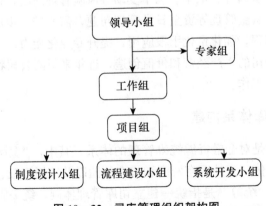

图 10—32　司库管理组织架构图

集团公司引入全资下属企业"中油瑞飞"作为信息系统建设总集成商，负责大司库系统的设计、研发、实施等建设工作，加强组织领导，注重项目实施中的多方合作，引进国际成熟产品和最佳实践，探索形成了一套符合大司库体系建设实际的信息化模式和做法，历经可研报告、业务需求、架构设计、软件开发、系统测试、用户培训及推广上线等阶段，强有力地保障了大司库系统的成功建设和深入应用。

3. 设计司库制度框架，确定大司库职能分工

集团公司梳理司库管理相关的各类制度规范 307 个，其中集团内部通知及相关制度 190 个，外部制度 117 个。在此基础上，以"全面系统、管控到位、界面清晰、责权对等"为基本原则，建立以《司库管理办法》为统领的大司库制度体系框架（如图 10—33 所示），下设 5 大类 19 个具体管理办法，改变以往多个办法并行、层次不清、内容交叉的现象，体现了司库管理制度的先进性、系统性和适用性。《司库管理办法》是集团公司司库管理的总章程，集中体现了大司库体系建设的管理理念和管理模式，明确了金融资源管理原则。它以司库管理业务为主线，对流动性、债务融资、金融市场投资和司库风险管理等内容进行规范，为大司库体系的运行提供制度保障。

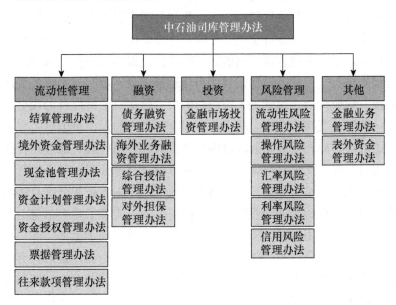

图 10—33　司库制度体系框架

集团公司成立司库委员会，作为司库管理的议事协调机构，负责审议司库管理规章制度及发展规划、债务融资和金融市场投资的规划计划及司库风险管理策

略，协调司库管理的其他特别事项。集团公司财务资产部是司库管理职能部门，组织制定司库管理规章制度及发展规划；组织制定并实施债务融资、金融市场投资的规划和计划，以及司库风险管理策略；负责资金流动性管理、银行关系管理及司库委员会授权管理的其他事项。所属企业根据司库管理职能，建立健全本单位司库管理规章制度，负责本单位资金流动性管理、司库风险管理和银行关系管理。所属金融企业根据司库管理职能，执行集团公司资金流动性管理政策、司库风险管理策略以及集团公司金融业务的统一规划和计划；具体实施债务融资、金融市场投资和本企业司库风险管理。

4．拓宽管理范畴，构建完整的大司库管理内容体系

十余年来，中石油通过规范资金收益、提高使用效率、降低资金成本、拓宽融资渠道等，有效保障了集团公司发展战略目标的实现。然而，资产规模的不断扩大、国际业务的快速发展，以及国内外金融市场的不断变化，对集团公司资本结构、总体财务风险、资金流动性管理、融资管理、汇率利率风险管理等提出了更高的要求，这些都超出了资金集中管理的范畴。中石油司库拓展了资金管理范畴，通过流动性管理、多渠道筹资、多元化投资和专业风险管理等，实现统筹管理金融资源、有效控制金融风险、保障生产经营需要的司库管理目标。

● 流动性管理。在流动性管理方面，集团公司根据生产经营需要，采取现金集中、结算集中、控制营运资金量等手段，合理安排资金收入，有效保障资金支出。一是建立营运资金量合理控制机制。财务公司根据财务资产部确定的营运资金量，合理安排头寸，保障结算需要。当营运资金量不足时，由财务资产部通过现金池调拨、同业拆借、融资等手段协调解决；营运资金量以外的现金，由财务资产部统一调配，直接或委托金融企业实现金融资产的保值增值。二是实行结算集中。集团公司总部和所属企业的境内结算由财务公司代理，通过总分账户联动实现收入实时归集、支出有效管控；境外结算通过财务公司、昆仑银行及其他签约银行代理收支。通过财务公司集中结算，改变了原来各企业分别直接通过外部银行结算的做法。在不增加企业操作流程的情况下，实现了账户信息、收支信息集中，提高了资金使用效率，降低了结算风险，同时实现了上下游客户信息的集中管理，不仅可以加强往来款项的管理，还可以为金融企业挖掘潜在客户。三是优化现金池管理模式。进一步明确集团公司统一设立全球现金池，所属企业未经集团公司批准不得自行在银行设立现金池。股份公司通过法定程序，在集团公司大现金池项下单独设立现金池。现金先全部归集到财务公司，超出关联交易限额部分自动划回股份公司指定账户。充分利用关联交易限额，最大限度地降低了集团公司现金持有量，使现金更多地投向高回报资产。

● 债务融资。在债务融资管理方面，建立统筹规划、一级管理、分别实施的融资管理体制。明确集团公司、股份公司和所属金融企业是主要融资主体，由集团公司审定融资业务规划、计划及方案。具体做法包括：一是直接融资时，融资主体根据市场行情，确定利率空间，选择发行窗口，择机发行；二是间接融资时，集团公司与选定的银行谈判，签署融资协议，并履行协议约定；三是海外项目融资时，根据海外项目的特点，制定海外业务融资方案，经批准后由负责的单位及海外项目部与金融机构谈判，并签署相关融资协议；四是集团公司统一与银行签署全球综合授信协议，集中管理授信业务的授权、审核、监督和额度切分；五是要求融资主体加强融资后续管理，密切跟踪债务与市场情况，适时安排再融资；六是集团公司监督融资主体履行还本付息义务等。

● 金融市场投资。在金融市场投资管理方面，实施集团公司统筹管理，明确集团公司和所属金融企业是金融市场投资主体，制定集团公司总体投资策略；在保证资金流动性和安全性的前提下，集团公司通过自主投资、委托投资以及所属金融企业的自营投资等方式，对股票、债券、基金等金融产品和私募股权进行投资，获取投资收益，实现集团公司金融资产增值。具体要求包括：一是自主投资的，由集团公司总部确定交易时机、品种和方案，由所属金融企业或选定的外部金融机构负责具体操作；二是委托投资的，由所属金融企业或选定的外部金融机构根据确定的最低目标收益率进行投资；三是所属金融企业自营性投资的，应按集团公司总体投资策略要求，遵循风险与收益相匹配的原则，自主决策，规范投资。集团公司动态监控投资组合，所属金融企业将投资情况定期向集团公司备案。

● 风险管理。在司库风险管理方面，主要对流动性风险、操作风险、汇率风险、利率风险、信用风险等司库风险进行指导和规范，加强或有负债的风险防范，对不同类型的风险分类管理。具体做法包括：一是建立资金流动性风险管理机制。所属企业严格执行资金收支计划，中石油财务公司按照集团公司要求留有充足的营运资金，确保支付；集团公司应当制定应急预案，利用多种融资渠道筹措短期资金，或利用银行等外部金融机构提供的金融服务备付，避免发生支付危机。二是建立司库操作风险管理机制。集团公司及所属企业通过合理设置岗位、流程、权限等，利用信息化手段，对司库业务的事前、事中、事后进行全过程监控，管控司库操作风险。三是集团公司统一组织制定汇率风险管理政策，对所属企业进行业务指导和过程监督。集团公司及所属企业负责各自的汇率风险管理，根据外币持有量和未来外币资金敞口情况规避汇率风险；中石油财务公司为所属企业集中开展套期保值业务，不能提供的，所属企业须在集团公司选定的金融机构中使用批准的金融工具进行套期保值。四是统一管理利率风险。集团公司动态跟踪各种债务项下相关币种的利率走势，及时采取提前还款、再融资及利用利率风险对冲工具等方式合理规避利率风险。五是建立合作银行信用风险管理机制。集团公司制定合作银行准入标准，确定合作内容和模式，定期评价合作银行信用；所属企业定期向财务资产部反馈合作银行的服务质量及信用变化情况，监控银行信用风险。六是建立客户信用评价制度。集团公司制定总体客户信用策略，组织建立客户信息数据库及客户信用评价模型，支持所属企业的采购、销售等业务部门制定购销信用政策；所属企业负责采集、录入和维护客户信息，及时跟踪并反馈客户信用变化情况。

5. 再造业务流程，保障大司库体系有效运行

集团公司梳理原有的 400 多个分散在各个管理层面的业务流程，重新设计优化，形成 80 多个端到端司库业务流程，全面覆盖司库业务，明确角色、任务、路径，实现"同一角色职责一致，同一业务路径一致"，严格遵循制度要求，为系统开发提供业务需求，在制度建设与信息系统之间发挥了承上启下的作用。主要流程有：

● 结算集中通过总分账户联动，以财务公司为平台，实现集团公司境内人民币结算集中及相关信息集中。保持所属企业资金所有权和使用权不变，强化集团总部的资金调度权和管理权。项目组联合合作银行，设计总分账户联动方案，得到中国人民银行政策支持，并于 2010 年 11 月批复《中石油集团现金管理方案》（银复〔2010〕号），为实施总分账户联动管理奠定了政策基础。项目组起草并与中国工商银行、昆仑银行等 5 家合作银行签署《司库现金管理服务协议》及《司库银企互联服务合作协议》，明确账户架构及管理方式，制定应急预案防范风险，明确安全运行责任，落实了总分账户联动方案落地实施的法律责任。

总分账户联动由总账户、分账户和财务公司内部结算账户构成。财务公司在签约银行开立结算账户作为总账户，所属企业在签约银行范围内自主选择银行，不受上一级企业所选银行限制，企业开立的专用存款账户或一般存款账户作为分账户，同时在财务公司开立内部结算账户，分账户与内部结算账户相对应，并与总账户实时联动，加强财务公司的结算职能，实现资金收支由多家银行分别完成变为财务公司统一完成。对外收款时，分账户资金实时划转至总账户；对外付款时，总账户划入分账户再对外支付。所有结算信息全面归集，日终财务公司按照企业逐级归集，资金实行实时一级归集，集团公司实时准确掌控资金池头寸，在确保支付安全的前提下，保持最佳现金持有量。

● 资金收支全程管控。所属企业需经集团公司总部批准后在签约银行开户，通过标准平台将银行账户信息与会计科目建立对应关系，避免企业未经集团公司批

准在签约银行以外的银行开立账户并进行资金收支，从前端控制资金收入与支出。

业务端发起资金计划编制，实现资金计划与业务联动；按生产经营要素编制资金支出滚动计划，实现资金支出计划与预算联动，从而实现资金计划分级控制，满足不同层面管理需求。严格资金支出授权审批，按计划、合同支出，并设置敏感字段，监控敏感支出，控制资金支出风险（如图 10—34 所示）。

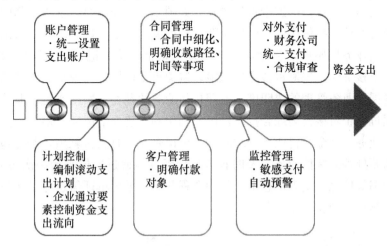

图 10—34　资金支出过程管控

资金收支信息与会计处理实时联动，实现资金收支到会计记账完毕的端到端处理，达到资金收支信息与会计信息相互勾稽的目的，衔接业务流程断点，保障资金收支业务全程直通式处理，并通过设置关键风险点和敏感字段等方式，全程控制资金收支风险（如图 10—35 所示）。

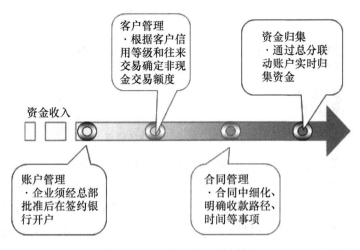

图 10—35　资金收入源头控制

根据客户信用等级，合理制定信用期，与营销策略联动；对照合同信息系统中的结算条款，加强应收账款管理，避免应收未收，将资金收入全部纳入司库管理。

● 综合授信集中管理。按照"统一授信、集中管理、逐级审批、分工负责"的原则，建成由集团总部、所属企业、外部银行共同控制的综合授信集中管理模式，规避集团公司承担的连带责任风险（如图10—36所示）。集团总部同银行签订"总对总"综合授信协议，所属企业在授信额度项下办理信用证、保函等授信业务。授信业务按照风险程度实行分级逐笔审批，系统记录各个岗位的审核信息，落实审核责任，规避审核漏项风险，避免重复审批，实现全业务链的信息共享，提高授信业务管理的透明度。按照授信业务的种类、额度实行企业分级授权审批，通过银企对接提高综合授信额度的利用率。建立信用证、银行承兑汇票等延迟支付业务与资金收付业务处理联动，确保企业按时支付款项，避免违约。实时提示需要处理的授信业务，及时释放授信额度；通过影像平台一次录入合同、项目、标书等信息，实现信息电子化和全程共享；采用单证信息电子化技术，实现业务不落地处理及自动对账。

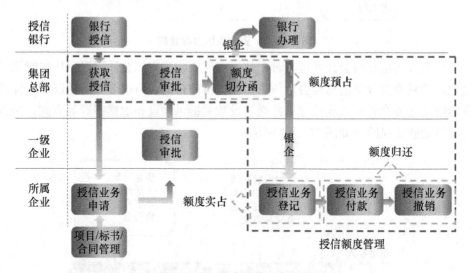

图10—36　综合授信业务流程

● 直接融资。集团公司组织制定中长期融资规划并于每年一季度组织编制年度债务融资计划，经司库委员会审议和总经理办公会批准后组织实施。根据年度债务融资计划，发挥集团公司整体信用优势，采用直接融资方式筹措资金，按照成本最低的原则，制定债务融资方案，与生产经营资金需求协调匹配（如10—37所示）。从集团公司、股份公司和财务公司、昆仑银行、昆仑信托、昆仑租赁等所属金融企业中确定融资主体，扩大融资渠道。融资主体发挥专业化优势，提出融资项目品种、金额、币种、期限、利率策略、担保条件及还款方式等，经总经理办公会批准后由融资主体具体实施。融资主体根据市场行情，确定利率区间，选择发行窗口，择机发行。融资后计提利息费用，按期支付利息及到期还本付息。

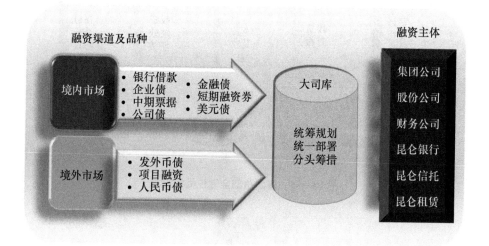

图 10—37　债务融资管理总体流程

● 总部金融性委托投资。依据市场环境和集团公司整体投资组合最优原则，集团公司按照谨慎性原则，充分利用集团内部银行、信托、租赁、保险等金融机构的协同效应和可供选择的投资品种较多的有利条件，提高投资收益。与金融机构协议约定投资金额、期限、收益、品种等要素，使期限选择与资金来源相匹配，最低收益高于集团公司边际资金成本；集团公司总体把控投资额度及方向，金融机构执行投资，实现最优投资组合；各金融机构逐月报告投资状况，集团公司定期监控投资主体的投资动态，预期投资收益，并按协议约定收回本金及收益。集团公司建立投资绩效评估体系，择优选择投资主体和优化配置投资额度（如图 10—38 所示）。

● 全面风险管控。根据风险诱因将司库风险划分为流动性风险、操作风险、市场风险（利率风险和汇率风险）及信用风险，利用不同管理技术对管理风险分类，采用风险模型和人工判断相结合的方式提高风险管理的科学性和有效性，重点管理风险的关键点，实现司库风险全面管理（如图 10—39 所示）。

操作风险管理：通过固化流程、权限管理、操作留痕进行全过程管控。增加

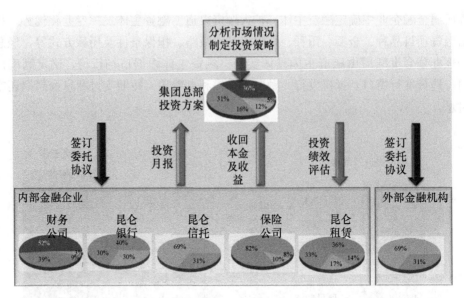

图 10—38　集团总部金融性委托投资

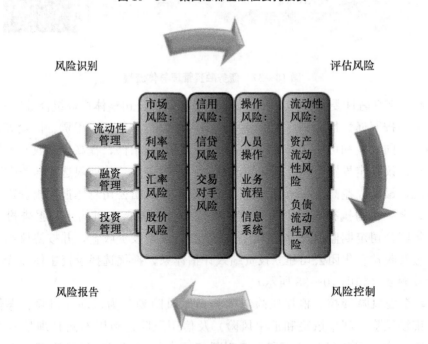

图 10—39　大司库风险全面管理

资金支出实时监控环节，在系统中设置"投资"、"房地产"等敏感字段，集团公司总部重点监控禁止性业务，实现集团总部全级次监控，分级次处理。

信用风险管理：自主设计客户信用风险量化模型，对供应链客户信用进行内部评级，确定信用额度及信用期限，清欠人员与业务人员根据实际情况予以校正，最终确定授信额度，并利用信息系统自动预警等手段，将信用风险管理关口前移至交易之前（如图 10—40 所示）。

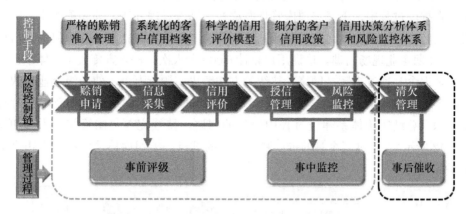

图 10—40　客户信用风险管理流程

汇率风险管理：集团公司汇率风险管理实行"统一管理，分级负责"的管理模式。利用历史模拟法计算在险价值，量化风险，集团公司总部从技术上指导企业是否对冲汇率风险，由企业委托签约银行或内部金融企业完成规避风险的操作（如图 10—41 所示）。

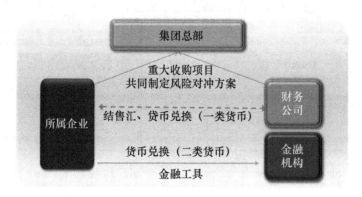

图 10—41　汇率风险管理流程

6. 建设司库信息系统，保障司库体系一体化、高效运行

司库系统建设坚持继承、引进、扩展、集成的原则，自主研发，优化改造，定制外购，建设营运资金、结算、理财、风险和决策支持 5 个子系统，包含 50 个功能模块，1 299 个功能点，自主研发率达 90%，形成"功能完备、集中统一、

高度集成、安全高效"的信息系统，是司库管理体系的有效载体。

7. 先试点后推广，大司库体系平稳过渡

大司库体系采取先试点再推广的原则，逐步完成大司库系统在集团总部及所属 67 家企业的上线任务，截至目前，所属各级企业已有 1 038 家纳入大司库体系。在推广过程中，下发《司库管理办法》、《结算管理办法》等多项制度，深入贯彻实施各级管理制度，夯实基础；先后举办 20 多期集中现场培训和视频培训以及 50 期企业现场培训，培训用户累计 6 000 余人次，深入宣传大司库体系创新的管理理念，通过视频、网络、热线等方式解决问题近万个，使各级企业尽快适应资金管理模式的转变，全面掌握大司库系统的使用；注重提炼创新的管理理念，深入总结实施体系建设过程中遇到的问题，持续完善集团管控能力（如图 10—42 所示）。经过三个月的推广和近一年的试点，大司库体系已在非上市企业中平稳运行。

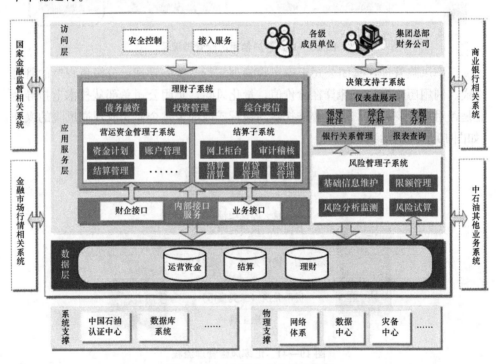

图 10—42 大司库系统应用架构

10.7.4 实施效果

大司库项目组与相关部门、单位密切配合，攻坚克难，经过四年的建设，基本实现了大司库体系一期建设目标，大司库体系平稳运行。

1．管理水平提升

大司库管理体系创新了企业金融资源管理实践，推进了中石油财务管理体系的重大变革，提升了集团公司资金管理水平。利用财企、财银接口，打通了企业、财务公司和银行的信息直联通道，实现了从多渠道结算到集中结算的转变；优化现金池管理模式，提高了现金集中度，增强了统筹资源能力；进一步提升资本结构管理水平，保持了公司财务的稳健性；构建全面风险控制体系，提升了风险管理能力；利用准确的决策支持信息，支持管理层的经营决策，提高了决策支持能力。

● 截至 2013 年，1 038 家所属各级企业纳入大司库体系管理，账户共计3 465 个，其中，总分联动账户 1 482 个（分账户 748 个，财务公司结算账户 734个），限额账户 1 983 个。自 2012 年 6 月 30 日大司库运行至 2013 年 3 月底，企业累计收入 2 531.43 亿元，支出 2 812.16 亿元。

● 充分利用集团公司信用优势，直接融资比例上升，融资成本持续下降。2012 年境内发行债券 2 600 亿元，境外发行债券 11.5 亿美元，海外业务安排融资约 135 亿美元。

● 集团公司全年现金投资 880 亿元，集团总部直接投资 634 亿元，当年实现投资收益 44.07 亿元，实现了集团公司资金的安全运作，提高了资金收益水平。

● 在风险管理方面，企业选择有利的结算方式和计价结算货币，将汇率风险管理延伸至事前；财务公司为企业提供外汇交易、贸易融资等工具，规避汇率风险；集团总部建立汇率风险分析模型，对 60 余种货币汇率风险敞口进行监测，生成风险分析报告；在信用风险方面，企业初步实现客户事前评价、事中监控。

● 大司库系统已经在集团总部和 67 家地区公司上线，营运资金、结算、理财、风险、决策支持五个子系统在未上市的 50 家企业全部上线，实现了与工行、建行、中行、农行及昆仑银行的直联；截至目前，系统用户达 1.5 万余个，其中财务用户 11 279 个，非财务用户 3 872 个。

2．经济效益显著

通过实施大司库体系，集团公司每年至少可增加经济效益 7 亿元。通过提高资金集中度，可增加归集资金约 100 亿元，按 2012 年一年期贷款基准利率6.31％计算，年节约财务费用 6.31 亿元；依托总分账户联动，实时掌握资金头寸，保持最佳现金持有量，日均减少备付资金约 20 亿元，按 2012 年一年期存款利率 3.25％计算，每年可增加投资收益 6 500 万元；通过银行关系管理，提高在金融市场上的议价能力，节约结算费用，降低融资成本。

10.8　内部资本市场运行机制与经济后果分析
——基于中石油大司库项目资金结算模式创新的案例研究①

10.8.1　案例背景

1993 年以来，中国企业集团迅速发展壮大，在企业集团内部形成了活跃的资本市场。内部资本市场是企业集团进行资金集中和资金配置的有力依托，它的形成与发展对企业集团资本运作模式、配置效率以及价值创造都产生了重大的影响。国内外经典文献表明，内部资本市场具有降低信息不对称程度、缓解融资约束和提高资本配置效率的作用，然而从中国企业集团的管理现状来看并没有有效发挥相关作用。中石油不断地从制度、流程和信息系统三方面进行资金结算模式的创新，就是为了改善内部资本市场的经济后果。本研究以内部资本市场理论为基础，以中石油资金结算模式创新过程为研究对象，选取资金二级集中管理、收支两条线模式下的资金集中管理和总分账户联动模式下的资金集中管理三个阶段，从制度创新、流程创新和信息技术创新以及三者的融合来详细分析每个阶段的作用机制，并从信息不对称、融资约束、交易成本和资金传导效率几个角度进行数据验证。结论表明，从制度、流程和信息技术应用三个方面对资金结算模式的不断创新和融合有效地改善了内部资本市场经济后果，有助于内部资本市场发挥降低信息不对称、缓解融资约束、降低交易成本和提高资金传导效率的作用。本研究一方面证明了资金结算模式创新是有效发挥内部资本市场重要作用的重要手段，另一方面详细提炼和分析了资金结算模式创新改善内部资本市场经济后果的作用机制，为中国企业集团资金管理模式的发展与变革提供了经验支持。

选取中石油为案例研究对象具有一定的代表性和先进性。

● 研究对象为中国企业集团的内部资本市场，中石油在中国企业集团中占据十分重要的地位，是国家经济和人民生活的重要支柱，具有典型的大型多元化跨国企业集团特征。

● 为满足财务发展战略，加强资金管理，中石油于 1995 年成立了中油财务公司，其作为集团公司内部最先设立的非银行金融机构，充分履行结算平台、筹融资平台、资金管理平台的职能，为中石油集团集聚闲散资金、降低筹资成本、

---

① 改编自张瑞君、孙寅：《内部资本市场运行机制与经济后果——基于中石油大司库项目资金结算模式创新的案例研究》，载《管理学报》，2012（7）。

提高资金运作效率和效益提供了金融服务与支持。中石油以财务公司为载体形成了自身活跃的内部资本市场。

● 中石油为了克服资金管理中的难题，不断进行管理模式的创新。每一次创新都从制度、流程和信息技术应用三个方面大胆迈出步子，使信息传递越发流畅，成本进一步降低，效率不断提高，更好地发挥了集团资金的规模优势和财务协同效应，中石油的资金管理水平始终处于中国企业集团的前列。中石油 2009 年以来实施的旨在提高资金管理水平的大司库项目，在国内属于首创。因此，选取中石油为案例研究对象具有一定的先进性和借鉴性，有利于发现新的研究视角和证据，引发深入探讨。

作者为中石油大司库项目直接参与人，亲身经历了资金管理模式创新的过程，并与中石油集团相关业务处室的管理人员和业务人员进行访谈和交流，对中石油资金管理模式变革之路有着深刻的认识和理解，掌握了第一手的资料和数据。

10.8.2 案例分析与主要发现

该部分以中石油资金集中管理三阶段为分析对象，主要分析了每个阶段在制度、流程和信息技术三方面的不断融合和创新是如何改善中石油企业集团内部资本市场的经济后果的。其中，设内部资本市场的经济后果为因变量 Y，其具体表现为三个方面：$Y1$ 为信息不对称程度（Williamson，1975；GSS，1994）[1]，$Y2$ 为交易成本与融资约束（Lewellen，1971；Myers & Majluf，1984）[2]，$Y3$ 为资金传导效率。而引起 Y 变化的自变量为 S（制度创新）、P（流程创新）、IT（信息技术创新），三者不断融合，如图 10—43 所示。

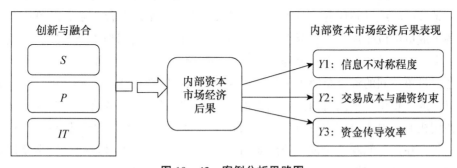

图 10—43 案例分析思路图

① Williamson，O. E.，"Markets and Hierarchies: Analysis and Antitrust Implications"，Collier Macmillan Publishers，Inc.，New York，1975.

② Lewellen，W. G.，"A Pure Financial Rationale for the Conglomerate Merger"，*Journal of Finance*，1971（26），pp. 521-537.

接下来选取中石油资金集中管理三个阶段作为对比分析对象，主要从信息不对称程度、交易成本与融资约束以及资本配置效率三个维度出发，分别选取一些指标来衡量通过每个阶段的制度、流程创新以及与信息技术应用的不断融合带来的管理成效。具体维度与指标见表10—2。

表 10—2　　　　　　　　　内部资本市场经济后果指标图

	因变量	指标
内部资本市场经济后果	Y1：信息不对称程度	信息传递路径
		信息获取时间
		信息来源方式
	Y2：交易成本与融资约束	贷款量
		融资成本
		利息支出
	Y3：资金传导效率	应收账款
		分（子）公司获得贷款的时间
		沉淀资金量
		集团汇总调配的时间

10.8.3　资金管理模式演变

1．资金二级集中管理

1995年中石油总部推行以地区结算中心为依托、资金初步集中在地区财务处一级的资金二级集中管理，撤销各二级单位的银行账户，由结算中心统一在银行开户，各二级单位在结算中心重新开户，将分散的银行账户的资金统一集中管理，结算中心统一办理各成员单位的内外部结算，资金所有权不变，结算中心监督各个成员单位按预算控制资金支出，结算中心内部有偿调剂资金余缺，有效改变了资金分散的状况，也一定程度上减少了沉淀资金，提高了资金使用效率。但是各成员单位间的资金余缺仍不均衡，存贷"双高"现象严重，分（子）公司缺乏资本成本意识，中国石油天然气集团进一步组建了中油财务公司，建立资金有偿使用机制，融通内部成员资金，有效调剂资金余缺，提高集团资金管理效率。然而仍存在以下问题：对投资控制薄弱；成本控制不严、上升过快；资金使用效率低下；债务负担沉重，分（子）公司缺乏资本成本意识。

2．收支两条线模式下的资金集中管理

从2002年起，中石油推行收支两条线模式，实现了资金集中、票据集中和债务集中的全额集中管理。该资金管理体系采用收支两条线模式，以信息化平台

和风险控制为基础，以要素化资金计划和收支分设的账户体系为运行保障，对银行存款、票据和债务进行集中运行和管理，并通过内部货款封闭运行、支出账户透支管理等方式实现资金安全高效运行。

（1）制度。

在账户审批方面，地区公司开设银行账户须提前向总部提出书面申请，总部对开户申请的真实性、合理性和必要性等内容进行审核，并对所开账户性质、收支范围、汇划路径和账户限额等内容做出明确批复。上线前，清理企业不符合要求的账户，账户资金余额转存收入账户，纳税专户等特殊性质账户经审批后可予以保留。通过账户审批制度，总部能够及时掌握各分（子）公司的账户信息，减少账户数量，同时根据账户汇划路径和账户限额的规定，加强总部对分（子）公司账户的监管力度，提高信息透明度，减少分账户的沉淀资金。

（2）流程。

采取资金收支两条线管理（如图 10—44 所示），并结合其他管理配套措施，主要实现了以下流程优化。

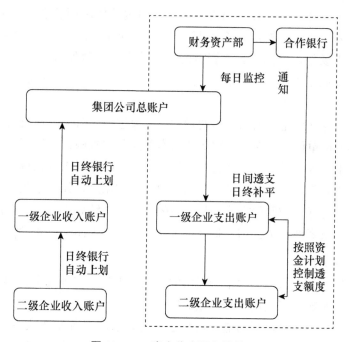

图 10—44　资金收支两条线管理

● 管理层级扁平化。总部直接管理各地区公司，总部负责资金调配和统一融资，地区分公司负责日常资金收付业务。大大减少了管理层级，缩短了资金划转路径和信息获取时间。

● 收支分设。收入账户实行零余额管理，银行每日营业终了将收入账户全部资金归集至总部账户，保证该账户日终余额为零。支出账户资金来源于中石油总部或者上级单位支出账户的拨款，日间透支，日终由集团总账户下拨资金进行补平。地区公司全部在合作银行开设分账户，不得私自选择开户银行。收入账户实时上划，减少了资金沉淀；支出账户资金只能来源于上级拨款，加强了支付监管。

● 债务融资集中。将各个分（子）公司之前的债务置换集中到总部的"长期负息资金"和"短期负息资金"，将分（子）公司对银行的关系变为总部对银行的关系，对于核心的分（子）公司采取"负息资金"的方式注入资金，对于非核心下属单位采用财务资助的方式。由总部直接面对合作银行的总行，有利于降低融资成本。

● 内部融资机制市场化。各分（子）公司均在总部设有内部存款，分（子）公司每日资金收入全额划入总部收入账户，对上存资金，总部按照一年期定期存款利率上调10%计息，有支出需求时由总部将其内部存款额相应减少，当分（子）公司内部存款出现赤字时，通过发放短期负息资金的方式来平衡分（子）公司头寸，按照六个月贷款利率下浮10%计息。通过内部融资机制的建立和市场化，提高了自有资金的使用效率，有效发挥了财务公司的资金调度作用，降低了外部贷款额，降低了分（子）公司的融资成本，一定程度上缓解了存贷"双高"问题。

● 内部结算封闭化。内部交易的货款全部通过中油财务公司及其分支机构进行结算。各成员单位必须在中油财务公司本部和分支机构开立结算账户，财务公司核实收款单位各种凭证后主动将货款从付款单位账户划入收款单位账户。该账户余额于日终划归总部的分（子）公司的内部存款账户，如果余额不足以进行内部结算，则由总部以调回的方式补足。封闭化的内部结算不需要资金的实质性流动，有利于尽量降低资金占用，提高资金利用水平（如图10—45所示）。

（3）信息平台。

● 电子银行。中石油利用银行提供的信息化服务，实现资金在内部账户之间的上收下拨，是账户资金汇划和监控的信息化平台。

● 银企直联。它将银行的电子银行系统与企业的财务系统或者 ERP 系统相连接，通过银企数据直接交互、整合双方系统资源，使企业直接通过自身财务系统界面就可以进行银行账户信息查询、下载和转账支付，信息的时效性更强。

综上所述，第二阶段中石油从制度、流程和信息技术应用三个方面对资金管理模式进行创新，有效降低了融资成本，减少了资金沉淀，实现了对资金流量、

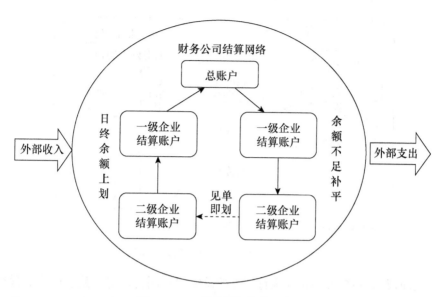

图 10—45 货款封闭结算示意图

流向的监控，通过内部融资市场缓解了存贷"双高"问题，收支两条线模式解决了资金管理的部分难题，但是仍存在以下问题：

一是各总分账户的余额信息以及资金流量、流向信息并不能实现实时共享，每日日终才可从银行系统获取。

二是资金的归集和下拨过程依托于银行系统，效率的控制权不能完全掌握在自己手中。

三是因为信息不能实时获取，所以总部需要对日终头寸进行估计，需要预留出一部分资金头寸来补平日间透支。

3. 总分联动模式下的资金集中管理

总分账户联动模式进一步从制度、流程和信息平台入手做了以下改进（如图 10—46 所示）。

● 账户管理制度。集团在财务公司开设总账户，用于资金归集；企业集团所属单位在财务公司开设资金池账户，建立上下级的联动关系，同时在银行建立账户并与资金池账户建立联动关系，用于日常收支。银行方面，财务公司在签约银行设立主账户。基于这种模式，开立在财务公司的总分账户和开立在银行的总分账户，以及开立在财务公司的结算账户和开立在银行的分账户之间均建立了联动关系，实现了资金的自动划拨，而且银行的总分账户之间、银行和财务公司总账户之间实现了信息的实时交互。

● 收付流程。企业收到外部收入时，先进入分账户，银行根据总分账户的对

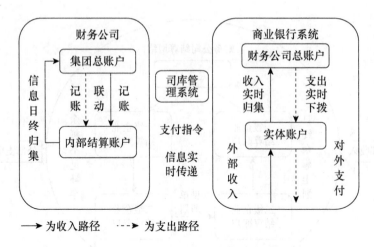

图 10—46　总分账户联动模式示意图

应关系实时归集到财务公司在银行开立的总账户；同时，将相关信息传给营运资金管理平台，司库管理系统通过分账户与企业财务公司结算账户的对应关系将收入款项记账到企业财务公司结算账户。企业对外支付款项时，司库管理系统将支付款项记账到企业财务公司结算账户，同时，将相关信息传给银行系统。银行根据总分账户的对应关系将付款金额从财务公司总账户划拨到分账户，由分账户实时对外支付。这种方式实现了收入的实时上划、信息的实时汇总与支付的实时拨付，并且进一步减少了分账户的沉淀资金。

● 财务公司日终归集。通过总分账户联动管理收付款业务后，日终财务公司还需按照企业要求的资金归集路径逐级进行内部资金归集。日终当所属单位结算账户中余额为正数时，在财务公司内部进行逐级上收，最终上收到集团公司在财务公司开设的总账户中；当所属单位结算账户中余额为负数时，上级单位对其进行透支补齐。不要求分（子）公司的分账户的开户银行必须是总部的合作银行，对开户银行选择的空间更大了，大大节省了成本。

● 信息技术平台。首先通过直联技术，将所属单位结算账户、分账户及总账户进行联动设置；通过财银、财企接口，自动接收付款指令，并进行受理；通过财银、财企接口，自动接收收款指令，并进行受理；实现对账处理自动化。通过以上信息技术的应用和信息平台的搭建，实现了实时收款、实时付款和信息实时传递。

总的来说，总分联动账户模式使得"实时"变成了现实，进一步减少了沉淀资金，使得分账户更接近于零余额管理，并且扩大了开户银行的选择范围，进一步降低了时间、人力和物力成本。

10.8.4 管理模式创新作用机制

基于前面的阶段描述，现将其作用过程和传导机制总结如下。

● 从资金二级集中管理模式到收支两条线管理模式。从图 10—47 可以看出，从资金二级集中管理到收支两条线模式下的资金集中管理，进行了制度、流程和信息技术三方面的创新和融合，通过中介变量的传导作用，最终改善了企业集团内部资本市场的经济后果，具体表现为提高信息透明度，缓解融资约束，降低交易成本和提高资金传导效率。

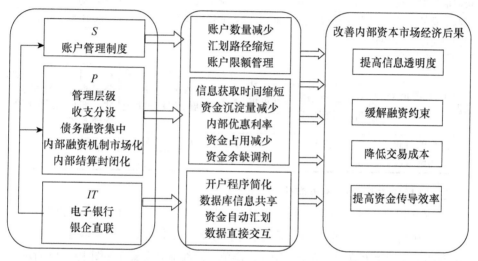

图 10—47 收支两条线管理模式创新影响机制图

● 从收支两条线管理模式到总分账户联动管理模式。如图 10—48 显示了该模式的创新影响机制。

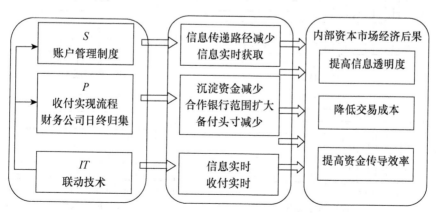

图 10—48 总分账户联动管理模式创新影响机制图

10.8.5 数据证明

1. 对信息不对称程度的影响

从表10—3可以看出，系统自己汇总替代了人工逐级汇报，信息传递和资金划转路径都大幅缩减，以上种种变化最终使得获取信息的时间大大缩短。

表10—3　　　　　　　　　　　信息透明度变化

资金管理阶段	资金二级集中	收支两条线	总分账户联动
获取信息的形式	人工逐级上报	系统每天汇总	系统实时汇总
获取信息的组织	各个分（子）公司	商业银行系统	中油财务公司账户
信息传递路径层级（以加油站为例）	7	3	2
投资者掌握信息的来源	上市企业财务报表、外部金融机构研究分析报告等外部信息	资金计划、分（子）公司头寸、集团总头寸、部门发展前景、管理人才	资金计划、分（子）公司头寸、集团总头寸、部门发展前景、管理人才
获取信息的时间	$t>1$（天）	$t\leq1$（天）=480分钟	$t=0$秒
信息透明度星级	★	★★	★★★

2. 交易成本与融资约束变化

1998年以来，外部贷款量的逐年减少表明了对外部融资的依赖程度降低，而融资成本和利息支出的逐年降低直接反映了对交易成本的节省，应收账款的减少反映出内部结算封闭化减少了资金占用，也避免了内部拖欠现象（如图10—49所示）。

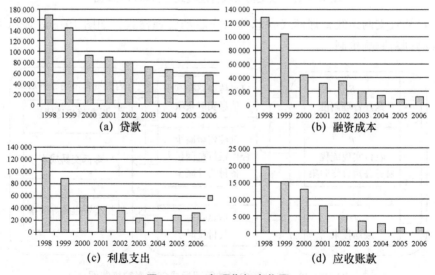

图10—49　各项指标变化图

在收支两条线模式下，总部统一从银行获取综合授信额度，一方面减少了保证金占用，另一方面手续费等方面获得优惠，节省的资金可以用于其他用途，提高资金使用效益（如表 10—4 所示）。合作银行范围如表 10—5 所示。

表 10—4　　　　　　　　　　　　综合授信节约成本

资金管理阶段		资金二级集中	收支两条线
保证金占用	信用证	C * i1	0
	保函	B * i2	0
	承兑汇票	H * i3	0
财务费用	手续费	F	0.5F
	保证金机会成本	(C * i1 + B * i2 + H * i3) * i	0

说明：C 为信用证金额；i_1，i_2，i_3 为保证金收取比例；B 为保证金额；H 为承兑汇票金额；F 为资金三级集中模式下的手续费。

表 10—5　　　　　　　　　　　　合作银行的范围

管理模式	收支两条线	总分账户联动
合作银行	建行、工行	中行、农行、工行、建行、昆仑银行等

总体来说，从收支两条线模式发展到总分账户联动模式，信息的获取由日终变为实时；总分联动模式下，不要求分（子）公司的开户银行必须是集团总部账户的开户行，可以采取就近开户原则，降低了银行开户成本，节省了大量的财力和人力，也增强了对外部银行的竞争力（如表 10—6 所示）。

表 10—6　　　　　　　　　　交易成本与融资约束变化的总结

资金管理阶段	资金二级集中	收支两条线	总分账户联动
外部贷款量	D	0.5 D	—
融资成本	C	0.2C	—
利息支出	I	0.4I	—
应收账款	A	0.2A	—
合作银行的范围	随意开户，没有限制	2 家	5 家＋

3. 资金传导效率变化

资金传导效率的变化如表 10—7 所示。

表 10—7   资金传导效率变化

资金管理阶段	资金二级集中	收支两条线	总分账户联动
分公司获得贷款时间	最快 1～2 周	当天即可	实时
集团总部内部统计时间	$t>1$ 天	$t\leqslant15$ 小时=900 分钟	$t=0$ 秒

例如，预计当天会有 100 亿元的透支来满足正常支出，在收支两条线模式下，收入的 60 亿元日终归集至总账户，所以在日初确定备付资金时，无法预知该部分资金，因此仍要预留出 100 亿元的资金。而在总分账户联动模式下，因为信息是实时的，集团总账户和财务公司各个内部结算账户的头寸是实时可知的，账户金额就是此刻实际的数目，所以总账户只需备付 40 亿元的头寸即可，从而减少了资金备付量，提高了资金的使用效益。两种模式下的比较如图 10—50 所示。

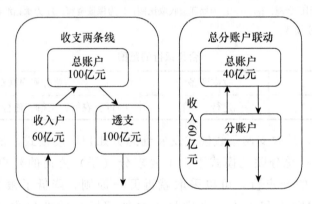

图 10—50　收支两条线模式和总分账户联动模式下备付头寸量对比

10.8.6　结论与启示

如何更好地发挥内部资本市场在企业集团中的作用，改善其经济后果，对于中国大型企业集团资金管理具有十分重要的意义。本研究以内部资本市场理论为基础，以中石油资金管理创新三阶段为具体研究对象，详细阐述了管理模式创新（制度、流程和信息技术的创新与融合）对内部资本市场经济后果的作用机制，并通过数据证明了对内部市场经济后果的改善。分析结果表明，通过制度、流程与信息技术的不断创新与融合，可以大大改善内部资本市场的经济后果，促使其发挥积极作用，具体表现为：提高了信息透明度，降低了信息不对称程度；缓解了融资约束，降低了交易成本；提高了资金传导效率。

管理模式创新带来了巨大的管理成效。管理模式创新具体包括制度创新、流程设计和信息系统应用，其中制度创新是流程创新和信息技术应用创新的指导，制度是管理思想的体现，每一次大的变革与创新都首先是理念和思想的提升，中石油账户管理制度、控制制度等的创新深刻地体现了管理者追求集约化、一体化和重视效率的理念。流程设计是管理思想和理念在业务层面的进一步体现，正是通过收支两条线模式和总分账户联动模式账户关系的设置、内部融资机制的建立以及内部结算封闭化等措施，使得实时、高效在业务上可行。信息技术的应用则是制度创新和流程创新得以实现的工具和载体，在信息技术高度发达的当今，没有引入网络管理和信息管理的企业注定要失败。中石油通过和银行合作，依托于银企直联、财银直联等技术，才使得上述管理制度和管理流程得以实现。

10.9　汇率风险评估
——中石油集团案例分析①

10.9.1　案例背景

立足国内、开拓国际是中石油发展战略的重要组成部分。大重组后的 10 年，中石油加快"走出去"步伐，积极利用两种资源、两个市场，持续扩大合作领域和规模，国际业务获得了较快发展。海外业务的不断发展，使得企业集团管理的货币种类不断增加，一度到达 50 多种货币对；与此同时，国际金融市场瞬息万变，汇率波动对中石油经营活动和企业集团价值都会产生很大的影响。2010 年，中石油集团的外汇净损失为 11.72 亿元，2011 年外汇净损失为 9.36 亿元，比 2010 年下降了 20.1%，外汇净损失减少的原因主要是中石油集团 2010 年底偿还了加元贷款（《中国石油天然气股份有限公司 2011 年度财务报告》）。因此，加强汇率风险管理势在必行。下面就中石油集团应用 VaR 评估汇率风险进行案例分析。

10.9.2　汇率风险评估

1. 汇率风险管理需求

A 公司是中石油集团下属成员单位，有大量的国际业务，按照集团的要求定

---

① 资料来源：笔者参与中石油司库体系建设项目，与司库项目组领导的指导下，与司库项目组成员合作，在提炼、总结的基础上形成案例。

期向集团风险管理部门上报汇率风险敞口，集团按照 3 个月、6 个月、9 个月、12 个月分别计算汇率风险 VaR 值，从而科学地评估 A 公司的汇率风险情况。

2．获取市场数据

风险管理人员应用司库管理信息系统的市场数据组件从外部金融市场获取相应的数据，如"美元指数走势"、"主要货币对美元变动率"、"主要货币汇率变动幅度"等。企业集团通过汇率风险管理信息系统的市场数据收集组件，可以实时快捷地查询各种市场数据并取数，来支持 VaR 值的计算。如图 10—51 所示，可随时抓取"主要货币汇率变动幅度"等市场数据。

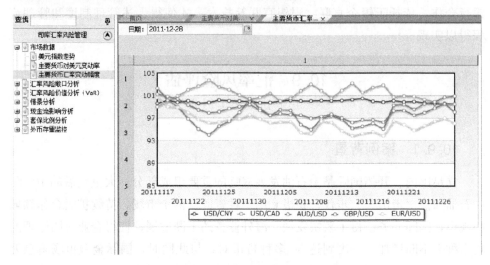

图 10—51　1 个月主要货币汇率变动幅度

根据 A 公司风险管理的需要，集团风险管理人员从风险管理信息系统中自动获取汇率历史数据，计算相应汇率的年化波动率，以及 3 个月、6 个月、9 个月、12 个月的汇率期望值，如表 10—8 所示。

表 10—8　　　　　　　　　相关货币对风险参数收集表

	货币名称（中文）	代码	年化波动率 δ	即期	μ			
					3 个月	6 个月	9 个月	12 个月
人民币作为基准货币	美元	USD	0.54%	8.796 9	8.739 5	8.709 5	8.675 7	8.642 5
美金作为基准货币								
浮动汇率币种	欧元	EUR	10.14%	1.239 6	1.240 4	1.241 2	1.242 0	1.242 9

3. 上报汇率风险敞口

企业集团所属企业根据本企业和下属企业海外业务合同签署、工作进度、结算惯例等合理预计各期各种货币流入流出情况，结合外币持有量识别本企业汇率风险敞口。

$$\text{企业某一期间的某种货币汇率风险敞口} = \text{（该种货币的）存量金额} + \text{当期收入} - \text{当期支出}$$

集团所属企业通过网络定期向集团总部汇率风险管理组织报告本企业汇率风险敞口报表、二类货币资金存量限额表、企业外汇衍生业务统计表。集团总部汇率风险管理组织定期统计全集团汇率风险敞口报告。各企业上报的汇率风险敞口在信息管理系统中通过相应的管理授权取数查阅。

A公司通过司库风险管理信息系统将2013年12月的汇率风险敞口收集表上报，如表10—9所示。

表 10—9　　　　　　　　　　A公司汇率风险敞口收集表
填报单位：A公司　　　　　　　　　日期：2013年12月

货币（万元）		3个月	6个月	9个月	12个月	对应货币
美元（USD）	期初余额	2 913.77	6 687.39	14 023.08	17 797.79	人民币（CNY）
	预计收入	19 980.00	20 711.00	16 194.00	14 150.00	
	预计支出	16 208.38	13 375.31	12 419.29	11 612.62	
	净敞口 w_0	6687.39	14 023.08	17 797.79	20 335.17	
欧元（EUR）	期初余额	2 272.71	2 107.71	2 211.11	2 531.11	美元（USD）
	预计收入	244.00	688.40	600.00	624.00	
	预计支出	409.00	585.00	280.00	175.00	
	净敞口 w_0	2 107.71	2 211.11	2 531.11	2 980.11	

4. 汇率风险评估——选择在险价值（VaR）模型评估

汇率风险价值是净敞口、汇率波动和时间区间的函数，其含义是"以一定的可能性（例如95%）保证，汇率风险敞口由于汇率变动而带来的损失不会超过多少"，反映的是汇率变动对损益的影响，若汇率波动大，风险也就随之增加。

汇率风险管理部门应用风险管理系统的VaR模型，选择特定时间范围内年化历史汇率波动作为未来汇率波动的估计（是以历史数据滚动计算的量化的特定货币对汇率波动幅度，即标准差），自动计算出VaR值。一般设95%置信水平，计算由于这样的汇率波动所导致的最大预期损失的数值（即有5%的概率，汇率损失超过该数值），一般以对应货币的数量表示。

集团风险管理人员通过风险管理信息系统，自动计算出 A 公司的 VaR 值，置信度选为 95％，α 为 5％，$Z_\alpha = \pm 1.645$。表 10—10 表示了 A 公司两个货币对的外汇风险价值，分别用对应货币和标准化的计算货币（人民币）两个数量来表示。

表 10—10　　　　　　　　　　VaR 值计算表格　　　　　　　　金额单位：万元

货币对	计算项目	3 个月	6 个月	9 个月	12 个月
美元/人民币	汇率波动率 δ	0.54％	0.54％	0.54％	0.54％
	汇率期望值 μ	8.739 5	8.709 5	8.675 7	8.642 5
	外汇风险价值 VaR（对应货币）	198.63	585.87	905.47	1 187.96
	外汇风险价值 VaR（折合人民币）	198.63	585.87	905.47	1 187.96
欧元/美元	汇率波动率 δ	10.14％	10.14％	10.14％	10.14％
	汇率期望值 μ	1.240 4	1.241 2	1.242 0	1.242 9
	外汇风险价值 VaR（对应货币）	209.20	305.40	422.90	569.20
	外汇风险价值 VaR（折合人民币）	1 422.20	2 075.70	2 874.46	3 868.51

集团风险管理部门根据计算过程及结果撰写风险报告，揭示 A 公司的汇率风险状况，以备下一步深入分析外汇结构、敞口变化原因、风险控制情况等。

从表 10—10 的简单测算结果可以看出，A 公司未来 3 个月、6 个月、9 个月、12 个月美元/人民币汇率风险价值分别是 198.63 万元、585.87 万元、905.47 万元、1 187.96 万元，分别占其对应汇率风险敞口价值 6 687.39 万元、14 023.08 万元、17 797.79 万元、20 335.17 万元的 2.97％，4.18％，5.09％和 5.84％。

5. 分析汇率风险价值

根据系统计算的 VaR，进行汇总分析，计算集团所有汇率风险敞口及按 95％可能性计算的 VaR，以及 VaR 占敞口的比例，并进行汇率风险敞口及 VaR 与上月环比增减幅的趋势分析，从而达到对风险进行综合评估的目的。

10.9.3　汇率风险的多维分析

1. 按货币分析汇率风险结构

图 10—52 反映了 2012 年 2 月之后 3 个月各货币对占集团公司汇率风险价值的比重，其中美元/哈萨克斯坦坚戈、美元/人民币、美元/加元、欧元/美元、英镑/美元等对集团公司汇率风险水平有较大影响。

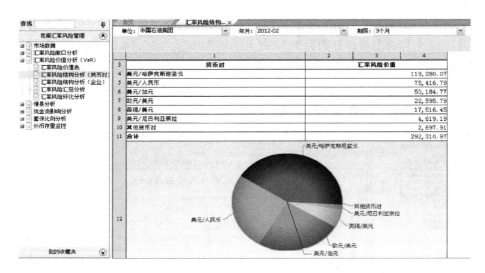

图 10—52　货币对汇率风险价值占比分析

2．按企业分析汇率风险结构

图 10—53 反映了 2012 年 2 月之后未来 9 个月，各企业汇率风险价值占集团公司汇率风险价值的比重，国际事业公司、工程建设公司、勘探开发公司、天然气管道局、长城钻探工程有限公司等企业受汇率变化的影响较大。

图 10—53　汇率风险业务单元占比结构分析

3．汇率风险汇总分析

图 10—54 反映了东方地球物理勘探有限责任公司 2012 年 2 月的风险敞口的

预期价值以及因汇率变化而导致的潜在价值变化。预计未来 3 个月、6 个月、9 个月、12 个月的净敞口分别为 7.58 亿元、8.28 亿元、10.04 亿元、12.61 亿元。相应的风险价值分别为 10.60 亿元、30.39 亿元、37.28 亿元和 26.27 亿元，分别占其对应风险敞口价值的 140％，367％，371％，208％。两条曲线的间距反映了在未来特定时点的潜在汇率风险。

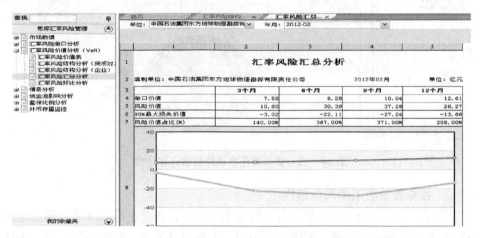

图 10—54　汇率风险敞口及 VaR 占敞口的比例分析

4. 汇率风险环比分析

图 10—55 反映了天然气管道局 2012 年 2 月与 1 月相比，各个期限的汇率风险敞口价值均有一定幅度的增加，汇率风险价值却均有一定幅度的减少。

图 10—55　汇率风险敞口及 VaR 变化分析

10.9.4　情景分析

基于对当前集团公司汇率风险价值的分析结果，风险管理部门提取多种历史市场数据的变化情况，专门拟定有限的几种市场情景，分析"如果类似的危机事件发生在此时此刻，会带来什么样的后果"，即情景分析。从这些假设情景出发，风险管理人员就可以针对当前经济与市场状况做出预警。

1．美元指数变动汇总分析

图 10—56 进行了美元指数变动的情景分析，假设未来美元指数上升 2%，分析西部钻探工程有限公司的风险价值将出现的变动。

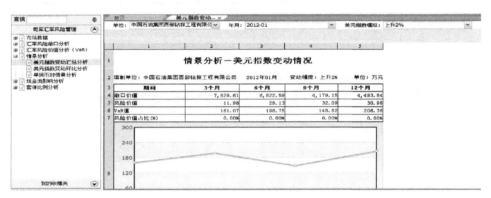

图 10—56　美元指数上升 2%对风险价值的影响

2．美元指数环比分析

图 10—57 分析了在美元指数上升 2% 的情况下，西部钻探工程有限公司的风险价值与上月的环比增减幅情况。

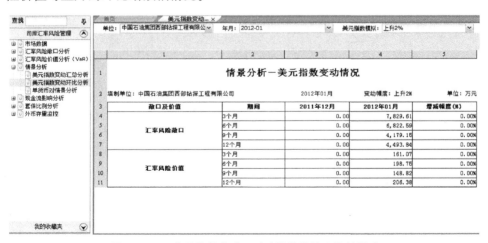

图 10—57　美元指数上升 2%对风险价值环比的影响

321

3．单货币出现汇率变动的情景分析

图 10—58 分析了假设出现美元/人民币汇率上升 2％的情况，天然气管道局的风险价值将出现的变动。

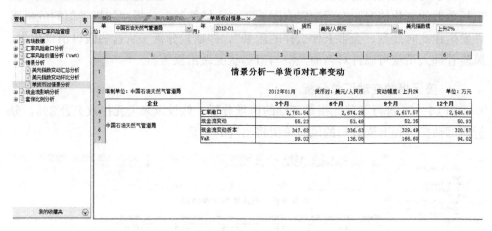

图 10—58　美元/人民币汇率上升 2％对风险价值变化的影响

图书在版编目（CIP）数据

企业集团财务管控/张瑞君著. —4 版. —北京：中国人民大学出版社，2015.1
（管理者终身学习）
ISBN 978-7-300-20726-1

Ⅰ.①企… Ⅱ.①张… Ⅲ.①企业集团-财务管理-研究 Ⅳ.①F276.4

中国版本图书馆 CIP 数据核字（2015）第 022084 号

管理者终身学习

企业集团财务管控（第四版）

张瑞君　著

Qiyejituan Caiwu Guankong

出版发行	中国人民大学出版社			
社　　址	北京中关村大街 31 号		**邮政编码**	100080
电　　话	010 - 62511242（总编室）		010 - 62511770（质管部）	
	010 - 82501766（邮购部）		010 - 62514148（门市部）	
	010 - 62515195（发行公司）		010 - 62515275（盗版举报）	
网　　址	http://www.crup.com.cn			
经　　销	新华书店			
印　　刷	固安县铭成印刷有限公司		**版　　次**	2002 年 5 月第 1 版
规　　格	175 mm×250 mm　16 开本			2015 年 3 月第 4 版
印　　张	20.75 插页 1		**印　　次**	2022 年 10 月第 4 次印刷
字　　数	375 000		**定　　价**	52.00 元